기독교문서선교회(Christian Literature Center: 약칭 CLC)는 1941년 영국 콜체스터에서 켄 아담스에 의해 시작되었으며 국제 본부는 미국 필라델피아에 있습니다. 국제 CLC는 약 650여 명의 선교사들이 59개 나라에서 180개의 서점을 운영하며 이동 도서 차량 40대를 이용하여 문서 보급에 힘쓰고 있으며 이메일 주문을 통해 130여 국으로 책을 공급하고 있는 국제적 문서선교 기관입니다.

# 이것이 복음이다
(그리스도의 속죄와 구원의 비밀)

*The Essence of the Gospel*
Written by Yo han Park
All rights reserved.
Korean Edition Copyright ⓒ 2025, 2026 by Christian Literature Center, Seoul, Korea.

이것이 복음이다
그리스도의 속죄와 구원의 비밀

2025년 3월 1일 초판 발행
2026년 1월 30일 초판 2쇄 발행

지 은 이 | 박요한

편　　집 | 추미현
디 자 인 | 소신애
펴 낸 곳 | (사)기독교문서선교회
등　　록 | 제16-25호(1980.1.18.)
주　　소 | 서울특별시 동대문구 천호대로71길 39
전　　화 | 02-586-8761~3(본사) 031-942-8761(영업부)
팩　　스 | 02-523-0131(본사) 031-942-8763(영업부)
이 메 일 | clckor@gmail.com
홈페이지 | www.clcbook.com

ISBN 978-89-341-2794-9(03230)

이 한국어판 출판권은 (사)기독교문서선교회가 소유합니다.
신저작권법에 의하여 한국 내에서 보호를 받는 저작물이므로 무단 전재와 무단 복제를 금합니다.

# 교회 30년 다녀도 모르는 진짜 복음

The true gospel I didn't know until now

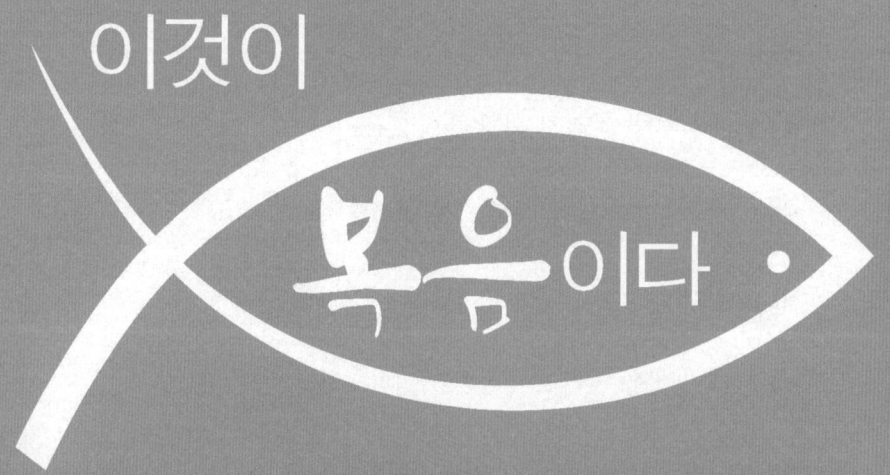
이것이 복음이다

박요한 지음

CLC

# 목차

제1장 유일한 구원의 길 • 10

제2장 행위냐 믿음이냐 • 41

제3장 믿어지는 은혜가 주어짐 • 75

제4장 예수 피로 이루신 완전한 의 • 108

제5장 하나님의 진노가 빠진 가짜 복음 • 136

제6장 절대 손상되지 않는 하나님의 의 • 168

제7장 내 생각을 버리고 성경대로 믿기 • 196

제8장 그리스도인의 새로운 신분 • 233

제9장 끊을 수 없는 하나님의 사랑 • 262

제10장 가짜 믿음의 속임수들 • 298

제11장 주 예수 그리스도 • 331

제12장 두렵고 떨림으로 너희 구원을 이루라 • 369

# 머리말

미국에서 나온 〈리메이닝〉(remaining)이라는 영화가 있습니다. 결혼식장에서 사람들이 한창 흥겨워할 때 '휴거'가 일어납니다. 한 사람씩 사라져 버립니다. 결혼식의 당사자였던 여자 주인공의 부모도 휴거됩니다. 여자는 부모가 다니던 교회로 남자와 함께 도망을 갑니다.

교회에는 많은 교인이 '휴거'되고 땅에 남은 자가 모여 있었습니다. 그중에 그 교회 담임목사가 있어서 남자 주인공이 그에게 질문을 합니다.

"어떻게 목사님은 여기에 남아 있는 겁니까?"

목사의 대답이 뼈를 때립니다.

"나는 구원자 예수님을 믿지 않았습니다. 위로자 예수님을 믿었습니다."

이것이 오늘 교회의 모습과 얼마나 닮았습니까?

지금 한국 교회는 위로 중독증에 걸려 있습니다. 교회에 와서 위로를 받고 눈물을 쏙 빼면 은혜받았다고 말합니다. 그리고 내용이 뭔지는 묻지 말라고 합니다. 내 마음이 감동을 받고, 내 마음이 위로를 받았다는 것이 중요합니다.

교회에서 구원의 복음이 사라져 버렸습니다. 예수님의 피를 설교하지 않습니다. 속죄의 은혜를 전하지 않습니다. 예수님의 피로 인하여

속량 곧 구속함을 얻은 위대한 교리가 사라져 버렸습니다

교회에 다니는 사람들에게 왜 교회에 나오는지 질문했습니다. 최근 몇 번의 조사에서 비슷한 수치가 나왔습니다. 위로를 받기 위해서 나온다는 사람이 거의 40~50퍼센트입니다. 구원받기 위해 나온다고 대답한 비율이 30~40퍼센트입니다. 좀 더 나은 사람이 되기 위해서 나온다는 사람이 10퍼센트 정도 되고, 복 받고 잘 살기 위해서 나온다는 사람도 10퍼센트 정도 됩니다. 이것이 한국 교회의 현실입니다.

60~70퍼센트는 교회 안의 불신자입니다. 이 많은 숫자가 교회에 다니면서도 마지막 날에 구원을 받지 못하고 지옥에 가는 자입니다. 요즘은 이런 경향이 더욱 두드러집니다. 오직 믿음을 설교하는 것을 듣기 어렵습니다. 믿음보다 행위가 중요하다고 설교합니다. 예수님을 믿어도 행위가 바르지 못하면 천국 가지 못한다는 이단적인 설교를 하는 목사가 많이 있습니다.

한 번 물어봅시다.

믿음이 왜 중요하지 않습니까?

안 믿으면 지옥에 가는데 그것이 왜 중요하지 않습니까?

우리는 작은 사고의 위험만 있어도 그곳을 피해 가고 대비합니다.

그런데 안 믿으면 영원한 지옥에 들어가는데 그게 가벼운 문제입니까?

믿는 것보다 더 중요한 문제는 없습니다. 믿는 것보다 더 긴급한 것은 세상에 없습니다. 믿어야 구원을 얻습니다. 믿어야 죄 사함을 받습니다. 믿어야 의를 얻고, 믿어야 천국에 갑니다. 안 믿으면 영원한 지옥에 떨어집니다. 믿음보다 중요한 것은 없습니다. 여러분의 영원한 운명이 믿음에 달려 있습니다.

운동선수들은 본격적으로 운동을 배우기 전에 기본기만 수개월, 수년 연습을 합니다. 매번 운동할 때마다 기본기를 연습하고 테크닉에 들어갑니다. 기본이 안 되면 조금 자라다가 실력이 딱 멈춰버립니다. 선수들은 슬럼프가 오면 다시 기본으로 돌아가 기본기만 계속 반복합니다. 테크닉이 안 될 때 기본기를 연습합니다. 수백 번, 수천 번 연습합니다. 그렇게 슬럼프를 극복합니다.

한국 교회가 이것을 못 했습니다. 교회에 들어오는 자들에게 기본을 안 가르쳤습니다. 구원의 기본 진리를 안 가르쳤습니다. 위대한 구원의 교리를 지나쳐 버렸습니다. 구원의 진리도 모르고, 구원도 받지 못한 사람들에게 행위를 가르쳤습니다.

말씀을 지키라고 요구했습니다. 예수님을 따라 살라고 강요했습니다. 위로를 전하고, 도덕을 가르치고, 행위를 강요했습니다. 이것이 전부 테크닉입니다. 구원의 기본 진리를 모르는 자들에게 테크닉을 그냥 가르친 것입니다.

현대 교회의 약 60~70퍼센트가 교회 안에 불신자로 구성되어 있습니다. 그들에게 필요한 것은 테크닉이 아닙니다. 그들에게는 기본기가 필요합니다. 구원의 진리가 필요합니다. 구원의 위대한 교리를 가르쳐야 합니다. 그들을 거듭남으로 인도해야 합니다. 이것이 가장 급선무이고 가장 중요한 일입니다. 한국 교회는 기본기에서 다시 시작해야 합니다. 이것이 지금 타락해 버린 한국 교회를 바로 세우는 성경적인 길입니다.

한국에는 이단이 많습니다. 기독교를 표방한 이단들이 교회까지 들어와서 교인을 미혹하고 자기가 속한 이단으로 끌고 가고 있습니다. 목사도 넘어가고 장로도 넘어갑니다. 교회가 통째로 넘어가기도 합니다.

왜 이런 일이 일어납니까?
구원의 진리를 모르니까 발생하는 것입니다.

여러분, 구원의 진리를 진지하게 들어본 기억이 언제입니까? 예수 그리스도 피의 속죄를 도대체 언제 들어보았습니까? 구약에서 시작해서 예수 그리스도에게서 완성된 구원의 위대한 여정에 대해서 한 번이라도 제대로 공부해 보았습니까? 교회에서 매년 부흥사경회를 하지만 그리스도의 속죄와 구원의 비밀에 대해 통째로 말씀을 들어본 적이 있습니까?

기억이 나지 않습니다. 삶의 테크닉에 대해서는 수없는 설교를 들었지만, 위대한 구원의 진리를 며칠씩 진지하게 공부해 본 적은 기억에 없습니다. 구원의 진리가 정확하지 못합니다. 흐리멍덩하고 어설픕니다. 그러니까 이단에 그냥 넘어가는 것입니다. 복음의 뿌리가 이렇게 미약하고 희미하니 그대로 휙휙 넘어가는 것입니다.

이 책은 구원의 진리를 증거한 책입니다. 위대한 구원의 교리를 설교한 책입니다. 이 책의 뿌리는 성경입니다. 성경으로부터 나온 구원의 진리를 증거했습니다. 성경에 있는 구원의 진리를 정확하게 밝혀 놓았습니다. 성경에 뿌리를 두고, 성경이 말하는 구원의 진리를, 성경 말씀 그대로 증거했습니다.

신학의 탈을 쓴 종교철학에서는 어떤 내용도 끌어오지 않았습니다. 인간의 주장이나 학문을 인용하지 않았습니다. 어떠한 세상 철학도 이 책과는 관계가 없습니다. 구원의 진리를 전함에 있어 유일한 권위는 성경뿐입니다. 오직 성경에서 진리를 추출해서 세밀하고 충분하게 증거해 놓았습니다.

  감히 말하건대 이 책은 한국 교회를 구원의 진리 위에 굳세게 세워 줄 것입니다. 이 책은 한국 교회를 이단으로부터 지켜 줄 것입니다. 여러분은 이 책을 읽으므로 성경이 가르치는 구원의 진리를 정확하게 알게 될 것입니다. 위대한 구원의 교리를 정확하고 충분하게 배우게 될 것입니다. 당신에게 도전하는 이단들을 향해 당신의 믿음을 정확하게 변증하게 될 것입니다. 교회 안에 있는 불신자들은 이 책을 통하여 구원에 이르게 될 것입니다. 이웃을 향하여 복음을 전할 때 구원의 진리를 풍성하게 전하게 될 것입니다.

  원하기는 한국 교회 모두가 이 책을 읽고 구원의 진리 위에 굳게 설 수 있기를 바랍니다. 교회 안에 있는 불신자들이 구원을 얻게 되기를 바랍니다. 세상을 향하여 구원의 진리를 담대하게 전할 수 있기를 바랍니다. 하나님의 은혜가 이 책을 읽는 모든 분에게 함께 하시기를 기도합니다.

## 제1장

### 유일한 구원의 길

하나님이 세상을 이처럼 사랑하사
독생자를 주셨으니
이는 그를 믿는 자마다 멸망치 않고
영생을 얻게 하려 하심이라

(요 3:16)

## 1. 과학이라는 이름의 미신

여러분, 제가 질문을 하나 해 볼까요?
이 세상은 어디에서 왔을까요?
어떻게 이 세상이 시작되었을까요?
너무 광대한가요?

그럼 크기를 좀 줄여서 질문해 봅시다.

인간은 어디에서 왔을까요?
단세포가 진화하고 거기에서 인간이 생긴 것일까요?
정말 그럴까요?
세상은 과학을 마치 정답처럼 가르치지만, 거기에는 어떠한 근거도 없다는 것을 아십니까?

과학자들은 빅뱅이라는 대폭발로 우주가 생겼다고 주장합니다. 빅뱅이라는 대폭발 이전의 우주는 에너지로 가득 차 있었고 에너지가 압축되어 대폭발을 일으켰다고 합니다.
그러면 대폭발 이전에 있었던 최초의 압축된 에너지는 어디서 왔을까요?
그들은 대답을 못 합니다. 어떤 대답도 하지 못합니다.

인간의 존재는 어떻습니까?

여러분, 인간이란 존재가 정말 아무것도 없는 무의 상태에서 중력의 법칙에 의해서 무생물이 유생물이 되고, 단세포가 분열을 거듭하고 거듭 진화해서 사람이 된 걸까요?
정말입니까?
이것이 정말 믿을 만하다고 생각하십니까?

진화론을 들어가 보면 어떠한 명백한 증거도 없습니다. 진화론은 단지 뼈와 화석을 기초로 만들어 낸 가설에 불과합니다. 진화론은 몇 가지 화석에다 인간의 상상을 가미하여 만들어 낸 허구적 이론입니다.
그런데도 세상은 과학이라는 이름으로 우리에게 허무맹랑한 것을 믿으라고 강요합니다. 단지 가설뿐인 이론을 진리로 받아들이라고 강요합니다. 과학이라는 타이틀을 붙여 놓고는 만약 믿지 않으면 이성적이지도 않고 지성적이지도 않은 사람이라고 조롱합니다.

이것이 얼마나 불합리합니까?
얼마나 억압적입니까?
얼마나 편파적이며 미신적입니까?
과학이라는 타이틀만 붙이면 사람들이 무조건 무(無)지성으로 믿어야 합니까?

다시 질문을 해 봅시다.
여기 방이 있습니다. 그 방을 깜깜하게 비워놓은 채 수십억 년이 지나면 이 방에서 온갖 물질이 생겨날까요?

아무것도 없는 텅 빈 이곳에 수십억 년이 지났더니 여러분이 앉아 있는 의자가 생겨나고, 마이크가 생겨나고, 탁자가 생겨나고, 마실 물이 우연히 생겨났다고 하면 여러분은 믿으시겠습니까?

안 믿습니다. 대신 이렇게 대답할 것입니다.

"누가 만들었으니까 생겼지요."

이것보다 더 정확한 대답은 없습니다. 모든 존재는 누가 만들었기 때문에 존재합니다. 존재하는 모든 것에는 만든 이가 있습니다. 우리가 사용하는 모든 물건은 누군가가 만들었기 때문에 존재하는 것입니다.

그런데 어떻게 광활한 하늘과 해와 달과 별 그리고 지구라는 공간 안에 있는 나무와 풀과 산과 강과 바다, 공중을 날아다니는 다양한 새, 숲과 초원의 수많은 종류의 짐승과 사람까지 이것들이 어떻게 그냥 생겨날 수가 있겠습니까?

인간이 사용하는 모든 사물은 인간이 만들었기에 존재한다고 믿으면서 이 광활한 우주와 자연과 인간은 만든 이도 없이 저절로 생겨났다고 믿는다면 논리가 어긋나는 것이 아닙니까?

이것이 인간의 어리석음입니다. 세상은 우연히 생겨나지 않았습니다. 진화한 것도 아닙니다.

## 2. 하나님의 창조

세상과 인간은 만드신 분이 있습니다.
세상은 누가 만들었을까요?

인간은 어떻게 이 땅에 존재하게 되었을까요?

그것을 가르쳐 주는 책이 성경입니다. 여러분, 성경을 보시기 바랍니다. 성경의 처음 시작인 창세기를 펴 보세요.

> 태초에 하나님이 천지를 창조하시니라(창 1:1).

이 세상은 누가 창조했어요?
"태초에 하나님이 천지를 창조하시니라!"
그렇습니다. 하늘과 땅과 이 모든 우주 만물과 동식물과 날아다니는 새와 물고기와 산과 바다 그리고 존재하는 우주의 모든 별은 하나님이 창조하신 것입니다. 이것이 성경의 대답입니다. 여기에는 어떤 희미함도 없습니다. 어떤 모호함도 없습니다. 태초에 하나님이 천지를 창조하셨다고 선포하신 것입니다.
우리가 사용하는 물건을 인간이 만들었듯이 우리가 살고 있는 이 세상은 하나님이 만드셨습니다. 인간도 하나님이 만드셨습니다. 인간은 진화로 생겨난 존재가 아닙니다. 하나님이 만드신 놀라운 작품입니다.

> 하나님이 우리의 형상대로 우리의 모양대로 우리가 사람을 만들고 하나님이 자기 형상 곧 하나님의 형상대로 사람을 창조하시되 남자와 여자를 창조하시고(창 1:27).

세상과 인간은 우연히 생기지 않았습니다. 에너지의 폭발로 우주가 생긴 것이 아닙니다. 중력에 의해서 무생물이 유생물이 되고 단세포에서 진화해서 사람이 된 것이 아닙니다. 세상은 하나님이 창조하셨습니다. 인간도 하나님이 만드셨습니다. 이것이 성경이 말하는 우주와 인간의 기원에 대한 정확한 대답입니다.

## 3. 하나님이 세상을 창조하신 목적

그러면 하나님이 왜 세상을 창조하시고 인간을 만드셨을까요?

모든 지어진 것에는 만든 이의 목적이 있습니다. 아주 작은 것에도 목적이 있습니다. 책상은 책을 읽거나, 글을 쓰거나, 사무를 보기 위한 목적이 있습니다. 의자는 사람이 앉도록 하는 목적이 있습니다. 물컵은 물을 담는 목적이 있습니다. 마이크는 소리를 크게 확장 시켜주는 목적이 있습니다. 연필 한 자루도 글씨를 쓰기 위한 목적이 있습니다. 사람은 물건을 만들 때 목적을 가지고 만듭니다.

하나님의 창조도 동일합니다. 하나님은 목적을 가지고 세상과 인간을 창조하셨습니다.

> 하늘이 하나님의 영광을 선포하고 궁창이 그의 손으로 하신 일을 나타내시는도다(시 19:1).

하나님은 세상의 창조를 통해서 하나님의 영광을 선포하고 계신 것입니다. 우주와 산과 들과 자연을 통해 하나님의 위대하심을 우리에게 보여 주고 계십니다.

여러분, 변화하는 자연을 보십시오. 우주의 신비를 보십시오. 이 속에 하나님의 영광이 들어 있는 것입니다. 인간은 절대 흉내도 낼 수 없습니다. 풀 한 포기도 인간은 만들 수 없습니다. 흙 한 줌도 인간은 창조하지 못합니다. 하나님의 창조는 하나님의 영광을 선포하고 하나님의 능력을 우리에게 보여 주고 있습니다.

인간을 창조하신 목적도 동일합니다.

> 이 백성은 내가 나를 위하여 지었나니 나를 찬송하게 하려 함이니라 (사 43:21).

하나님께서 세상을 창조하시고 사람을 지으신 목적이 하나님의 영광을 선포하고, 하나님을 찬송하는 데 있다는 것을 가르쳐 주고 있습니다. 사람이 인생의 목적을 알면 방황하지 않습니다. 왜 사는지에 대한 답을 알면 인생을 죄악 가운데서 낭비하지 않습니다. 허무와 절망으로부터 구원을 받습니다.

여러분, 세상이 이렇게 타락하고 혼란스러운 이유가 무엇입니까?

목적을 상실해 버렸습니다. 존재의 목적을 알지 못하기 때문에 방황하는 것입니다. 하나님이 인간을 창조하신 목적을 잃어버렸습니다. 존재의 목적을 모르니 허무주의와 죄에 빠져 세월을 낭비하는 것입니다.

## 4. 창조의 순서에 나타난 창조의 목적

하나님이 인간을 창조하신 목적은 하나님의 영광에 있습니다. 그것이 창조의 목적에도 뚜렷이 나타나 있습니다. 하나님께서 여섯째 날에 사람을 창조하시고 '보시니 보시기에 좋았다'라고 했습니다. 하나님은 아담이 눈을 뜬 첫째 날인 일곱째 날을 안식일로 정하셨습니다.

> 하나님이 그가 하시던 일을 일곱째 날에 마치시니 그가 하던 모든 일을 마치시고 일곱째 날은 안식하시더라 하나님이 그 일곱째 날을 복되게 하사 거룩하게 하셨으니 이는 하나님이 그 창조하시며 만드시던 모든 일을 마치시고 그날에 안식하셨음이라(창 2:2-3).

인간이 여섯째 날에 창조되고 난 후 눈을 뜨고 제일 먼저 맞은 날이 안식일입니다. 일곱째 날을 거룩하게 하셨다는 것은 그날을 하나님의 날로 정했다는 뜻입니다. 인간이 창조되고 눈을 뜨자마자 맞이한 날이 하나님의 날이었습니다.

왜 하나님은 마지막 날인 여섯째 날에 인간을 창조하셨을까요?

왜 하나님은 인간의 첫날이 안식일이 되게 하셨을까요?

하나님이 인간에게 제일 먼저 원한 것이 하나님과의 관계였기 때문입니다. 하나님이 인간에게 가장 원하셨던 것은 하나님과 바른 관계를 맺는 것이었습니다. 하나님의 영광을 인간이 목적으로 삼고 살기를 원하셨습니다.

여러분, 인간의 목적은 자아실현이 아닙니다. 인간의 목적은 먹고 마시고 행복하게 사는 것이 아닙니다. 인간의 목적은 문명을 발전시키는 것이 아닙니다. 인간의 목적은 성공이나 자기 확장에 있지 않습니다. 인간의 목적은 훨씬 높은 곳에 있습니다. 인간의 목적은 하나님을 예배하는 것입니다. 하나님과 살아 있는 교제를 하는 것입니다. 하나님께 영광을 돌리는 것이 인간을 창조하신 하나님의 목적입니다. 이것은 인간의 제일의 사명이요 목적입니다.

만약 하나님이 인간을 창조하신 목적이 인간의 성공과 자아 성취, 문명의 발전에 있었다면 하나님은 아마 인간을 첫째 날 만드셨을 것입니다. 첫째 날 인간을 만들어서 "아담아, 나와 함께 협업해 보자"라고 말씀하시고는 하나님과 협업해서 둘째 날부터 여섯째 날까지 세상 모든 것을 창조했을 것입니다.

그러면 인간 마음에 어떤 마음이 들까요?

자기가 만든 것들을 보며 굉장한 자부심을 느꼈을 것입니다. 그 마음에는 하나님의 존재는 있을 것도 없이 자기의 작품을 보면서 감탄하고 자랑하는 마음이 가득했을 것입니다. 자기가 자기를 보며 감탄했을 것입니다. 그런데 하나님은 그렇게 하지 않았습니다. 그것은 창조의 목적이 아니기 때문입니다. 그것은 창조의 목적을 완전히 빗나간 죄이기 때문입니다. 인간이 하나님을 잊고 자기만족에 빠져 자랑하는 것은 창조의 목적을 파괴하는 최악의 상태이기 때문입니다.

그래서 하나님이 혼자 세상을 다 만들어 놓으시고 마지막 날 아담을 창조하신 것입니다. 아담이 눈을 떴더니 이미 모든 것이 완성된 상태였습니다. 아담의 첫날은 하나님의 날이었습니다. 아담의 첫날은 하나님과 생생한 교제로 시작되었습니다. 인류의 첫날은 예배로 시작되었습니다.

## 5. 에덴동산에 들어온 사탄

그런데 하나님이 창조하신 에덴동산에 어둠의 존재가 들어왔습니다. 배반자 사탄입니다. 사탄은 하나님이 창조한 천사 중에 뛰어난 존재였는데 하나님처럼 되려는 야심에 하나님께 도전하다가 쫓겨나서 어둠의 존재가 되었습니다.

사탄은 원래 하나님을 찬송하는 천사장 루시퍼였으나 자기의 아름다움과 명성에 취해 하나님의 자리를 찬탈하려다가 쫓겨나서 사탄이 되었습니다. 그리고 이때 루시퍼를 따르던 타락한 천사 무리도 함께 쫓겨났고 성경은 이들을 귀신이라고 부릅니다. 사탄은 귀신들의 우두머리입니다.

사탄이 왜 하나님을 대적했습니까?

자기 자랑 때문입니다. 많은 천사가 자기를 우러르고 따르니까 자기가 하나님이 되려고 하나님을 대적했습니다. 이것이 죄입니다. 여러분, 죄는 피조물이 하나님 되려고 하는 것입니다. 사탄은 자기가 하나님이 되려고 하다가 쫓겨나 어둠의 존재가 되었습니다. 그 사탄이 하나님이 창조하신 에덴동산에 조용히 들어와 인간을 유혹한 것입니다.

하나님은 동산 모든 나무의 열매는 먹을 수 있지만, 동산 중앙에 있는 선악을 알게 하는 나무의 열매는 절대 먹지 말라고 하셨습니다. 먹으면 반드시 죽는다고 했습니다.

> 선악을 알게 하는 나무의 열매는 먹지 말라 네가 먹는 날에는 반드시 죽으리라 하시니라(창 2:17).

사람들은 묻습니다.

"왜 하나님은 선악과를 만들어서 인간이 유혹을 받도록 했습니까?"

그리고 불평합니다.

"선악과를 만들지 않았으면 타락도 없었을 것 아닌가!"

그러나 하나님이 동산 중앙에 선악과를 두신 데는 너무나 중요한 이유가 있습니다.

그것은 하나님의 주권입니다. 선악과는 하나님의 주권을 상징합니다. 선악과를 볼 때마다 하나님을 기억하라는 것입니다. 하나님이 선악을 판단하는 주인이라는 것을 기억하라는 것입니다. 선악과에 담긴 의미는 하나님만이 세상의 주인이시고, 하나님만이 선악의 판단자라는 것입니다. 그것은 절대 넘지 말아야 할 데드라인입니다.

선악과를 먹는 순간 인간은 금기의 선을 넘는 것입니다. 이것이 얼마나 무서운지 한번 보세요. 사탄은 인간에게 선악과를 따 먹으라고 유혹하면서 이렇게 말합니다.

"너희가 선악과를 먹으면 하나님처럼 될 것이다."

이것은 자기와 똑같은 길을 가도록 인간을 유혹한 것입니다. 사탄은 자기가 그렇게 하다가 심판을 받아 쫓겨났습니다. 그 유혹을 인간에게 똑같이 하고 있는 것입니다.

> 너희가 그것을 먹는 날에는 너희 눈이 밝아져 하나님과 같이 되어 선악을 알 줄 하나님이 아심이니라(창 3:5).

얼마나 달콤한 유혹입니까?

"너희가 하나님처럼 될 것이다."

인간은 이 사탄의 말에 "안 돼"라고 말해야 했습니다.

그러나 안타깝게도 최초의 인간 아담은 하나님의 말씀을 버리고 사탄의 말을 들었습니다. 아담은 하나님이 금지하신 선악과를 먹었습니다. 선악과를 먹는 순간 인간은 하나님을 배반한 사탄과 같이 동일한 타락한 존재가 되었습니다. 인간은 사탄의 수종자가 되어 버렸습니다. 사탄을 따르는 반역자가 된 것입니다. 성경은 이것을 죄라고 말하고 있습니다.

## 6. 죄의 본질은 이것이다

여러분, 죄가 뭘까요?
죄의 본질은 무엇일까요?
죄는 인간이 하나님을 배반하는 것입니다. 죄의 본질은 인간이 하나님 되려고 하는 것입니다. 죄의 본질을 분명히 기억하십시오. 죄는 도덕 이전의 문제입니다. 윤리 이전의 문제입니다. 죄의 본질은 인간이 주인이 되려고 창조주를 떠난 바로 그것이 죄의 본질입니다.

최초의 인간 아담은 자기가 하나님이 되고 싶어 하나님을 배반했습니다. 아담은 그 순간 죄인이 되었습니다. 그리고 아담 이후로 태어난 모든 인간은 죄인으로 태어나게 되었습니다.

"죄를 짓지 않은 어린아이도 죄인입니까?"

하나님 없이 태어난 모든 인간은 도덕 상태와 상관없이 모두 죄인입니다. 일제 강점기에 태어난 사람을 생각해 보세요. 그들은 자신이 태어나보니 식민지 백성이 되어 있었습니다. 지도자들이 나라를 팔아먹어서 그렇게 된 것입니다. 자기의 도덕성이나 선택과 전혀 관계없이 태어나 보니 식민지 백성이 되어 있더라는 것입니다.

영적으로도 이와 똑같은 일이 일어난 것입니다. 인류의 첫 조상 아담의 타락으로 그 후로 태어난 모든 인간은 하나님이 없는 죄인의 상태로 태어나게 된 것입니다. 이것이 성경의 가르침입니다.

하나님은 아담에게 선악과를 먹으면 반드시 죽으리라고 말씀하셨고 아담이 선악과를 먹는 순간 그대로 실현되었습니다. 인간이 하나님과 관계를 유지하는 동안 인간은 하나님으로부터 영원한 생명을 지속적으로 공급받으면서 살았습니다. 그러나 인간이 하나님을 배반하고 떠나는 순간 영원한 생명이신 하나님으로부터 단절되었습니다. 하나님의 생명으로부터 단절되자 인간은 더 이상 하나님으로부터 생명을 공급받지 못한 상태가 되었고 죽어가기 시작한 것입니다.

여기에 싱싱한 나무가 있다고 합시다. 뿌리에 연결된 나무에서 가지를 꺾었습니다. 막 꺾은 가지는 그 잎이 푸르고 싱싱합니다. 이것을 가지고 제가 여러분에게 묻습니다.

이 나뭇가지 죽었어요, 살았어요?

뭐라고 말하겠어요?

상식적인 사람은 대부분 죽었다고 말합니다. 나뭇가지가 아무리 싱싱하고 잎이 파릇해도 뿌리로부터 꺾어진 가지는 죽은 가지입니다. 나무뿌리라는 생명으로부터 단절되었기 때문입니다. 뿌리로부터 분리된 가지는 지금 아무리 싱싱하게 살아 있는 것처럼 보여도 죽은 것입니다. 시간이 지나면서 점점 시들시들해지면서 결국은 바짝 말라서 죽은 표시가 나고 맙니다.

## 7. 죄의 삯은 죽음과 심판

하나님을 떠난 인간이 이렇다는 것입니다. 하나님을 떠난 인간은 지금 살아 있는 것처럼 보여도 영원한 생명이신 하나님으로부터 분리된 상태이기 때문에 죽은 존재입니다. 태어나서 10대, 20대 시절에는 왕성한 육체 에너지를 가지고 있으니 자기가 살아 있는 것 같습니다. 그러나 30년이 지나고 50년이 지나고 70년이 지나면 뿌리에서 꺾인 나뭇가지처럼 시들고 말라가는 것이 보입니다. 시간이 더 지나면 100년 안팎으로, 다 죽음으로 끝납니다.

이것이 하나님과 단절된 인간의 운명입니다. 하나님을 떠난 인간은 영원한 생명인 하나님으로부터 단절되어 죽음을 향해 가는 비참한 존재가 되어 버린 것입니다. "선악과를 먹으면 반드시 죽으리라"라고 하신 말씀은 바로 이 뜻입니다. 인간의 일생은 매일 죽음을 향해 가는 죽음의 걸음입니다.

여러분, 사람이 왜 죽을까요?

영원한 생명이신 하나님을 떠난 것이 죄라고 했고, 죄인은 하나님으로부터 분리된 상태기 때문에 뿌리에서 잘린 가지가 결국 말라 죽듯이 영원한 생명으로부터 분리된 인간은 결국 생명이 말라 죽음에 이르게 되는 것입니다.

> 죄의 삯은 사망이요(롬 6:23).

하나님을 배반하고 영원한 생명으로부터 단절된 죄 때문에 죽음이 인간은 죽는 것입니다. 성경은 죽음을 죄의 삯이라고 했습니다. 죄는 하나님을 떠난 인간의 상태를 말합니다. 그러므로 죄인은 죽습니다. 죽음은 자연스러운 것이 아닙니다. 죽음은 죄인이 당하는 형벌입니다. 그러나 그게 끝이 아닙니다. 사람들은 죽으면 끝이고 모든 것이 사라진다고 말하지만, 실상은 그렇지 않습니다. 죽음은 죄 때문에 온 것이기 때문에 죽음 이후에는 심판이 있습니다.

> 한번 죽는 것은 사람에게 정해진 것이요 그 후에는 심판이 있으리니 (히 9:27).

죄의 삯으로 죽은 인간 앞에는 심판이 있습니다.
그 심판이 뭘까요?
지옥입니다. 사람들은 지옥이라는 말을 들으면 비웃습니다. 세상 사람들은 지옥이 어디 있느냐며 조롱합니다. 그러나 성경은 한번 죽는 것은 사람에게 정해진 것이고, 죽음 후에는 심판이 있다고 했습니다. 여러분, 뿌리에서 분리된 가지가 시들어서 바짝 마르면 불에 던져 살라지듯이 성경은 하나님을 배반한 인간에게도 죽은 후에 이런 심판이 있다고 말합니다.

> 사람이 내 안에 거하지 아니하면 가지처럼 밖에 버려져 마르나니 사람들이 모아다가 불에 던져 사르느니라 (요 15:6).

현대인들은 지옥을 조롱하고 외면합니다. 그래도 지옥은 그대로 있습니다. 지옥은 우리가 부정하고 외면한다고 없어지는 것이 아닙니다. 여러분이 부정하고 눈을 감는다고 지옥이 사라지는 것이 아니라는 것이 문제입니다. 지옥은 인간 앞에 놓인 가장 비극적인 현실입니다.

## 8. 지옥에 대한 경고

누가복음 16장을 한 번 보세요. 거기에는 지옥에 대한 생생한 경고가 담겨 있습니다.

한 부자가 있었는데 그는 권력까지 가진 성공한 사람이었습니다. 세상에서는 부러운 것이 없는 인생을 살았습니다. 자색옷과 베옷을 입고는 날마다 호화롭게 파티를 열면서 인생을 즐겼습니다. 그는 인생이 한없이 만족스러웠습니다. 하나님이니 천국이니 하는 말 따위에는 관심도 없었습니다. 그에게는 이 세상이 전부였습니다.

그런데 문제가 생겼습니다. 부자도 나이가 들고 죽어야 한다는 것이었습니다. 부자라서 영원히 살면 좋은데 그도 늙어야 했고 죽어야 한다는 것이 문제였습니다. 그도 죄의 삯으로 죽어야 했습니다. 그도 죽은 후에 심판을 받아야 했습니다. 그는 지옥에 떨어졌습니다. 지옥에서 외치는 그의 호소를 들어보세요.

> 불러 이르시되 아버지 아브라함이여 나를 긍휼히 여기사 나사로를 보내어 손가락 끝에 물을 찍어 내 혀를 서늘하게 하소서 내가 이 불꽃 가운데서 괴로워하나이다(눅 16:24).

그는 죄 가운데 살다가 죽어서 심판을 받아 지옥에 떨어졌습니다. 여러분, 지옥은 어떤 곳입니까?

지옥은 불이 타는 곳입니다.

부자가 "내가 이 불꽃 가운데서 괴로워하나이다"라고 울부짖지 않습니까?

지옥 불은 우리가 지어낸 말이 아닙니다. 지옥 불은 하나님이 경고하신 실재하는 장소입니다. 부자는 지옥에 갔습니다. 너무너무 고통스러워서 견딜 수가 없어서 아브라함에게 부르짖어 간구합니다.

> 내 형제 다섯이 있으니 그들에게 증언하여 그들로 이 고통 받는 곳에 오지 않게 하소서(눅 16:28).

부자는 지옥을 믿지 않았습니다. 지옥을 믿지 않다가 지옥에 들어갔습니다. 여러분, 이것이 아이러니입니다. 지옥을 믿는 자는 지옥을 피합니다. 그러나 지옥을 비웃고 조롱하고 믿지 않는 자는 지옥에 떨어집니다. 부자는 지옥을 믿지 않고 조롱하다가 지옥에 떨어졌습니다. 불타는 지옥에서 견딜 수 없는 괴로움에 몸서리를 치고 있습니다.

그래서 자기 동생들은 절대로 지옥에 오지 않도록 경고해 달라고 부탁했습니다. 지옥에 가면 모두 다 전도자가 됩니다. 자기가 직접 지옥을 경험하니까요. 지옥은 그런 곳입니다.

> 짐승이 잡히고 그 앞에서 표적을 행하던 거짓 선지자도 함께 잡혔으니 이는 짐승의 표를 받고 그의 우상에게 경배하던 자들을 표적으로 미혹하던 자라 이 둘이 산 채로 유황불 붙는 못에 던져지고(계 19:20).

보세요. 하나님을 배반하고 사탄을 따라갔던 자들이 유황불에 던져졌다는 것입니다.

인간이 하나님을 배반할 때 누구를 따라서 배반했나요?

사탄을 따라서 배반했습니다. 지옥은 하나님을 배반한 사탄과 사탄을 추종한 모든 자가 들어가는 장소입니다. 지옥은 실재하는 장소입니다. 지옥은 끔찍한 고통의 장소입니다. 지옥은 사람이 산 채로 유황불에 던져지는 장소라고 했습니다. 지옥은 실재합니다. 지옥은 현실입니다. 성경은 지옥의 실재에 대해서 생생하게 증거하고 있습니다. 성경은 여러분을 향해 지옥만은 피하라는 경고하고 있습니다.

## 9. 구원의 자격을 갖춘 유일한 분

그렇다면 인간 앞에 놓여 있는 이 비극적 운명을 어떻게 해야 할까요?

어떻게 해야 이 지옥을 피할 수 있을까요?

성경은 죄의 삯을 사망이라고 했고, 창조 이래로 살았던 모든 사람은 죄의 심판을 받아 죽었습니다. 모든 사람이 죽었다는 것은 모든 사람이 죄인이라는 증거입니다. 모든 사람이 죄인이라는 것은 인간 세상에는 인간을 구원할 구원자가 없다는 말과 같습니다. 죽음은 죄의 심판을 받은 것이므로 죽어서 무덤을 가지고 있는 자는 인간의 구원자가 될 수 없습니다.

예를 들어 저와 제 아내가 각각 1조 원의 빚을 졌습니다. 그리고 빚쟁이에게 고소를 당해서 둘 다 감옥에 가게 되었습니다. 그런데 제 아내가 저를 너무 사랑해서 채권자를 찾아가서 저 대신에 자신을 감옥에 대신 보내달라고 말한다면 채권자는 이렇게 대답할 것입니다.

"당신 빚이나 갚아라. 당신 빚도 못 갚아서 감옥에 가게 된 주제에 누구 빚을 갚아 준다는 거야?"

인간이 그렇다는 것입니다. 죄의 삯으로 죽은 인간은 다른 인간의 구원자가 될 수 없습니다. 어떤 종교 지도자도 안 됩니다. 어떤 철학자도 안 됩니다. 어떤 성자도 안 됩니다. 어떤 지식인도 안 됩니다. 어떤 도덕군자도 안 됩니다. 그들도 죽기 때문입니다. 그들이 죽는다는 것은 그들도 죄인이라는 증거입니다.

죄인은 다른 죄인의 죄를 대속하지 못합니다. 죄를 대속할 수 있는 자격이 되려면 자기에게 죄가 없어야 합니다. 자기 죄가 하나도 없는 사람만이 다른 사람의 죄를 대신 갚을 수 있습니다. 자기 죄가 없는 사람은 세상에 한 사람도 없습니다. 모든 사람이 죄의 삯으로 죽기 때문입니다.

> 모든 사람이 죄를 범하였으매 하나님의 영광에 이르지 못하더니 (롬 3:23).

성경은 모든 사람이 죄를 범하였다고 했습니다. 그러므로 인간 중에는 구원자가 없습니다. 인간 중에는 구원자가 없으므로 인간을 구원하려면 인간 세상 밖에서 죄 없는 자가 와야 합니다.

제가 물에 빠졌는데 제 머리를 제가 당긴다고 해서 물에서 구원을 받을 수 있나요?

안 됩니다. 외부에서 구조자가 와야 합니다. 모든 인간은 죗값으로 죽었기 때문에 인간을 구원하기 위해서 외부에서 구원자가 와야 합니다. 성경은 바로 그 구원자에 대해서 이야기하는 책입니다. 죄 없는 분이 세상에 오셨다는 것입니다. 죄가 없는 분이 우리를 구원하시기 위해 인간 세상에 들어오셨다는 것입니다. 우리를 창조하신 하나님이 우리를 구원하기 위해 죄 없는 분을 세상에 보내셨다는 것입니다.

그분이 누굽니까?

바로 예수 그리스도입니다.

할렐루야!

여기에서 위대한 복음이 선포되는 것입니다.

> 하나님이 세상을 이처럼 사랑하사 독생자를 주셨으니 이를 그를 믿는 자마다 멸망하지 않고 영생을 얻게 하려 하심이라(요 3:16).

하나님이 세상을 구원하시기 위해서 하나님의 독생자 예수 그리스도를 세상에 보내셨습니다. 예수님은 하나님과 본체가 하나이시므로 죄가 없습니다. 하나님을 배반하고 하나님을 떠난 것이 죄라고 했는데, 예수님은 하나님의 아들이고 하나님과 하나이신 분이므로 죄가 없습니다.

성경은 죄 없는 하나님의 아들이 처녀의 몸에 성령으로 잉태하셔서 오셨다고 합니다. 처녀의 몸에 성령으로 잉태하신 예수님은 생명이 하나님으로부터 왔기 때문에 인간의 죄를 가지지 않았습니다.

예수 그리스도의 나심은 이러하니라 그의 어머니 마리아가 요셉과 약혼하고 동거하기 전에 성령으로 잉태된 것이 나타났더니(마 1:18).

성령은 하나님의 영입니다. 성령으로 잉태되었다는 것은 하나님의 생명으로 잉태되었다는 말입니다. 처녀의 몸에 하나님의 생명이 들어왔습니다. 하나님의 생명이 처녀의 몸에 들어와서 잉태되셨습니다. 예수님은 인간 세상 외부에서 오신 하나님의 생명으로 잉태되신 분이기 때문에 죄가 없습니다.

예수님은 죄가 없으므로 인간을 구원하실 수 있는 구원자가 될 수 있는 것입니다. 예수님은 죄 없으신 완전하신 하나님으로 세상에 오셨기 때문에 죄인의 죄를 용서할 자격을 갖추었습니다. 그뿐만 아니라 예수님은 마리아의 몸에서 완전한 사람으로 태어나셨습니다. 그는 완전한 육체를 가지고 사람으로 오셨습니다. 예수님은 완전한 사람입니다.

그렇기 때문에 사람을 대표해서 사람의 죄를 용서할 자격도 갖추신 것입니다. 예수님은 완전한 하나님이시고 완전한 사람이십니다. 이것이 굉장히 중요합니다. 예수님은 완전한 하나님이시기 때문에 죄를 용서할 자격을 갖추었고, 예수님은 완전한 사람이기 때문에 죄인을 대표할 자격도 갖추신 것입니다. 이렇게 예수님은 인간의 죄를 용서할 수 있는 유일한 자격을 갖추신 분이 되는 것입니다.

## 10. 어린양과 대속의 피

요한복음 1장 29절을 보시기 바랍니다.

> 이튿날 요한이 예수께서 자기에게 나오심을 보고 이르되 보라 세상 죄를 지고 가는 하나님의 어린양이로다(요 1:29).

예수님이 공생애를 시작하시면서 세례 요한에게 세례를 받으러 오실 때 세례 요한이 외친 말입니다. 이 말은 유대인들에게는 너무나도 쉬운 말이었습니다. 유대 나라의 제사법에는 죄를 지으면 죄지은 사람이 흠이 없는 어린양을 데리고 와서 먼저 양의 머리에 손을 얹고 자기의 죄를 고백합니다. 그렇게 하면 죄인의 죄가 죄 없는 짐승에게 전가가 되는 것입니다.

그런 후에 당사자가 칼을 가지고 양을 죽이고 피를 받아서 제사장에게 주면, 제사장이 그 피를 제단 뿔에 바르고 죄인에게 선포합니다.

"당신이 죄를 지어 죽어야 하지만, 죄 없는 양이 당신 대신 피 흘리고 죽었기 때문에 당신의 죄를 용서받았습니다."

이것이 구약의 유대인들이 죄 용서를 받는 길이었습니다. 세례 요한이 예수님을 보고 "세상 죄를 지고 가는 하나님의 어린양"이라고 말했을 때 유대인들은 그것을 단번에 이해했습니다.

'너희가 죄의 대가로 죽어야 하지만, 죄 없는 예수님이 어린양이 되어 너희를 대신해서 피 흘려 죽으심으로 너희 죄가 용서를 받을 것이다.'

이것은 예수님이 우리 대신 피 흘려 죽으시고 우리의 죄를 용서해 주시는 대속제물이 될 것을 예언한 것입니다.

> 육체의 생명은 피에 있음이라 내가 이 피를 너희에게 주어 제단에 뿌려 너희의 생명을 위하여 속죄하게 하였나니 생명이 피에 있으므로 피가 죄를 속하느니라(레 17:11).

> 율법을 따라 거의 모든 물건이 피로써 정결하게 되나니 피 흘림이 없은즉 사함이 없느니라(히 9:22).

성경은 피가 죄를 속한다고 했습니다. 피 흘림이 없은즉 사함이 없다고 했습니다. 죄인이 죄를 용서받는 방법은 피에 있습니다. 죄인은 죄의 삯으로 죽어야 합니다. 피는 죽음을 상징합니다. 피를 흘려 죽음으로 그 사람의 죄는 사라지는 것입니다. 이것이 피의 속죄입니다.

하나님은 반역한 죄인을 그냥 용서해 주실 수가 없습니다. 죄를 그냥 용서해 주면 하나님의 공의가 무너지게 됩니다. 죄는 반드시 대가를 치러야 합니다. 이것이 하나님의 공의로운 법입니다. 반역한 죄는 죽음으로 대가를 치러야 하는데 성경은 예수님이 대신 치렀다고 말합니다. 예수님이 인간을 대신하여 피를 흘리고 죽으셨다는 것입니다. 예수님이 대신 피 흘리시고 죽으심으로 인간의 죄를 용서하셨다는 것입니다.

이것이 "세상 죄를 지고 가는 하나님의 어린양"이라는 말씀의 뜻입니다. 예수님은 우리의 구원자로 세상에 오셨습니다. 예수님이 우리를 구원하시는 방법이 "세상 죄를 지고 가는 하나님의 어린양"이 되시는 것이었습니다. 예수님이 우리 대신 피 흘리고 죽으심으로 우리의 죄를 용서하시는 것이었습니다. 이사야 53장을 보시면 너무나도 명확하게 그것을 진술해 놓고 있습니다.

> 그가 찔림은 우리의 허물 때문이요 그가 상함은 우리의 죄악 때문이라 그가 징계를 받으므로 우리는 평화를 누리고 그가 채찍에 맞으므로 우리는 나음을 받았도다 우리는 다 양 같아서 그릇 행하여 각기 제 길로 갔거늘 여호와께서는 우리 모두의 죄악을 그에게 담당시키셨도다(사 53:5-6).

그는 예수님을 칭합니다. 예수님의 죽음이 우리를 위한 것이었다는 것입니다. 예수님은 우리를 구원하시기 위해서 우리 대신 죽으셨습니다. 우리 대신 십자가에서 피를 흘리신 것입니다. 예수님의 피 흘리심으로 우리에게 죄 사함의 길이 열렸습니다.

나의 피는 죄로 더러워진 피여서 죄의 대가로 죽음밖에 없지만 예수님의 피는 성결한 피이기 때문에 우리의 죄를 용서하는 능력이 있는 것입니다. 그래서 이제부터 우리는 예수님의 핏속으로 들어가면 죄 용서를 받게 되는 것입니다.

여러분, 이것을 이렇게 이해해 보세요. 초원에 불이 났습니다. 사방에서 불길이 나를 향해 타오고 있습니다. 그때 내가 먼저 큰 원을 그리고 불을 먼저 태웁니다. 불이 다 타고 남은 커다란 원 속에 들어가 있으면 화재로부터 나를 지킬 수가 있습니다.

예수님이 하신 일이 이와 같은 일입니다. 우리가 죽어야 하는데 예수님이 대신 죽으셨습니다. 그래서 이제 우리는 예수님 안으로 들어가면 죽음으로부터 보호를 받을 수가 있게 되었습니다. 예수님이 한 번 죽으신 곳에는 더 이상 죽음이 없습니다. 예수님이 한 번 심판을 받은 곳에는 더 이상 심판이 없습니다. 그래서 예수님은 십자가에서 죽으시면서 "다 이루었다"고 하셨습니다.

## 11. 다 이루었다

예수께서 신 포도주를 받으신 후에 이르시되 다 이루었다 하시고(요 19:30).

무엇을 다 이루었을까요?

인간의 죄를 다 씻으셨다는 것입니다. 인간이 당할 죽음과 심판을 제거하셨다는 것입니다. 예수님이 죽으시고 심판을 받은 곳에는 죽음이나 심판이 더 이상 없다는 것입니다. 예수님이 피 흘려 죽으심으로 인류의 과거와 현재와 미래의 죄까지 전부 다 깨끗하게 용서하셨습니다. 인류의 모든 죄를 용서하셨습니다.

인간은 누구나 죄의 삯으로 죽음과 심판을 받아야 하지만 예수님이 대신 피 흘리시고 죽으심으로 인간 앞에 놓인 죄의 삯인 죽음과 심판을 제거하신 것입니다.

인간은 더 이상 죄에서 구원을 받기 위해서 해야 할 일이 없습니다. 예수님이 다 이루셨습니다. 우리가 할 일은 하나도 없습니다. 내가 죽어야 하는데 예수님이 대신 죽으시고, 내가 심판받아야 할 심판을 대신 받으시고 나를 살려 주셨습니다. 영원히 불타는 지옥의 형벌에서 나를 건져 주셨습니다.

할렐루야!

이것이 복음입니다.

이것보다 더 기쁜 소식이 어디에 있습니까?

세상에 이보다 놀라운 소식이 어디에 있습니까?

예수님이 죽음과 심판에서 우리를 구원하셨습니다.

예수님은 친히 말씀하셨습니다.

"내가 다 이루었다!"

예수님이 다 이루셨습니다. 예수님이 십자가에서 피 흘리심으로 죄 사함을 다 이루신 것입니다. 죄의 삯인 죽음과 심판이 사라졌습니다.

정말입니까?

증거가 있습니까?

물론입니다. 그 증거가 바로 "부활"입니다.


## 12. 속죄의 증거는 부활이다

> 그가 여기 계시지 않고 그가 말씀하시던 대로 살아나셨느니라 와서 그가 누우셨던 곳을 보라(마 28:6).

할렐루야!

예수님이 살아나셨습니다. 죽음을 이기시고 부활하셨습니다. 예수님의 부활은 속죄의 확실한 증거입니다. 죄의 삯은 사망이므로 죄인은 죽어서 영원히 무덤 속에 갇혀 있어야 합니다. 모든 인간은 죄인입니다. 모든 인간은 죽어 무덤을 가지고 있습니다. 그러나 예수님은 무덤이 없습니다. 무덤에서 다시 살아나셨기 때문입니다. 죽은 지 사흘 만에 무덤에서 살아나신 것입니다. 예수님이 다시 살아났다는 것은 죄가 해결되었다는 것입니다.

여러분, 죄인은 죽어서 무덤에 묻혀 있어야 합니다.

그런데 죄가 사라지면 어떻게 되나요?

죄가 사라지면 다시 살아납니다. 예수님이 죄의 삯을 다 지불하셨기 때문에 다시 살아날 수 있게 되었습니다. 죄가 없는 자는 더 이상 죽음의 노예가 될 필요가 없습니다. 무덤에 묻혀 있을 필요가 없습니다.

저와 아내가 각각 1조 원씩 빚을 지고 감옥에 갇혀 있었는데 외부의 엄청난 부자가 와서 값없이 그 빚을 완전히 갚아 주었습니다. 그러면 저와 아내는 감옥에 더 이상 있을 필요가 없습니다. 빚을 갚은 자는 자유인입니다.

마찬가지로 죄의 값이 치러지면 무덤에서 살아나는 것입니다. 예수님이 세상 죄를 지고 어린양이 되어 우리 대신 죽어서 무덤에 갇혔으나 죄가 해결되자 살아나신 것입니다. 예수님은 죄를 해결하시고 부활하셨습니다.

그러므로 예수 부활은 모든 인류의 모든 죄가 해결되었다는 완전한 증거입니다. 예수님이 살아나셨다는 것은 죄가 해결되었다는 선포입니다. 예수님은 다시 살아나심으로 인류의 모든 죄를 해결한 유일한 구원자가 되신 것을 온 세상에 선포하셨습니다.

> 예수님은 우리가 범죄한 것 때문에 내어줌이 되고 또한 우리를 의롭다 하시기 위하여 살아나셨느니라(롬 4:25).

예수님은 우리의 범죄한 것 때문에 죽었습니다. 예수님이 살아나심으로 우리에게 의로움의 길이 열렸습니다. 예수 죽음과 예수 부활은 예수님이 구원의 길을 완성하셨다는 너무나도 확실하고 완벽한 증거입니다. 예수님이 다 이루어 놓았습니다. 우리가 할 일은 그것을 믿는 것뿐입니다.

## 13. 예수님을 주님으로 영접하라

　예수님이 이 모든 것을 다 이루어 놓았다 해도 우리가 믿지 않으면 우리에게는 아무런 일도 일어나지 않습니다. 예수님의 속죄와 구원을 우리 것으로 만들어야 하는데 그 방법이 믿는 것입니다.
　그러면 어떻게 믿습니까?
　예수님을 마음에 영접함으로 믿을 수 있습니다.

> 영접하는 자 곧 그 이름을 믿는 자들에게는 하나님의 자녀가 되는 권세를 주셨으니(요 1:12).

　영접이라는 것은 문을 열고 모셔 들이는 것입니다. 집에 귀한 손님이 와서 문을 똑똑 노크하면 집주인은 문을 열고 손님을 집 안으로 정성스럽게 모셔 들입니다. 집 안으로 모셔 들여서 가장 귀한 자리에 앉힙니다. 이것을 영접이라고 합니다.
　"예수님이 나의 죄를 용서하기 위해 십자가에서 피 흘리시고 죽으셨다."
　"예수님이 죄를 해결하시고 사흘 만에 부활하셨다."
　"누구든지 예수님을 믿으면 구원을 얻는다."
　이 복음이 여러분에게 전해졌습니다. 하나님께서 이 복음으로 여러분의 마음을 노크하고 계신 것입니다. 여러분이 이 말씀을 그대로 믿고 예수님을 마음 중심에 모셔 들일 때 예수님을 영접하게 되는 것입니다. 예수님을 마음에 영접하면 여러분은 믿는 자가 되는 것입니다.

그러나 여러분, 이것이 단순히 입으로 "믿습니다"라고 말만 하는 것을 의미하지는 않습니다. 진짜 믿음은 반드시 아래 두 가지를 포함하고 있어야 합니다.

네가 만일 네 입으로 예수를 주로 시인하며 또 하나님께서 그를 죽은 자 가운데서 살리신 것을 네 마음에 믿으면 구원을 받으리라(롬 10:9).

**첫째**, 네가 입으로 예수님을 주로 시인해야 한다고 했습니다.
**둘째**, 네가 하나님이 예수님을 죽은 자 가운데서 살리신 것을 마음으로 믿어야 한다고 했습니다.

구원받는 믿음은 이 두 가지를 다 가지고 있어야 합니다. 그중에서도 순서가 중요합니다. 먼저 예수님을 주라고 시인하는 것입니다. 이것은 예수님이 내 인생의 주인이라는 고백입니다.
"예수님이 내 인생의 주인이십니다."
이것을 공개적으로 시인해야 합니다. 사람들 앞에서든 누구 앞에서든 떳떳하게 말할 수 있어야 합니다. 예수님을 나의 주님이라고 불러야 합니다. 그다음 예수 그리스도의 십자가의 죽으심과 부활을 마음으로 믿어야 합니다. 마음이라는 것은 인격 중심을 말합니다. 나의 인격 전체로 받아들이고 믿어야 합니다. 여러분이 예수님을 믿을 때 이 순서가 중요합니다. 순서를 뒤바꾸면 안 됩니다.
"오늘은 예수 믿고 구원만 받겠습니다. 예수님을 인생의 주인으로 모시는 것은 나중에 하겠습니다."
이것은 안 됩니다. 이런 믿음은 없습니다.

이것은 믿음이 아닙니다. 사람들이 여기서 오해합니다.

"나는 예수님을 믿습니다. 믿는다고 입으로 고백했습니다. 나는 구원을 받았습니다."

이것으로 끝이라고 생각합니다. 완전히 틀렸습니다. 핵심이 빠졌습니다. 여러분은 예수님을 인생의 주인으로 모시고 믿어야 합니다. 예수님은 여러분의 구주가 되셔야 합니다. 구원하는 주님이 되셔야 합니다. 그분은 구원자일 뿐만 아니라 주님이십니다. 그분은 여러분의 주님으로 여러분의 구원자가 되시는 것입니다. 주님이 아닌 구원자는 구주가 될 수 없습니다.

여러분, 죄가 뭐라고 했습니까?

죄는 하나님을 배반한 것입니다. 죄는 인간 스스로가 주인이 되는 것이라고 했습니다.

그렇다면 구원은 무엇일까요?

구원은 하나님께로 돌아오는 것입니다. 구원은 창조의 목적대로 하나님을 인생의 주인으로 다시 섬기는 것입니다. 그러므로 성경적인 믿음은 하나님이 보내신 구원자를 인생의 주님으로 인정하고 섬기는 것에서 시작하는 것입니다. 여러분이 예수님을 주님으로 시인해야 합니다.

이제까지 여러분 자신이 인생의 주인 노릇을 하던 것을 포기하고 인생의 주도권을 하나님께 이양해야 합니다. 인생의 주인 자리를 하나님께 돌려드려야 합니다. 이것이 예수님을 주로 시인하는 믿음입니다. 그와 동시에 그리스도의 죽으심과 부활을 마음으로 믿을 때 구원받은 자가 되는 것입니다.

## 14. 영원히 죽지 아니하리라

성경은 구원받은 자를 그리스도인이라고 부릅니다. 그리스도인은 구원받은 자입니다. 구원받은 자는 영생을 가진 자입니다. 영생이라는 것은 영원히 죽지 않는 생명입니다. 이것은 하나님의 생명입니다. 우리가 회개하고 예수님을 믿음으로 우리는 다시 하나님과 연결된 인생이 되었습니다. 하나님의 영원한 생명을 공급받는 영생의 존재가 된 것입니다.

이것이 바로 성경에서 말하는 영생입니다. 성경은 그리스도인을 향해 영생을 얻었고 영원히 죽지 않을 것이라고 했습니다. 영원히 죽지 않는다는 것은 천국에서 하나님과 영원히 사는 것을 말합니다.

> 예수께서 이르시되 나는 부활이요 생명이니 나를 믿는 자는 죽어도 살겠고 무릇 살아서 나를 믿는 자는 영원히 죽지 아니하리라(요 11:25-26).

예수님을 믿는 자는 죽어도 다시 삽니다. 살아서 예수님을 믿는 자는 영원히 죽지 않습니다. 구원받은 그리스도인은 천국에서 주님과 함께 영원히 살 것입니다.

## 제2장

### 행위냐 믿음이냐

내가 율법이나 선지자를 폐하러 온 줄로 생각하지 말라
폐하러 온 것이 아니요 완전하게 하려 함이라
진실로 너희에게 이르노니 천지가 없어지기 전에는
율법의 일점일획도 결코 없어지지 아니하고 다 이루리라
그러므로 누구든지 이 계명 중의
지극히 작은 것 하나라도
버리고 또 그같이 사람을 가르치는 자는
천국에서 지극히 작다 일컬음을 받을 것이요
누구든지 이를 행하며 가르치는 자는
천국에서 크다 일컬음을 받으리라
내가 너희에게 이르노니 너희 의가 서기관과 바리새인보다
더 낫지 못하면 결코 천국에 들어가지 못하리라

(마 5:17-20)

## 1. 헷갈리는 말씀

우리가 성경을 읽다 보면 가끔 헷갈리는 말씀이 있습니다. 교회에서는 오직 믿음으로 구원을 얻는다고 배웠는데 예수님은 "내가 너희에게 이르노니 너희 의가 서기관과 바리새인보다 더 낫지 못하면 결코 천국에 들어가지 못하리라"라고 말씀하십니다. 여러분, 이것을 정리하지 못하면 둘 사이에서 계속 헷갈리는 신앙생활을 할 수밖에 없습니다.

예수님이 서기관과 바리새인의 의라고 말씀하셨는데 먼저 이들이 누구인지 한번 보겠습니다. 서기관은 율법을 연구하는 사람이고, 바리새인은 율법을 행하는데 인생을 건 사람입니다. 그들은 율법의 작은 법조문 하나하나 연구하며, 말씀의 작은 부분까지 지키기 위해서 생명을 건 사람들입니다.

예수님은 지금 이들을 비유해서 이렇게 율법을 열심히 연구하고 생명을 걸면서 말씀을 지키는 사람들보다 너희가 더 의롭지 못하면 천국에 못 간다고 말씀하신 것입니다. 이런 말씀 앞에 그리스도인들이 방황합니다. 교회에서는 믿기만 하면 구원을 얻는다고 했는데 예수님은 서기관과 바리새인보다 너희 의가 더 낫지 못하면 천국에 못 간다고 말씀하시니 이 둘 사이에서 길을 잃게 됩니다.

그리고는 단순히 예수님이 말씀하셨으니 예수님의 말씀이 옳다고 믿고 행위구원으로 들어가는 것입니다. 말씀을 정확하게 알지 못하면 이런 어리석은 자리에 떨어지게 됩니다.

여러분, 율법이 무엇일까요?

율법은 모세가 시내산에서 받은 하나님의 계명으로 십계명과 613개 계명이 있습니다. 613개 중에 '하지 말라'가 365개, '하라'가 248개입니다. 그 외에도 구전율법이 있는데 210년경 랍비 '유다 하나지'는 그것을 편찬해서 6부, 63편, 520장으로 완성을 했는데 이것을 '미쉬나'라고 합니다.

그러나 '미쉬나'는 원론적인 이야기만 담았다고 해서 후대인들이 해석서와 적용서를 만들었는데 그것이 '게마라'입니다. 이렇게 '미쉬나'와 '게마라'를 합친 것이 '탈무드'인데 700페이지 분량의 7권짜리 책으로 엄청난 분량입니다.

예수님 당시에는 '미쉬나'와 '게마라'가 없었지만, 후대에라도 이런 것들을 만들었다는 것은 유대인들이 얼마나 율법을 지키는데 열심을 내었는지를 방증해 주고 있습니다. 유대인들은 어려서부터 율법을 배우며 율법을 지키는데 인생을 거는 생활을 했습니다. 그런데도 예수님께 오셔서 유대인들에게 율법을 어겼다고 책망하셨습니다. 바리새인들에게는 더욱 무서운 심판을 하셨는데 마태복음 23장 23절에서 다음과 같이 말씀하셨습니다.

> 뱀들아 독사의 새끼들아 너희가 어떻게 지옥의 판결을 피하겠느냐 (마 23:23).

이것은 책망 정도가 아니라 무서운 심판입니다. 말씀을 지키는데 전 인생을 건 바리새인들에게 이런 무서운 심판을 경고하신 것입니다.

그러면 그들처럼 자세한 율법도 가지고 있지도 않고 그들처럼 율법도 열심히 지키면서 살아가지도 못하는 우리는 어떻게 되는 것입니까?

바리새인조차 지옥 판결을 피하지 못한다면 우리는 100퍼센트 지옥에 가야 하지 않겠습니까?

그런데도 왜 예수님은 우리에게 "너희 의가 서기관과 바리새인보다 낫지 못하면 천국에 들어가지 못한다"라고 말씀하셨을까요?

말씀을 지키는 열심에서는 우리는 바리새인과 비교조차 되지 않는데 어떻게 우리 의가 바리새인보다 나을 수 있겠습니까?

## 2. 산상수훈의 목적

누가복음 18장에는 바리새인과 세리의 기도가 나오는데 바리새인의 기도를 보면 그들이 얼마나 율법을 철저하게 지켰는지 알 수 있습니다.

> 바리새인은 서서 따로 기도하여 이르되 하나님이여 나는 다른 사람들 곧 토색, 불의, 간음을 하는 자들과 같지 아니하고 이 세리와도 같지 아니함을 감사하나이다 나는 이레에 두 번씩 금식하고 또 소득의 십일조를 드리나이다 (눅 18:11-12).

토색이라는 것은 강제로 빼앗는 것입니다. 남의 것을 강제로 빼앗은 적이 없습니다. 불의를 행한 적도 없습니다. 간음을 한 적도 없습니다. 종교적으로도 금식을 하며 십일조를 하며 충성했습니다. 이런 사람들이 바리새인들입니다. 바울은 자기가 바리새인일 때 얼마나 율법에 충성했는지 빌립보서에서 자신 있게 말하고 있습니다.

> 나는 팔 일 만에 할례를 받고 이스라엘 족속이요 베냐민 지파요 히브리인 중의 히브리인이요 율법으로는 바리새인이요 열심으로는 교회를 박해하고 율법의 의로는 흠이 없는 자라(빌 3:5-6).

율법의 의로는 흠이 없는 자라고 자신하고 있습니다. 이렇게 열심히 완벽하게 율법을 행했던 자가 바리새인입니다. 아니 그런데 우리가 이런 사람보다 더 나은 행동을 해서 더 의로워져야 천국에 갈 수 있다고 하니 대단히 곤란하지 않을 수가 없습니다.

여러분, 과연 이것이 가능할까요?
바리새인이 불가능했던 것을 우리가 할 수 있을까요?
"나는 율법의 의로는 흠이 없었다"라고 말한 바울조차 불가능했다면 우리가 어떻게 가능하겠습니까?
우리가 그들보다 더 나은 의를 행할 수 있을까요?

전적으로 불가능합니다.
그렇다면 예수님은 왜, 무슨 의도로 이런 말씀을 하셨을까요?
우리는 예수님이 이 말씀을 하신 원래 의도를 잘 파악해야 합니다. 예수님은 우리에게 바리새인과 서기관보다 행위를 더 완벽하게 해서 천국에 들어가라는 의미로 이 말씀을 하신 것이 아닙니다.
도리어 이 말씀을 통해서 율법을 열심히 지킨다고 하는 자들 속에 있는 위선을 드러내신 것입니다. 자기는 최선을 다해 말씀을 지키며 살고 있다고 자신하는 인간 속에 있는 거짓을 폭로하신 것입니다.

여러분, 복음은 예수 그리스도 자신입니다. 복음은 인격입니다. 복음은 어떤 가르침이 아닙니다. 우리는 가르침을 믿거나 지켜서 구원을 받는 것이 아닙니다. 구원은 인격이신 예수 그리스도와 연합하는 것입니다. 성경은 이것을 믿음이라고 말합니다. 그래서 "주 예수님을 믿으라"라고 말씀하고 있습니다.

우리가 주 예수님을 믿을 때 부활하신 예수 그리스도와 연합하게 되고, 예수 그리스도의 영원한 생명이 우리 속에 들어와서 우리도 영원한 생명을 가진 영생의 존재가 되는 것입니다.

성경 어디에도 "너희가 산상수훈을 지켜라. 그리하면 구원을 얻으리라." 이렇게 말씀한 곳이 한 곳도 없습니다. 산상수훈은 율법입니다. 구약 시대 형식과 문자에 갇혀 있던 율법의 완전한 속뜻을 적나라하게 밝혀 놓은 완전한 율법이 산상수훈입니다.

그래서 "우리는 율법을 잘 지켜요", "우리는 율법의 행위로 완벽한 사람입니다"라고 자신하는 바리새인들이 앞에 이 율법의 완벽한 속뜻을 제시함으로 그들이 얼마나 위선적인 사람인지 폭로해 버린 것입니다. 이것이 산상수훈의 목적입니다.

여러분, 산상수훈을 한 번 보세요. 계속해서 바리새인들의 위선을 폭로합니다. 율법의 원래 뜻을 선포하심으로 이중적이었던 그들의 모습을 폭로하고 있습니다. 예수님은 율법을 통해서 인간의 불가능을 적나라하게 고소하고 있습니다.

## 3. 율법의 진정한 의미

첫째, 예수님은 율법을 가르치면서 율법의 원래 의도까지 다 지켜야 완전히 지킨 것이라고 말씀하십니다.

> 옛사람에게 말한바 살인하지 말라 누구든지 살인하면 심판을 받게 되리라 하였다는 것을 너희가 들었으나 나는 너희에게 이르노니 형제에게 노하는 자마다 심판을 받게 되고 형제를 대하여 라가라 하는 자는 공회에 잡혀가게 되고 미련한 놈이라 하는 자는 지옥 불에 들어가게 되리라(마 5:21-22).

"살인하지 말라"라는 계명이 있습니다. 이는 물리적인 살인에만 해당되는 것이 아니라는 것입니다. 형제에게 노하면 심판을 받습니다. '라가'라고 말하면 공회에 잡혀가게 됩니다. "라가"는 '머리가 빈', '무가치한'이라는 뜻입니다.

살아가면서 이 정도의 말을 한 번도 안 한 사람이 있습니까?

형제에게 미련한 놈이라고 말 한 사람은 지옥 불에 들어간다는 것입니다. 말씀을 지킨다는 것이 단순히 외적인 행동만을 의미하지 않습니다. 예수님은 율법을 가르치면서 율법의 원래 의도까지 다 지켜야 완전히 지킨 것이라는 것을 가르쳐 주고 계신 것입니다. 마음의 동기와 상태까지가 완벽해야 율법을 온전히 지킨 것이 됩니다.

둘째, 율법의 본뜻은 행동 이전에 이미 생각과 마음의 동기를 지적하고 있습니다.

> 또 간음하지 말라 하였다는 것을 너희가 들었으나 나는 너희에게 이르노니 음욕을 품고 여자를 보는 자마다 마음에 이미 간음하였느니라(마 5:27-28).

음욕을 품고 여자를 본 사람은 이미 간음했다는 것입니다. 이것이 율법입니다. 그런데 사람들은 '간음하지 말라 했다는 것을 너희가 들었으나' 이것만 생각합니다. 그래서 '아! 나는 행위로 간음한 적이 없으니깐 나는 완벽한 자야' 이렇게 생각하며 자신은 율법을 지켰다고 자신한다는 것입니다. 예수님은 그런 바리새인들에게 마음으로 음욕을 한 번이라도 품은 자는 간음한 자라고 고소를 해버리는 것입니다.

**셋째**, 나에게 해를 입히면서 동시에 나에게 무언가를 구하는 사람에게 거절하지 말고 오히려 그들이 원하는 그 이상의 것을 베풀라고 하십니다.

> 또 눈은 눈으로, 이는 이로 갚으라 하였다는 것을 너희가 들었으나 나는 너희에게 이르노니 악한 자를 대적하지 말라 누구든지 네 오른편 뺨을 치거든 왼편도 돌려 대며 또 너를 고발하여 속옷을 가지고자 하는 자에게 겉옷까지도 가지게 하며 또 누구든지 너로 억지로 오 리를 가게 하거든 그 사람과 십 리를 동행하고 네게 구하는 자에게 주며 네게 꾸고자 하는 자에게 거절하지 말라(마 5:38-42).

여러분, 이렇게 할 수 있습니까?
어떤 사람이 여러분의 오른쪽 뺨을 때렸는데 화도 내지 않으면서 왼쪽 뺨을 돌려댈 수 있습니까?

여러분을 고발하며 여러분의 것을 달라고 하는 사람에게 그 이상의 것을 더 줄 수 있어요?
여러분의 의견에 반해서 어떤 사람이 여러분에게 짐을 지우고 오 리를 가자고 했는데 자발적으로 오 리를 더해서 십 리를 가줄 수가 있습니까?
누가 이렇게 할 수 있습니까?

없습니다. 인간 중에는 한 사람도 없습니다. 이렇게 못하는 자는 율법은 어긴 것입니다. 하나님의 율법은 여러분이 생각하는 것보다 훨씬 더 상상을 초월하는 요구를 하고 있습니다.

**넷째**, 원수를 사랑하고 그를 위해 기도하라고 하십니다.

> 또 네 이웃을 사랑하고 네 원수를 미워하라 하였다는 것을 너희가 들었으나 나는 너희에게 이르노니 너희 원수를 사랑하며 너희를 박해하는 자를 위하여 기도하라(마 5:43-44).

사람들은 자기에게 잘해주는 사람은 잘해주고 자기를 미워하는 사람을 미워합니다. 그런데 예수님은 "나는 너희에게 이르노니 너희 원수를 사랑하며 너희를 박해하는 자를 위하여 기도하라"라고 말씀하십니다.
이렇게 하는 사람 있어요?
없습니다. 어쩌다 역사에 한두 명 찾을 수도 있을 것입니다.
그러나 이것을 지켰다고 해도 다른 모든 것도 다 지킬 수 있을까요?

십계명과 더불어 613개의 계명을 하나도 어기지 않고 철저하게 지키되 하나님이 의도하신 그 속뜻까지 다 지키는 사람이 있을까요? 단언컨대 한 사람도 없습니다.

**다섯째**, 하나님을 섬기되 외식하는 자가 되지 말고 은밀한 중에 하나님께 나아가라고 하십니다.

> 금식할 때에 너희는 외식하는 자들과 같이 슬픈 기색을 보이지 말라 그들은 금식하는 것을 사람에게 보이려고 얼굴을 흉하게 하느니라 내가 진실로 너희에게 이르노니 그들은 자기 상을 이미 받았느니라 너는 금식할 때에 머리에 기름을 바르고 얼굴을 씻으라 이는 금식하는 자로 사람에게 보이지 않고 오직 은밀한 중에 계신 네 아버지께 보이게 하려 함이라 은밀한 중에 보시는 네 아버지께서 갚으시리라(마 6:16-18).

사람들은 하나님을 잘 섬기기 위해서 금식합니다. 자기 욕망을 끊고 거룩해지기 위해서 금식합니다. 사람들은 삼 일 때로는 일주일 금식을 하면서 머리도 감지 않고 얼굴도 초췌하게 해서 자기가 금식한다는 것을 모든 사람에게 알립니다.

바리새인은 일주일에 두 번 금식했는데 금식할 때 티를 꼭 냈다는 것입니다. 이것은 금식이 이미 소용없어졌다는 것입니다. 하나님의 응답이 없다는 것입니다. 사람들에게 자랑하면서 하나님께 받아야 할 응답은 이미 자기가 다 받아버렸다는 것입니다.

## 4. 인간의 이중성

　지금까지 다섯 가지 율법의 의미에 대해서 말씀드렸는데 이것들을 하나도 어기지 않고 전부 지킨 사람이 있습니까?
　한 사람도 없습니다. 아무도 여기에 해당하지 않습니다. 그러니까 바리새인과 우리들이 다른 사람이 아닙니다. 예수님이 바리새인을 책망한다고 해서 우리가 바리새인보다 낫지 않다는 것입니다. 예수님이 바리새인보다 나은 의를 행해야 천국에 간다고 해서 우리가 그렇게 할 수 있는 사람이라는 착각을 하지 마시라는 것입니다.
　우리는 더 부족하고, 더 모자라고, 더 위선적인 사람입니다. 우리는 바리새인처럼 그렇게 말씀을 지키기 위해 시간과 목숨을 바치지도 않습니다. 그들처럼 전심을 기울여서 세밀하게 말씀을 지키려고 노력하지도 않습니다. 그러면서 예수님이 책망하신 것처럼 마음의 더러움과 위선을 그대로 가지고 있습니다.
　우리는 더 게으르고 더 위선적인 인간들입니다. 그러니 바리새인보다 나은 의를 행해야 천국에 간다는 말씀을 듣고 이것을 마치 바리새인보다 더 말씀을 철저하게 지켜서 천국에 가라는 말씀을 오해하지 말라는 것입니다. 절대로 그런 뜻이 아닙니다.
　예수님은 바리새인의 의를 지적하면서 그들의 겉과 속이 다른 이중성을 지적하셨습니다. 겉으로 보이는 '너의 행동과 너의 본심이 다르다'라는 것입니다.

　　　화 있을진저 외식하는 서기관들과 바리새인들이여 너희가 박하와 회향과
　　　근채의 십일조는 드리되 율법의 더 중한 바 정의와 긍휼과 믿음은 버렸도

다 그러나 이것도 행하고 저것도 버리지 말아야 할지니라(마 23:23).

여기 보세요. "드리되"라고 했습니다. 드리라는 것입니다. 예수님은 십일조를 드리는 것을 인정하셨습니다. "이것도 행하고 저것도 버리지 말아야 할지니라"라고 하시면서 십일조를 행하라고 했습니다. 바리새인은 철저하게 십일조를 했습니다. 그러나 그 속에 있는 마음을 상실했습니다. 예수님이 그것까지 책망하신 것입니다.

요즘 소위 교회를 비판하는 사람들이 십일조는 구시대 산물이니 안 해도 된다고 합니다. 그러면서 그들은 말씀대로 사는 것이 신앙의 핵심이라고 강조해서 말합니다.

십일조도 당연히 해야 하는 것이 아닙니까?

그런데 이런 자들은 십일조에 오면 딱 눈을 감아버립니다. 그러면서 입으로는 행위가 중요하다고 떠듭니다.

얼마나 위선적입니까?

모든 인간이 이렇다는 것입니다. 자기에게 유리한 것은 떠벌이며 말하지만, 자기에게 불리한 것은 외면하는 것입니다. 이것이 인간의 본성이요 이중성입니다. 바리새인은 십일조라도 하면서 속뜻을 저버렸습니다.

그러나 오늘날 행위를 강조하는 자들은 십일조도 하지 않으면서 십일조의 속뜻까지 다 저버리는 이중적인 불순종을 하는 것입니다. 그들은 돈이 아까워서 십일조를 드리지 않습니다. 그러면서 입으로는 목사와 교회의 타락을 들먹입니다. 자기들의 속에 있는 더러운 욕심을 위장하고 있는 위선자들입니다.

> 화 있을진저 외식하는 서기관들과 바리새인들이여 회칠한 무덤 같으니 겉으로는 아름답게 보이나 그 안에는 죽은 사람의 뼈와 모든 더러운 것이 가득하도다(마 23:27).

이것이 인간의 결론입니다. 무덤에 회를 칠해 놓았습니다. 무덤 밖에다가 회를 칠해서 깨끗하게 만들어 놓은 것입니다. 그러나 그 무덤 속에는 죽은 시체의 썩은 것과 뼈가 가득합니다. 인간이라는 존재가 이렇다는 것입니다. 인간의 행위와 인간의 선행과 인간의 율법이 전부 회를 칠하는 행동이라는 것입니다. 속을 들여다보면 산상수훈에서 예수님이 지적한 더러움과 위선이 마음에 있다는 것입니다.

예수님께서는 이것을 폭로하고 이것을 드러내기 위해서 너희 의가 서기관과 바리새인보다 나아야 한다고 말씀하신 것입니다.

"말씀을 따라 율법을 세밀하게 지키며 그렇게 열심히 살아가려고 하는 바리새인의 속도 이렇게 더럽다. 이렇게 위선적이고, 가증하다.

그런데 너희는 그들보다 낫다고 생각하느냐?

너희는 그들처럼 말씀도 철저하게 지키지 못하면서 여전히 행위로 의의 길을 추구하고 있으니 너희는 더욱 이중적인 위선자다."

이것을 책망하고 계신 것입니다.

## 5. 바리새인보다 나은 의

우리가 천국에 들어가려면 서기관과 바리새인보다 나은 의를 가져야 합니다. 그런데 그 의가 행위가 아니라는 것을 알았습니다.

그렇다면 그 의가 무엇입니까?

그 의가 바로 예수 그리스도입니다. 예수님 자신이 바리새인과 서기관보다 더 나은 의입니다. 예수님은 산상수훈에서 그 의가 바로 예수님 자신이라고 아주 정확하게 말씀하셨습니다.

> 내가 율법이나 선지자를 폐하러 온 줄로 생각하지 말라 폐하러 온 것이 아니요 완전하게 하려 함이라 (마 5:17).

성경을 정확하게 보시기 바랍니다.

여기에 주어가 누구입니까?

"내가"입니다. 우리가 아닙니다. 인간들이 아닙니다. 너희들이 아닙니다. 바리새인들이 아닙니다. "내가"입니다. "내가 율법이나 선지자를 폐하러 온 줄로 생각하지 말라."

뒤에 뭐라고 나옵니까?

"내가 … 완전하게 하려 함이라."

주어가 전부 예수님 자신입니다. 율법을 완전하게 하시는 분이 예수 그리스도입니다. 율법을 완전하게 하실 분은 예수 그리스도 한 분밖에 없습니다. 우리 인간들이 율법을 지켜서 율법을 완전하게 하는 건 불가능합니다. 율법을 지켜서 율법을 완전하게 만드는 건 예수님 자신입니다. 예수님이 율법의 완성자라는 것입니다.

여러분, 이것을 분명하게 알아야 합니다. 이것을 알지 못함으로 수많은 사람이 교회에 와서 율법주의와 행위구원에 빠지는 것입니다. 자기가 말씀을 지켜서 완전한 의를 이루려고 시도하는 것입니다.

성경은 예수님 자신이 율법을 완성했다고 했습니다. 예수님 자신이 "내가" 율법을 완성하러 왔다고 했습니다. 예수님이 율법을 지키고 완성하셔서 바리새인과 서기관보다 나은 의를 이루셨다는 것입니다.

## 6. 예수님이 의를 이루신 방법

하나님은 아담과 하와가 타락했을 때 짐승을 죽여서 피를 흘려 가죽옷을 지어 주시므로 은혜로 구원의 길을 열어 주셨습니다. 구약에 나오는 수많은 피의 제사가 예수 그리스도 속죄의 피를 예표 합니다. 그것을 예수 그리스도를 통해서 완성하셨습니다. 로마서 6장 23절에 보면 "죄의 삯은 사망"이라고 했습니다. 히브리서 9장 22절에는 한번 죽는 것은 사람에게 정해진 것이고 그 후에는 심판이 있다고 했습니다.

> 죄의 삯은 사망이요(롬 6:23).

> 한번 죽는 것은 사람에게 정해진 것이요 그 후에는 심판이 있으리니 (히 9:27).

죄인은 영원한 하나님으로부터 분리되어서 죽어야 합니다. 이것을 원죄라고 합니다. 인간은 스스로 하나님을 배반하고 하나님을 떠났습니다. 하나님을 떠남으로 영원한 생명으로부터 분리되어서 죽음이 왔습니다. 그때부터 인간은 계속해서 하나님을 거부하며 살아왔습니다. 인간이 좋은 대로 행하며 살았습니다. 이것을 자범죄라고 합니다. 스스로 범하는 죄라는 뜻입니다.

　인간은 원죄를 통해 죽음의 상태에서 태어났고, 자범죄를 지으므로 계속 죽음의 길을 가고 있는 것입니다. 죽음은 죄의 대가입니다. 죄인은 죽어야 하고 죽음 후에 심판을 받아야 되는데 이 심판이 지옥입니다.

　지옥은 원래 사탄을 심판하기 위해 만든 곳으로 불과 유황이 타는 영원한 형벌의 장소입니다. 인간이 하나님의 말씀을 배반하고 사탄의 말을 들음으로 인간은 사탄의 종이 되었고 사탄이 들어가는 지옥에 같이 들어가게 된 것입니다. 하나님을 모르는 모든 인간의 궁극적 운명은 사탄이 들어가는 불 못인 지옥입니다.

　우리가 하나님의 형벌을 피하려면 하나님이 주신 율법을 완전하게 지켜야 하는데 인간 중에는 완전한 하나님의 법을 지키는 자가 한 사람도 없습니다. 모든 사람이 타락하여 사탄과 함께 유황불이 타는 불 못인 지옥에 들어가야 합니다. 이것이 죽음 후에 인간이 당하는 심판입니다.

　그런데 하나님이 세상을 이처럼 사랑하사 독생자를 주셨습니다. 예수님은 하나님과 본체이심으로 원죄가 전혀 없는 하나님의 아들입니다. 예수님은 하나님과 하나임으로 원죄가 없으십니다. 예수님은 세상에 계실 때 하나님께 백퍼센트 순종하심으로 자범죄가 없습니다. 예수님은 죄가 하나도 없는 분이십니다.

　그러므로 예수님은 죄의 삯인 죽임을 당할 필요가 없습니다. 그런데도 예수님은 십자가에 달려 죽으셨습니다. 예수님이 십자가에 피 흘리시고 죽으셨습니다. 예수님은 죽음으로 죄의 값을 치렀습니다.

　아니, 왜 죄가 없는 분이 죄의 값을 치렀을까요?

여기에서 율법의 완성이 나오는 것입니다. 우리는 죄의 삯으로 전부 죽어야 합니다. 모든 사람이 다 죽어야 합니다. 인류 역사의 모든 사람은 무덤을 가지고 있습니다. 공자도, 석가모니도, 마호메트도, 성현도, 철학자도, 사상가도, 지식인도, 부귀영화 가진 자도, 명예를 가진 자도, 착한 사람도, 어린아이도, 어른도, 남자도, 여자도 다 죽어서 무덤을 가지고 있습니다. 모든 사람이 죄인이라는 것입니다. 우리도 예외가 아닙니다. 우리도 죽어야 합니다.

이유가 뭡니까?

우리가 모두 죄인이기 때문입니다. 죄인은 죽음으로써 죄의 값을 지불해야 합니다. 예수님은 하나님과 본체시고, 하나님의 말씀에 완전히 순종하셨으므로 죄가 없습니다. 죄가 없는 예수님은 죽지 않아도 됩니다. 그런데 성경은 예수님이 십자가에 죽으셨다는 것입니다.

이것이 뭘 의미합니까?

예수님의 죽음은 자기 죄가 아니라 남의 죄를 대신 지시고 죽으신 것을 의미합니다. 예수님께서 우리의 죄를 대신 지셨다는 의미입니다. 우리 죄를 대신해서 십자가에서 죽으신 것입니다. 이것을 대속제물이라고 합니다.

> 인자가 온 것은 섬김을 받으려 함이 아니라 도리어 섬기려 하고 자기 목숨을 많은 사람의 대속물로 주려 함이니라(막 10:45).

이것을 분명히 아셔야 합니다. 죽으면 값이 치러집니다. 예수님이 우리 죄를 대신 지실 때 죄인이 되셨습니다. 죄인은 죽으리라는 율법에 따라 예수님이 죽으신 것입니다. 예수님의 죽음은 율법을 지키기 위해서 죽으신 죽음입니다.

그러므로 예수님의 죽음으로 율법이 완성된 것입니다. 우리가 율법을 도저히 지킬 수 없어서 죽음으로 값을 치러야 하는데, 예수님이 대신 죽으심으로 율법의 요구대로 값을 치러 주신 것입니다. 그렇게 예수님은 율법을 온전히 지키시고 율법의 완성자가 되신 것입니다.

## 7. 예수님은 율법의 마침

> 그리스도는 모든 믿는 자에게 의를 이루기 위하여 율법의 마침이 되시니라 (롬 10:4).

예수 그리스도는 율법의 마침이 되었습니다. 예수님이 우리 죄를 지시고 율법대로 십자가에 달려서 죽으심으로 율법을 완전하게 지켰습니다. 예수님이 율법을 완전하게 지켰으니 예수님이 율법의 완성자가 된 것입니다. 그리스도가 율법을 완성하시고 도장을 찍었어요. 이것이 마침이 되었다는 말의 뜻입니다. 더할 것도 없고 뺄 것도 없습니다. 그리스도가 율법을 완성하시고 마무리하셨습니다.

이제는 누구든지 의를 얻기 위해서 율법을 지킬 필요가 없습니다. 율법을 마치고 도장을 찍으신 그리스도가 완성자입니다. 그러므로 이제는 율법의 완성자이신 예수 그리스도를 마음에 영접함으로 나도 율법의 완성자가 되는 것입니다. 율법을 완성하신 의인이 우리 안에 들어옴으로 우리도 예수님과 똑같은 의인이 되는 것입니다. 이것이 서기관과 바리새인보다 나은 의입니다. 이것이 천국에 들어가는 의입니다.

율법을 완성하신 예수님의 의가 내게 있으므로 나는 더 이상 율법의 심판을 받지 않습니다. 지옥의 심판도 없습니다. 율법의 완성자이신 예수님을 믿음으로 죄와 심판과 지옥으로부터 완전히 구원을 얻게 되는 것입니다. 이것이 믿음으로 구원을 얻는다는 말씀의 진정한 의미입니다.

구원은 오직 믿음으로 받습니다. 행위와 믿음 사이에서 헷갈리지 마십시오. 우리가 구원을 받기 위해서 해야 할 행위는 없습니다. 우리가 구원을 받기 위해 해야 할 모든 행위는 예수님이 끝내셨습니다. 우리는 모든 율법 행위를 완성하신 예수님을 믿음으로 구원을 얻습니다. 오직 믿음으로 구원을 얻습니다. 이 구원의 진리를 정확히 알지 못하면 예수님을 믿은 후에도 계속 행위에 집착하다가 율법주의자로 전락하게 됩니다.

## 8. 오염된 가르침

어느 날 기독교 방송을 보다가 깜짝 놀랐습니다. 어떤 사람이 질문했습니다.

"목사님, 동성애자도 구원받을 수 있나요?"

목사님이 대답합니다.

"그럼요. 동성애자도 예수님을 믿으면 구원을 받습니다."

그리고는 뒤에 한마디를 덧붙입니다.

"동성애자도 예수님을 믿으면 구원을 받습니다. 그러나 그가 동성애를 회개하지 않으면 지옥에 갑니다."

이것이 무슨 말입니까?

그 목사의 말은 완전히 헷갈렸습니다.

이것이 믿음으로 구원을 받는다는 말입니까, 아니면 행위로 구원을 받는다는 말입니까?

구원의 진리를 정확하게 알지 못하기 때문에 이렇게 되는 것입니다. 여러분, 생각해 보세요.

도대체 이것이 무슨 말입니까?

예수님을 믿어도 동성애자가 동성애를 버려야 구원을 받는다면 예수님을 믿는 것은 무슨 의미가 있습니까?

믿음으로 구원을 얻는다고 하든지, 행위로 구원을 얻는다고 하든지 둘 중 한 가지만 하십시오. 저런 죄인도 믿음으로 구원을 얻는다고 하든지, 저런 죄인은 행위가 더러우니 구원을 받지 못하다고 하든지 한 가지만 하라는 것입니다.

제가 지금 동성애를 옹호하는 것이 아닙니다. 저는 동성애를 반대합니다. 동성애는 죄입니다. 동성애는 당연히 버려야 할 큰 죄입니다. 저는 동성애의 합법화도 반대합니다. 동성애뿐만 아니라 어떤 죄도 법으로 보장되어서는 안 되기 때문입니다. 그렇다고 동성애자가 구원을 받지 못한다고 하는 것은 안 됩니다. 이것은 성경을 빗나갔습니다. 하나님의 은혜는 어떤 죄보다도 크시기 때문입니다.

우리 행위로 짓는 죄 때문에 구원을 받지 못한다면 예수님은 왜 필요합니까?

우리가 "동성애를 회개하지 않으면 구원받지 못해!"라고 단정해 버린다면, 우리도 지옥에 가야 합니다. 우리가 지은 아주 작은 죄가 우리를 고소해서 우리를 심판할 것이기 때문입니다. 성경을 해석하고 적용하는 데 있어서 일관성이 있어야 합니다. 예수님을 믿어도 동성애를 버리지 않으면 지옥에 간다고 고집스럽게 말하는 사람들에게 이것을 물어봅시다.

이것은 어떻게 해결할 것입니까?

이혼과 재혼의 문제입니다. 동일한 논리 그대로 적용해 보시기 바랍니다.

## 9. 동일한 논리로 적용

> 나는 너희에게 이르노니 누구든지 음행한 이유 없이 아내를 버리면 이는 그로 간음하게 함이요 또 누구든지 버림받은 여자에게 장가드는 자도 간음함이니라(마 5:32).

요즘 이혼 사유는 성격 차이, 재정 문제, 자녀 문제 등 수없이 많습니다. 예수님 말씀에 의하면 이런 사람들은 전부 간음죄를 범하고 있는 것입니다. 그리고 음행의 이유로 이혼을 한 여자나 음행한 이유로 이혼한 남자와 재혼을 한 그 사람도 간음죄를 범하는 것이라고 말씀하셨습니다.

> 이르시되 누구든지 그 아내를 버리고 다른 데에 장가드는 자는 본처에게 간음을 행함이요 또 아내가 남편을 버리고 다른 데로 시집가면 간음을 행함이니라 (막 10:11-12).

예수님의 말씀에 의하면 재혼한 자들은 전부 간음죄를 범한 자들입니다.

그럼, 이들은 어떻게 합니까?
이들도 예수님을 믿음으로 구원을 받습니까?
아니면 재혼한 것을 회개하고 다시 처음 남편이나 부인과 합하든지, 아니면 혼자 살든지 해야 구원을 받습니까?
목사가 "예수님을 믿음으로 구원을 받지만, 동성애를 버리지 않으면 지옥에 갑니다"라고 설교를 한다면, 이혼자에 대해서도 동일하게 설교해야 하지 않을까요?

"당신이 이혼하고 재혼해도 구원을 받지만, 재혼한 것을 포기하고 혼자 살든지 처음 남편이나 아내와 합하지 않으면 지옥에 갑니다."
이렇게 동성애자에게 적용한 기준을 똑같이 적용해서 설교해야 정직한 것 아닙니까?
왜 목사가 이중적인 설교를 합니까?
믿음과 행위 사이에서 바른 성경 지식을 가지고 있지 않기 때문에 일관성이 없는 설교를 하는 것입니다.


## 10. 율법으로는 불가능한 구원

동성애뿐만 아니라 모든 죄는 동일합니다. 하나님은 어떤 죄에 대해 특별하게 다루시지 않습니다. 하나님은 모든 죄를 동일하게 다루십니다. 모든 죄에는 하나님의 진노가 쏟아집니다. 하나님은 죄에 진노를 내리십니다. 하나님은 공의로운 하나님이십니다. 하나님은 결코 죄를 그냥 지나치지 않습니다. 예수님을 믿는 자라도 죄를 지으면 하나님의 진노가 쏟아집니다.

그러나 예수님을 믿는 자는 죄를 짓더라도 지옥에 가지는 않습니다. 모든 죄를 예수님이 담당하셨기 때문입니다. 예수님이 십자가에 죽으심으로 율법을 완성하셨습니다. 그러므로 누구든지 예수님을 믿고 예수 안에 들어오면 지옥의 심판으로부터 구원을 얻습니다. 구원의 길은 믿음밖에 없습니다. 행위로 죄를 지었다고 해서 믿음이 무효가 되지는 않습니다. 행위로 죄를 지었다고 해서 다시 지옥에 가지는 않습니다.

만약 우리 행위로 천국과 지옥을 결정한다면 구원의 주도권을 내가 가진 것이 됩니다. 이것은 있을 수 없는 일입니다. 이것은 내가 다 이루었다고 하신 예수님의 말씀은 무효로 만들어 버리는 이단적인 사상입니다. 이런 사상은 성경이 증거 하는 구원의 진리에서는 한참 어긋난 거짓 복음입니다.

> 우리가 알거니와 무릇 율법이 말하는 바는 율법 아래에 있는 자들에게 말하는 것이니 이는 모든 입을 막고 온 세상으로 하나님의 심판 아래에 있게 하려 함이라 그러므로 율법의 행위로 그의 앞에 의롭다 하심을 얻을 육체가 없나니 율법으로는 죄를 깨달음이니라(롬 3:19-20).

율법의 행위를 주장하는 사람들은 잘 들어야 합니다. 율법은 세상 모든 사람의 입을 막아 버립니다. 율법은 도덕적으로 행하고, 윤리적으로 탁월하고, 말씀대로 철저하게 살고, 율법을 지키려고 노력함으로 자기가 스스로 의롭게 되려고 시도하는 모든 사람을 하나님의 심판 앞으로 데리고 가는 것입니다. 하나님의 율법 아래서, 산상수훈 아래서 자신을 비추어 보게 하는 것입니다.

예수님께서 산상수훈에서 율법의 본뜻을 말씀하실 때 율법을 잘 지키고 있다고 자신하던 사람들의 죄가 여지없이 드러나 그들이 심판 앞에 놓여 있다는 것을 깨닫게 해 주는 것입니다. 그러므로 율법의 행위로는 하나님 앞에서 의롭다하심을 얻을 육체가 없나니 율법으로는 죄를 깨닫게 되는 것입니다.

## 11. 구원은 하나님의 선물

> 이제는 율법 외에 하나님의 한 의가 나타났으니 율법과 선지자들에게 증거를 받은 것이라 곧 예수 그리스도를 믿음으로 말미암아 모든 믿는 자에게 미치는 하나님의 의니 차별이 없느니라(롬 3:21-22).

> 모든 사람이 죄를 범하였으매 하나님의 영광에 이르지 못하더니 그리스도 예수 안에 있는 속량으로 말미암아 하나님의 은혜로 값없이 의롭다 하심을 얻은 자 되었느니라(롬 3:23-24).

의는 내가 율법을 행함으로 얻는 것이 아닙니다. 나의 의는 예수님이 완성하신 율법의 행위를 내가 믿음으로 내게 주어진 선물입니다. 우리는 하나님의 은혜로 값없이 의롭다 하심을 얻은 자가 되었습니다. 이것이 복음입니다. 복음은 예수 그리스도께서 율법을 완성하셨다는 소식입니다.

  율법을 완성하신 예수 그리스도를 믿기만 하면 나도 예수님처럼 의로워진다는 소식이 복음입니다. 예수님을 믿으면 나도 심판에서 구원을 받는다는 것이 복음입니다. 우리의 수고가 아닙니다. 우리의 노력도 아닙니다. 구원은 믿는 자에게 주시는 하나님이 선물입니다.

> 이 예수님을 하나님이 그의 피로써 믿음으로 말미암는 화목제물로 세우셨으니 이는 하나님께서 길이 참으시는 중에 전에 지은 죄를 간과하심으로 자기의 의로우심을 나타내려 하심이니 곧 이 때에 자기의 의로우심을 나타내사 자기도 의로우시며 또한 예수님을 믿는 자를 의롭다 하려 하심이라(마 5:25-26).

  하나님이 예수님의 피로써 자기의 의로움도 나타내시고 믿는 자도 의롭게 하셨다고 했습니다.
  여러분, 이 말씀이 얼마나 놀라운 말씀입니까?
  하나님도 의롭다 하시고, 우리도 의롭다 하시는 방법이 예수 그리스도의 피라는 것입니다. 하나님은 공의로우시므로 죄인을 그냥 용서해 줄 수는 없습니다. 죄인은 반드시 죄의 대가를 받아야 합니다. 그런데 우리가 모두 죄를 지어 죄의 대가를 받는다면 전부 죽어서 지옥에 들어가야 합니다. 구원받을 사람이 한 사람도 없습니다.
  그러나 하나님이 세상을 이처럼 사랑하사 하나님의 외아들을 세상에 보내시고 우리 대신 죽게 하심으로 죄인은 죽어야 한다는 율법의 요구를 완성하셨습니다. 그렇게 하심으로 하나님의 공의도 바로 세우고, 우리가 예수님을 마음에 영접함으로 율법을 완성하신 예수님의 의가 우리 속에 들어오게 되므로 우리도 의롭게 되었다는 것입니다. 이것이 하나님도 의롭다 함을 받고 우리도 의롭다 함을 입도록 한 하나님의 지혜입니다.

이것이 얼마나 놀라운 하나님의 지혜입니까?

얼마나 놀라운 은혜입니까?

교회는 이 은혜를 증거하고, 가르치고, 함께 기뻐하는 곳입니다. 교회는 이 은혜에 감격하여 예배를 드리는 곳입니다. 교회는 이 은혜를 증거 하는 공동체입니다. 이것을 모르면 예수님을 믿어도 기쁨이 없습니다. 한평생 율법의 멍에를 매고 살아야 합니다. 율법의 종이 되어서 한평생 끌려다니며 종노릇해야 하는 것입니다. 마음에는 기쁨도 없고 정죄와 비난만 생기는 것입니다.

> 그런즉 자랑할 데가 어디냐 있을 수가 없느니라 무슨 법으로냐 행위로냐 아니라 오직 믿음의 법으로니라 그러므로 사람이 의롭다 하심을 얻는 것은 율법의 행위에 있지 않고 믿음으로 되는 줄 우리가 인정하노라(롬 3:25-27).

여러분, 이것을 인정하십니까?

이것을 마음으로 믿습니까?

"사람이 의롭게 되는 것은 율법의 행위에 있지 않고 믿음으로 되느니라."

"아멘"이십니까?

그러므로 우리는 자랑할 수 없습니다. 우리의 어떤 행위도, 어떤 선행도, 어떤 성품도, 어떤 도덕도, 어떤 순종도, 그 어느 것도 구원의 조건으로 내걸면 안 됩니다. 구원의 길은 율법의 완성자이신 예수 그리스도를 믿는 길 하나뿐입니다. 다른 길은 없습니다.

> 다른 이로써는 구원을 받을 수 없나니 천하 사람 중에 구원을 받을 만한 다른 이름을 우리에게 주신 일이 없음이라 하였더라(행 4:12).

여러분, 이 복음을 굳세게 잡으십시오. 다른 길은 없습니다. 다른 이름은 없습니다. 다른 방법도 없습니다. 구원을 얻는 길은 예수 그리스도를 믿는 것 하나뿐입니다.

## 12. 이단 신학의 망령

이 세대의 복음이 얼마나 왜곡되었는지, 복음이 얼마나 혼합되었는지 이루 말할 수 없습니다.

로마가톨릭의 신인협력설이 교회 강단에서 마치 홍수처럼 전해지고 있습니다. 신인협력설이 무엇입니까?

예수님을 믿어도 구원을 완성하는 것은 내가 말씀대로 살아야 구원을 받는다는 이론입니다. 거짓된 신학의 속임수입니다. 신인협력설뿐만 아닙니다. 자유주의 신학이 교회에 들어와서 강단을 오염시켰습니다.

자유주의 신학이 무엇입니까?

성경에 기록되어 있지만 인간의 머리로 이해할 수 없는 말씀들은 전부 신화로 취급하는 것입니다. 하나님의 천지창조가 전부 신화라는 것입니다. 모세가 이스라엘 백성과 홍해를 건넌 사건, 여리고성이 무너진 사건도 전부 꾸며낸 이야기라는 것입니다.

예수님에 관한 모든 신성도 제거했을 뿐만 아니라, 예수님의 처녀 탄생도, 예수님의 기적도, 예수님의 속죄의 죽음도 삭제하고, 예수님의 육체적 부활도 삭제했습니다. 성경이 무오하다는 것도 인정하지 않고 있습니다. 이는 신학이라는 이름을 걸고 하는 패역한 짓들입니다. 그렇게 성경을 다 재단하고 보니 남는 것은 예수님의 교훈과 삶뿐이더라는 것입니다. 그래서 그들은 이렇게 주장합니다.

"중요한 것은 예수님의 가르침이다. 예수님처럼 사는 것이 신앙의 핵심이다. 중요한 것은 삶이다."

이 주장이 세계 신학계를 휩쓸게 되었고, 그곳에서 공부한 사람들이 신학교에서 가르치고, 그것을 배운 목사들이 그것을 그대로 앵무새처럼 외치고 있는 것입니다. 그들은 천국과 지옥이 없다고 말합니다. 아예 천국과 지옥을 믿지 않습니다. 이 땅의 삶이 전부라고 가르칩니다. 하나님의 나라가 이 땅에 이루어진다고 주장합니다.

그들은 예수님의 십자가는 희생의 모범이라고 가르칩니다. 예수님이 타인을 위해 살다가 희생적으로 죽으셨으므로 하나님이 그것을 보고 예수님을 자기 아들로 입양해 주셨다고 주장합니다. 그러므로 우리도 예수님처럼 살 때 비로소 하나님의 자녀가 된다는 이론이 자유주의 신학자들의 주장입니다. 이것은 완전한 이단 사상입니다.

지금 한국 교회는 로마가톨릭의 신인협력설과 자유주의 신학이 엄청나게 많은 강단을 점령해 버렸습니다. 여러분, 기독교 방송과 인터넷과 책을 통해 전해지는 설교를 들어보세요. 제 말이 거짓이 아니라는 것을 확인할 수 있을 것입니다. 신입협력설과 자유주의 신학이 한국 교회 강단에 만연하게 퍼져있습니다.

## 13. 다시 율법으로 돌아가지 말라

> 내가 하나님의 은혜를 폐하지 아니하노니 만일 의롭게 되는 것이 율법으로 말미암으면 그리스도께서 헛되이 죽으셨느니라(갈 2:21).

여러분이 행위, 즉 율법으로 말미암아 구원에 이른다고 믿는다면 예수님의 죽음을 헛된 것으로 만드는 것입니다. 율법은 하나님의 은혜를 폐하는 것입니다. 그래서 바울은 내가 하나님의 은혜를 폐하지 아니한다고 말했습니다. 내가 의롭게 되는 것이 율법을 통해서라면 그리스도께서 헛되이 죽으셨다는 것입니다.

여러분, 다시 율법으로 돌아가지 마십시오. 율법대로 예수님은 한 번 죽었습니다. 더 이상 죽을 수 없습니다. 여러분이 구원의 조건으로 율법을 주장하면 예수님의 죽음을 헛되게 하는 것입니다.

"말씀대로 살고, 예수님을 닮아 가고, 이 땅에 우리가 그리스도의 빛이 되어서, 이 땅에 하나님 나라가 이루어지도록 하자!

죽어서 가는 천국 말고 이 땅에 하나님의 나라를 이루자!"

이런 주장에 속지 마십시오. 그들은 죽어서 가는 천국과 지옥을 믿지 않습니다. 이 땅에서 천국을 이루자는 것이 그들의 주장이라고 했습니다. 그런데 여호와 증인들이 이렇게 똑같이 말합니다. 여호와의 증인이 바로 이렇게 가르치고 있습니다.

그들은 새 하늘과 새 땅을 믿지 않습니다. 이 땅에 하나님 나라가 이루어진다는 것입니다. 자유주의 신학자들의 주장과 여호와 증인들의 주장이 완전히 똑같습니다. 전부 이단입니다. 속지 마십시오.

여러분, 하나님의 나라는 이 땅에 이루어지는 것이 아닙니다. 우리는 이 땅에서 구원을 받아 하나님이 예비하신 새 하늘과 새 땅인 천국에 들어갈 것입니다. 이 땅은 뜨거운 불에 녹아서 없어질 것입니다. 성경 어디에도 이 땅에 하나님 나라가 이루어진다는 말씀이 없습니다.

성경은 새 하늘과 새 땅을 이야기하고 있습니다.

"새 하늘과 새 땅을 바라보라!"

새 하늘과 새 땅이 하늘에서 내려오고 이 땅은 불에 타서 물질이 녹아 사라진다고 했습니다.

> 하나님의 날이 임하기를 바라보고 간절히 사모하라 그날에 하늘이 불에 타서 풀어지고 물질이 뜨거운 불에 녹아지려니와 우리는 그의 약속대로 의가 있는 곳인 새 하늘과 새 땅을 바라보도다(벧후 3:12-13).

## 14. 믿음은 율법을 굳게 세움

그러면 이 말씀은 어떻게 되나요?

> 진실로 너희에게 이르노니 천지가 없어지기 전에는 율법의 일점일획도 결코 없어지지 아니하고 다 이루리라 그러므로 누구든지 이 계명 중의 지극히 작은 것 하나라도 버리고 또 그같이 사람을 가르치는 자는 천국에서 지극히 작다 일컬음을 받을 것이요 누구든지 이를 행하며 가르치는 자는 천국에서 크다 일컬음을 받으리라(마 5:18-19).

예수님이 직접 하신 말씀인데 이런 말씀은 어떻게 되는 겁니까?

이런 말씀을 보고 이렇게 주장하고 싶어집니까?

"마태복음 5장 18, 29절에서 율법의 일점일획도 없어지지 않는다고 했다. 율법의 작은 것이라도 버리면 천국에서 작다 일컬음을 받는다고 했다. 예수님이 서기관과 바리새인의 의보다 나아야 천국 간다고 했으니 율법을 지키며 행위를 거룩하게 해야 구원을 얻을 수 있는 것이다."

맞습니다. 율법의 일점일획도 없어지지 않습니다.

그러나 그 일점일획까지 누가 다 이루셨다고 했습니까?

예수 그리스도입니다. 예수 그리스도가 율법의 일점일획까지 다 이루셨으므로 율법은 일점일획도 땅에 떨어지지 않았습니다. 율법의 지극히 작은 것까지 예수 그리스도가 다 이루셨습니다.

마태복음 5장 17절에 "내가"라고 말씀하시면서 예수 그리스도 자신이 율법의 완성자라고 하신 말씀을 이미 살펴보았습니다. 예수님은 율법을 일점일획까지 완성하셨습니다. 그러므로 믿음은 율법을 폐하지 않습니다. 우리가 예수님을 믿을 때 믿음으로 율법을 굳게 세우게 되는 것입니다.

> 그런즉 우리가 믿음으로 말미암아 율법을 폐하느뇨 그럴 수 없느니라 도리어 율법을 굳게 세우느니라(롬 3:31).

예수님이 율법을 완전하게 지켜서 완성하셨으므로 우리가 예수님을 믿을 때 율법은 굳게 세워집니다. 율법의 완성자이신 예수 그리스도로 말미암아 믿는 자도 율법의 완성자가 되는 것입니다. 예수 그리스도가 율법을 다 지키시고 율법을 완성하셨으므로 율법을 완성하신 예수 그리스도가 내 안에 있으니 나도 예수님처럼 똑같이 율법을 완성자가 되는 것입니다. 이 진리를 언제나 굳게 붙드십시오.

## 15. 구원의 진리를 배우라

　요즘 얼마나 많은 교인이 이단에 넘어가는지 모릅니다.
　그 이유를 아십니까? 너무나 중요한 구원의 기본 진리를 모르기 때문입니다. 이단은 가짜입니다. 완전히 가짜입니다. 그들이 주장하는 교리는 전부 가짜입니다. 그런데 그들은 가짜를 진짜처럼 짜맞춰서 사람들을 포섭하여 계속해서 반복적으로 가르치고 가르쳐서 거짓을 진리인 것처럼 믿도록 세뇌를 시킵니다. 이것이 이단의 방법입니다.
　그런데 한국 교회는 구원의 진리가 혼동되어 있으므로 교회에서 구원의 진리를 정확하게 가르치지 않습니다. 구원의 진리가 혼동되니까 신앙의 가장 기본이 되는 구원의 교리를 대충 넘어가 버리는 것입니다. 많은 목사가 로마 가톨릭과 자유주의 신학에 오염되어서 구원의 진리를 성경대로 가르치지 않습니다. 철학과 인문학과 심리학을 섞어서 성경 진리를 전부 왜곡시켰습니다. 성경을 성경 그대로 순수하게 성경 말씀만 가르쳐야 하는데 그렇게 하지 않습니다.
　그로 인해 교인들은 구원의 진리를 정확하고 충분히 알지 못합니다. 세밀하게 전체적으로 알지 못합니다. 그러다 보니 어떤 때는 믿음으로 구원을 받는다고 하다가 어떤 때는 행위가 바르지 못하면 지옥에 간다고 하는 등 계속 흔들리는 것입니다.
　흔들리는 사람을 낚아채는 것이 얼마나 쉽습니까?

우리는 이단보다 나아야 합니다. 이단도 자기들의 거짓 진리를 저렇게 명확하게 가르치는데 교회가 참된 진리를 흐리멍덩하게 가르쳐서는 안 됩니다.

이단 교인들도 자기들의 교리에 대해서 그렇게 열심히 배우는데 우리가 구원의 진리를 배우는데 게을러서야 되겠습니까?

이단도 자기들의 교리를 정확하게 알고 있는데 우리는 더 정확하게 세밀하게 알고 있어야 하지 않을까요?

구원의 진리는 우리의 사활을 결정하는 중요한 문제임으로 세밀하고 정확하게 전체적으로 충분히 공부하고 알아야 합니다.

구원의 진리를 배우십시오.
세밀하고 충분하게 배우십시오.
오직 성경에 뿌리를 두고 성경으로부터 배우십시오.
구원의 길은 예수밖에 없습니다.
예수님을 믿어서 구원을 얻는 길 외에 다른 길은 없습니다.
성경이 증거 하는 구원의 진리를 붙잡으십시오.
예수 그리스도의 피를 통한 속죄를 붙잡으십시오.
율법대로 죽으심으로 율법을 완성하신, 율법의 마침이 되신 예수 그리스도만 붙드십시오.
믿음으로 구원을 얻는 교리를 듣고 공부하시고, 마음에 새기고, 깨닫고, 깊이 깨닫고, 감격하고, 놀라는 자리까지 나아가십시오.

주 예수님을 깊이 아는 놀라운 그 은혜
하늘나라 즐거움이 매일 새롭도다

> 찬송하세 주의 보혈 그 샘에 지금 나아가
> 죄에 깊이 빠진 이 몸 그 피로 씻어 맑히네
> - 찬송가 266장 〈주의 피로 이룬 샘물〉 中 -

구원의 진리는 깊은 샘과 같습니다. 공부하면 할수록 더 알고 싶어집니다. 배우면 배울수록 더 사모하게 됩니다. 날마다 우리에게 새로운 은혜를 줍니다. 구원의 진리를 배우고, 더 깊이 깨닫고, 감격하십시오. 주 예수 그리스도에게 푹 빠지시기를 바랍니다.

구원의 진리를 깊이 알고 깊이 알수록 하늘나라의 즐거움이 마음속에 내려앉습니다. 입에서 찬송이 터져 나오고, 마음에 진정한 기쁨을 누리며, 하나님을 즐거워하는 인생이 되는 것입니다.

오직 믿음으로 구원을 얻는 진리 위에 굳게 서십시오. 성경이 가르치는 바른 구원의 진리 위에 서십시오. 구원의 위대한 교리 위에 서서 거짓 복음의 속임수를 꿰뚫어 보고, 이단의 미혹을 간파하고, 세상에 유혹도 이기고, 죄의 사슬도 끊어 버리고, 담대하게 세상을 향하여 복음을 전하는 그리스도의 증인으로 살아가시기를 바랍니다.

## 제3장

### 믿어지는 은혜가 주어짐

너희는 그 은혜에 의하여
믿음으로 말미암아 구원을 받았으니
이것은 너희에게서 난 것이 아니요
하나님의 선물이라
행위에서 난 것이 아니니
이는 누구든지 자랑하지 못하게 함이라

(엡 2:8-9)

## 1. 구원은 하나님의 완성품

모든 인간은 죄로 말미암아 죽음과 심판의 운명 아래 태어납니다. 모든 인간은 죽어서 무덤을 가지고 있기에 인간 중에는 인간의 구원자가 없습니다. 구원자는 예수님 한 분뿐입니다. 예수님은 죄의 삯인 죽음을 이기고 부활하셨기 때문입니다. 예수님만이 유일한 구원자입니다. 예수님이 홀로 구원을 완성하셨습니다. 이제부터는 누구든지 예수님을 믿으면 구원을 얻습니다. 예수님의 구원은 하나님의 완성품입니다. 예수님이 이루신 구원에 인간이 보탤 것은 하나도 없습니다. 구원은 행위의 대가가 아니라 하나님의 선물입니다.

> 너희는 그 은혜에 의하여 믿음으로 말미암아 구원을 받았으니 이것은 너희에게서 난 것이 아니요 하나님의 선물이라 행위에서 난 것이 아니니 이는 누구든지 자랑하지 못하게 함이라(엡 2:8-9).

구원은 하나님의 선물입니다. 구원은 인간의 행위에서 난 것이 아니기 때문입니다.

혹시 당신은 이런 잘못에 빠져 있지는 않습니까?

- 예수님을 믿고 있지만, 스스로 보기에 나의 현재 상태가 너무 부족하니 구원을 확신할 수 없다.
- 예수님을 믿는다고 고백했지만, 내가 보기에 나의 행위와 도덕이 너무 부족하니 좀 더 노력해야 구원에 이를 수 있다.

• 믿으면 구원을 얻는다고 하지만, 현재 나의 상태를 보니 내가 너무 미덥지 못하다. 좀 더 말씀대로 살고 행위를 보태야 구원이 좀 더 완전해질 것 같다.

그렇다면 조심하십시오. 사탄에게 속고 있는 것입니다. 사탄의 상습적인 무기가 율법주의와 행위구원입니다. 두 가지는 사탄이 교회에 뿌려 놓은 가장 추악한 오물입니다.

## 2. 바울이 책망한 다른 복음

바울이 갈라디아에 교회를 개척했는데 시간이 지나자, 갈라디아 교회에서 이상한 소문이 들립니다.
"믿는 것은 시작에 불과하다. 율법을 지켜야 구원이 완성된다."
이렇게 주장하는 무리가 생겨난 것입니다. 십자가 복음을 믿는다고 말하지만, 결국은 종교적 행위인 할례와 도덕적 행위가 보태져야 구원이 완성된다고 주장하는 무리입니다. 바울은 이런 주장을 따르는 자들을 두고 다른 복음을 좇는 자들이라고 했습니다.

> 그리스도의 은혜로 너희를 부르신 이를 이같이 속히 떠나 다른 복음을 따르는 것을 내가 이상히 여기노라(갈 1:6).

바울이 말한 다른 복음은 우상 숭배가 아닙니다. 하나님을 버리고 다른 신을 섬기는 것을 말하는 것이 아닙니다. 바울이 말한 다른 복음은 율법주의입니다. 믿음으로 구원을 받는다는 진리에 인간의 행위를 더하는 것입니다. 예수님을 믿는 것 하나로는 안 된다는 것입니다.

"예수님을 믿기만 하면 될 것 같으면 율법은 왜 주셨겠느냐?"

이렇게 덧붙여서 구약 시대의 율법으로 돌아가 버리는 것입니다. 결국 이들은 예수님을 믿어도 하나님의 법인 율법과 말씀을 지켜야 구원이 완성된다고 가르치는 것입니다.

얼마나 그럴듯합니까?

얼마나 인간의 이성에 부합합니까?

예수님 시대도 이런 자들이 있었습니다. 예수님 시대에 바리새파가 그들입니다. 하나님의 말씀을 문자 그대로 철저히 지키는 사람들이었습니다. 바리새인은 말씀을 그대로 지키기 위해 전심을 기울인 사람들이었습니다. 사람들은 그들의 도덕성을 보고 찬사를 아끼지 않았습니다. 사람들은 그들의 행위를 존경했습니다. 그런데 예수님만은 그 존경받는 바리새인을 향해 무섭게 책망하셨습니다.

독사의 새끼들아 너희가 지옥 판결을 피하겠느냐(마 23:33).

예수님께서 왜 이렇게 바리새인을 무섭게 책망하셨을까요?

바리새인들이 바로 율법주의자들이었기 때문입니다. 행위구원을 주장하는 무리였기 때문입니다. 그들은 자기들의 행위를 믿었습니다. 그들은 자기 행위를 구원의 근거로 삼았습니다. 구원의 최종적인 근거를 자기 행위에 두었습니다.

갈라디아 교회에도 그런 거짓 교사들이 들어왔다는 것입니다. 예수님의 십자가를 말하기는 하지만, 결국은 자기 행위에 따라 구원이 결정된다고 가르치는 자들이 들어온 것입니다. 바울은 주님의 양들을 보호하기 위해 거짓 교사들에 대해 강력한 경고를 하지 않으면 안 되었던 것입니다.

> 다른 복음은 없나니 다만 어떤 사람들이 너희를 교란하여 그리스도의 복음을 변하게 하려 함이라 그러나 우리나 혹은 하늘로부터 온 천사라도 우리가 너희에게 전한 복음 외에 다른 복음을 전하면 저주를 받을지어다 우리가 전에 말하였거니와 내가 지금 다시 말하노니 만일 누구든지 너희가 받은 것 외에 다른 복음을 전하면 저주를 받을지어다(갈 1:7-9).

바울은 자신이 전한 복음 외에 다른 복음을 전하면 저주를 받을 것이라고 했습니다. 바울이 율법주의에 대해서 얼마나 강력하게 경고했는지 보세요.
"하늘로부터 온 천사라도 다른 복음을 전하면 저주를 받을지어다!"
"너희가 받은 것 외에 다른 복음을 전하면 저주를 받을지어다!"
왜 이렇게 무섭게 책망할까요?
구원의 복음은 하나밖에 없기 때문입니다. 바울이 전한 복음 외에는 없다는 것입니다.
바울이 전한 복음이 무엇입니까?
십자가 복음입니다. 예수 피의 대속을 전한 복음입니다. 십자가에서 피 흘리시고, 죽으시고, 무덤에 묻히셨다가 사흘 만에 다시 살아나신 예수 그리스도를 믿음으로 구원을 얻는다는 복음입니다. 이것이 유일한 복음입니다. 다른 복음은 없습니다. 하늘로부터 천사가 와서 전하더라도 바울이 전한 복음과 다른 복음을 전하면 저주를 받을 것입니다.

## 3. 교회 안에 들어온 다른 복음

여러분, 다른 복음을 조심해야 합니다. 갈라디아 교회만 그런 것이 아닙니다. 한국 교회도 끊임없이 율법주의라는 다른 복음이 들어왔습니다.

"예수님을 믿어도 말씀대로 살지 않으면 구원을 잃어버린다."

지금 교회 안에 이런 복음이 얼마나 편만하게 전해지고 있는지 모릅니다. 말씀대로 살지 못하면 구원이 취소된다는 이단적인 설교가 교회 안에서 공공연하게 전해지고 있습니다. 바울의 기준에 의하면 이것은 이단입니다. 구원이 은혜의 선물이 아니라 행위의 대가가 되었습니다. 바로 이것이 바리새인이 말하는 행위구원이며 이는 이단입니다.

성경에 '구원은 하나님의 선물이니 행위에서 난 것이 아니라'고 분명히 말하고 있지 않습니까?

그런데 왜 자꾸 인간의 행위를 더하는 것입니까?

하나님의 은혜에 인간의 행위를 더하는 것은 이단입니다. 바울이 책망한 다른 복음입니다. 우리가 받은 구원은 하나님이 예수 그리스도를 통해서 완성하신 구원입니다. 완성하신 구원을 믿는 자에게 선물로 주셨습니다. 우리의 행위와는 아무런 관계가 없습니다.

여러분, 율법주의를 조심하십시오. 행위구원을 조심하십시오. 예수님이 완성하신 구원 사역에 여러분의 행위와 도덕을 더하는 순간 여러분은 율법주의라는 이단에 빠지는 것입니다. 구원은 하나님의 선물입니다. 하나님의 은혜에 행위를 단 한 스푼이라도 더하는 것은 이단입니다. 저주 아래로 다시 돌아가는 것입니다.

> 무릇 율법 행위에 속한 자들은 저주 아래에 있나니 기록된바 누구든지 율법책에 기록된 대로 모든 일을 항상 행하지 아니하는 자는 저주 아래에 있는 자라 하였음이라(갈 3:10).

바울은 지금 갈라디아 교회에 엄청난 말을 하고 있습니다. 행위로 구원을 얻으려고 노력하는 자는 저주를 받은 자라고 선포하는 것입니다. 인간이 하나님의 말씀을 완전히 행하려고 노력할수록 저주를 받는다는 것입니다. 왜냐하면, 율법으로 구원을 얻으려면 하나님의 모든 말씀을 항상 모두 행해야 하기 때문입니다. 그러나 그것은 절대 불가능합니다.

누구든지 율법책에 기록된 대로 모든 일을 항상 행하지 아니하는 자는 저주 아래에 속하게 됩니다. 어리석은 사람들이 이것을 모르고 있습니다. 사람들은 하나님의 말씀 중에 대부분을 지키고 한두 개를 어겼으니 그만큼 자기를 구원에 가깝다고 착각합니다. 율법주의는 자기를 자랑하기에 너무 좋은 수단입니다. 그러나 율법으로 구원을 완성한다는 생각은 순전히 착각입니다.

## 4. 율법 중에 하나만 어겨도

예를 들어 설명을 해보겠습니다. 어떤 곳에 가면 출입 금지 팻말을 붙여 놓고 쇠사슬을 엮어 놓았습니다. 수백 개의 쇠사슬을 엮어 놓았는데 그 수백 개의 쇠사슬 중에 딱 하나만 터지면 온전한 쇠사슬조차 의미가 없어집니다. 한 개가 끊어지는 순간 다른 모든 쇠사슬이 다 끊어지게 됩니다. 쓸모가 없어집니다. 이것이 율법의 정죄입니다.

여러분이 성경의 모든 말씀 중에 모든 것을 다 지키고 그중에서 딱 한 개를 어겼다고 하더라도 여러분이 지킨 말씀은 무효가 됩니다. 말씀 하나를 어긴 것 때문에 정죄를 받아야 합니다. 율법의 저주가 임한다는 것입니다.

이 세상에 수많은 법이 있고 여러분은 모든 법을 다 지키면서 살아갑니다. 그러다가 딱 한 개의 법을 어겼다고 합시다. 그 순간 여러분은 죄인이 되는 것입니다. 다른 법을 다 지켰기 때문에 하나 정도 봐주는 것은 없습니다. 하나 어긴 죄 때문에 형벌을 받아야 합니다. 율법이 이런 것입니다.

그러므로 율법으로 의로움을 얻는다는 것은 순전히 자기 착각에 불과합니다. 죄로 타락한 인간이 모든 하나님의 말씀을 백퍼센트 완전하게 지킴으로써, 즉 율법으로 의로움을 얻는 것은 불가능합니다. 인간이 어떻게 거룩하신 하나님의 모든 법을 항상 온전하게 지킬 수 있습니까?

예수님은 산상수훈에서 형제에게 노하는 자는 심판을 받게 되고, 미련한 놈이라고 하는 자는 지옥 불에 들어간다고 했습니다. 마음으로 음욕을 품으면 간음죄를 범한 것이라고 했습니다. 시기, 질투, 분쟁, 자기 자랑하는 것, 이런 작은 행위도 모두 심판받는다고 했습니다.

이것을 어떻게 다 지킵니까?
살면서 한 번도 노한 적이 없는 사람이 있습니까?
미련한 놈이라는 말 한 번도 안 한 사람 있습니까?
한 번도 마음으로 음욕을 품지 않은 사람이 있습니까?

시기, 질투, 분쟁, 자기 자랑 한번 안 해 본 사람이 있습니까?

한 사람도 없습니다. 세상 사람 중에 율법을 완전히 지킨 사람은 없습니다. 인간은 율법의 행위로는 의로워질 수 없습니다.

> 그러므로 율법의 행위로는 그의 앞에 의롭다 하심을 얻을 육체가 없나니 율법으로는 죄를 깨달음이니라(롬 3:20).

율법은 인간의 죄를 드러냅니다. 율법은 인간의 행위로는 하나님 앞에 이를 수 없다는 것을 깨닫도록 주신 거울입니다. 행위로는 하나님 앞에 이를 수 없습니다. 그런데 교만한 인간이 착각합니다. 자신은 예외라고 생각하는 것입니다. 자신은 하나님의 말씀을 잘 지키고 있다고 착각하는 것입니다.

성경은 율법으로는 의로움을 얻을 사람이 없다고 명백히 말하는데도 계속해서 율법을 강조하는 것은 그렇게 설교하는 자기는 그 율법을 잘 지키고 있다는 자기 교만에서 비롯된 것입니다. 바리새인이 바로 그런 자들이었고 말씀을 지켜야 구원을 얻는다고 가르치는 목사도 동일한 자들입니다. 행위로 구원을 얻고자 하는 것은 저주의 길입니다. 모든 율법을 지키다가도 하나라도 어기면 율법의 심판을 받아야 하기 때문입니다. 이것이 율법의 앞에 인간의 실상입니다.

## 5. 의로움을 얻는 길

> 이제는 율법 외에 하나님의 한 의가 나타났으니 율법과 선지자들에게 증거를 받은 것이라 곧 예수 그리스도를 믿음으로 말미암아 모든 믿는 자에게 미치는 하나님의 의니 차별이 없느니라(롬 3:21-22).

인간이 의로움을 얻는 길은 예수밖에 없습니다. 예수 그리스도를 믿음으로 의로움을 얻습니다. 여러분이 율법을 지켜서 의로워지는 길은 결코 없습니다. 죄의 삯은 사망이라고 했고 죄인은 죄의 삯으로 죽어야 합니다. 내가 죄를 지어 내가 죄의 대가로 죽어야 하는데 예수님이 나를 대신해서 죽으신 것입니다.

예수님은 죄가 없음에도 죽으셨으니 그 이유가 인간의 죄를 대신 지시고 죽으신 대속 죽음인 것입니다. 예수님은 죄인은 죽으리라고 한 율법을 지키기 위해서 죽으셨습니다. 인간의 죄를 대신 지셨기 때문에 예수님은 죄인이 되셨고, 예수님은 죄인이 되어 율법에 따라 죄의 삯을 받아서 죽으신 것입니다.

예수님은 율법대로 죽으심으로 율법을 완성하셨습니다. 이렇게 율법대로 모두 행하심으로 예수 그리스도는 율법의 완성자가 되신 것입니다.

이것을 성경적으로 정확히 이해해야 합니다. 하나님의 율법은 죄의 삯은 사망이라고 했으니 모든 인간은 죽어야 합니다. 아담 이후로 태어난 모든 인간은 죄의 삯으로 죽었습니다. 인간이 어떻게 살았든 그 운명이 비극인 이유는 죽어야 한다는 데 있습니다.

인간은 죽어서 지옥의 심판을 받아야 합니다. 모든 인간은 이 길을 따라가야 합니다. 그런데도 하나님께서 인간을 사랑하셔서 구원자를 보내 주셨으니 그분이 예수 그리스도입니다.

예수 그리스도는 왜 죄가 없습니까?

예수 그리스도는 하나님과 하나이기 때문입니다.

나와 아버지는 하나이니라(요 10:30).

예수님은 죄가 없으시므로 죽을 필요가 없지만, 예수님이 죽으신 것은 인간의 죄를 대신 사하시기 위해 죽으신 것입니다. 예수님은 이렇게 함으로 죄의 삯은 사망이라는 율법을 이루셨습니다. 예수님이 모든 인간을 대신해서 죽으시고 사흘 만에 다시 살아나심으로 모든 인간에게 미쳤던 죄와 사망의 저주를 풀어 주셨습니다. 예수님은 이렇게 율법대로 죽으시고 부활하심으로 율법을 완성하신 것입니다.

이제는 누구든지 율법을 완성하신 예수님 안으로 들어가면 율법을 지킨 자가 되는 것입니다. 죄의 삯인 죽음과 지옥의 심판으로부터 해방을 얻는 것입니다. 이것이 예수님을 믿으면 구원을 얻는다는 말씀의 뜻입니다.

주 예수님을 믿으라 그리하면 너와 네 집이 구원을 받으리라(행 16:31).

## 6. 이스라엘의 저주

이스라엘 백성은 여기에서 실패했습니다. 이스라엘은 430년 동안 애굽 땅에서 노예로 살았습니다. 하나님이 그들의 고통을 돌아보시고 모세를 보내어서 이스라엘을 구원해 내셨습니다. 하나님께서 이스라엘을 구원하기 위해 애굽에 재앙을 내리지만, 아홉 번째 재앙을 내리기까지 애굽 왕 바로가 꼼짝도 안 합니다.

드디어 열 번째 재앙을 내려지고 바로는 여기에서 무릎을 꿇습니다. 어린양의 피를 바르라는 것입니다. 각자 집의 문인방과 설주에 어린양의 피를 바르라고 하셨고, 어린양의 피가 없는 집은 죽음의 사자가 들어가서 장자를 죽이겠다고 하셨습니다. 이 말을 믿은 사람들은 말씀대로 피를 발랐습니다. 그러나 믿지 않은 사람들은 피를 바르지 않았고 피가 없는 집의 모든 장자는 죽임을 당했습니다.

애굽의 왕 바로의 장자부터 모든 대신의 장자, 애굽 가정의 모든 장자가 죽임을 당했습니다. 이것으로 드디어 이스라엘이 구원을 받게 된 것입니다. 여러분, 잘 보셔야 합니다.

이스라엘이 어떻게 구원을 받았습니까?

구원의 능력이 어디에 있습니까?

어린양의 피에 있었습니다. 그들은 피로 말미암아 구원을 받았습니다. 이스라엘 백성들이 한 일은 아무것도 없습니다. 그들은 전적인 하나님의 은혜로 구원을 받았습니다. 하나님이 권세와 능력으로 바로를 꺾고 자기 백성을 구원해 낸 것입니다.

이스라엘 백성이 출애굽을 위해 한 것은 하나도 없습니다. 그들의 구원은 그들의 행위가 아니라 어린양의 피로 말미암아 얻은 전적인 은혜의 사건이었습니다. 이스라엘 백성들이 출애굽 후 시내산에 도착했을 때 하나님께서 율법을 주셨습니다. 모세가 시내산에서 하나님께 율법을 받아서 백성들에게 그대로 전했습니다. 그때 백성들이 엄청난 대답을 합니다. 겸손하게 무릎을 꿇어야 할 순간에 그들은 너무 자신만만했습니다.

> 백성이 일제히 응답하여 이르되 여호와께서 명령하신 대로 우리가 다 행하리이다(출 19:8).

여러분, 이 말이 듣기에는 얼마나 좋습니까?
"하나님이 말씀하신 대로 다 지키겠습니다."
듣기에 얼마나 신앙적인 말로 들리는지 모릅니다. 그러나 이것은 교만입니다. 그들이 하나님의 율법을 다 지키겠다고 큰소리를 쳤지만 실패했습니다. 완전히 실패했습니다. 그 실패의 이야기가 구약성경입니다.

왜 그렇게 긴 세월 동안 하나님은 구약의 이야기를 기록하셨습니까?
율법으로는 안 된다는 것을 보여 주시기 위함입니다. 인간이 아무리 수단을 쓰고 노력해도 결국 실패한다는 것입니다. 하나님은 인간의 불가능을 보여 주시기 위해 구약성경을 우리에게 주신 것입니다.

인간이 어떻게 하나님의 율법을 다 지킬 수 있습니까?
전혀 불가능합니다. 그들은 자기의 실체를 너무 몰랐습니다. 자기 자신을 너무 과대평가 했습니다.

인간이 하나님의 말씀을 다 지킬 수 있다고 자신하는 것이 얼마나 큰 교만입니까?

이스라엘은 스스로 지키지 못할 약속을 함으써로 저주에 빠진 것입니다. 그들은 율법을 고수하다가 율법의 저주로 심판을 받았습니다. 율법주의는 저주의 길입니다. 여러분이 입으로 율법을 지킬 수 있다고 하든 말든, 말씀을 지켜야 구원받을 수 있다고 말하든 말든, 결국은 저주에 빠지는 것입니다. 율법으로는 의로움을 얻을 육체가 없기 때문입니다.

교만을 버리십시오. 하나님의 말씀 앞에서 우리가 할 수 있는 최선은 무릎을 꿇는 것입니다. 율법 앞에서 죄인임을 인정하고 항복하는 것입니다. 율법을 완성하신 그리스도의 은혜 속으로 들어가는 것입니다. 어린양의 피 속으로 들어감으로 율법의 저주에서 구원을 받는 것입니다.

## 7. 구약도 은혜의 시대

하나님은 타락한 인간에게 한 번도 율법을 구원의 길로 제시한 적이 없습니다. 사람들이 흔히 구약은 율법 시대이고 신약은 은혜 시대라고 알고 있는데 오해입니다. 구약 시대는 율법을 지켜서 구원을 받았지만 신약 시대는 예수님을 믿음으로 구원을 받는 식의 생각은 전혀 비성경적입니다. 구약 시대도 신약 시대도 하나님은 자기 백성을 은혜로 구원하고 계십니다. 구약에 율법 시대가 없었던 것은 아닙니다. 하나님이 아담과 계약을 맺은 그 시대가 율법 시대입니다.

"동산 중앙에 선악을 알게 하는 열매를 먹으면 반드시 죽고, 먹지 않으면 동산에서 복을 누리며 살 것이다."

이것이 하나님과 아담이 한 최초의 계약이었고 이것이 율법입니다. 아담은 자기 행위에 의해서 생명과 죽음이 결정되었습니다. 아담은 율법을 어겼고 죽음과 저주 아래 놓인것이 되었습니다. 율법 앞에서 인간은 실패했습니다.

하나님께서 율법을 어긴 아담을 찾아오셔서 나무 뒤에 숨은 아담을 향해 부르십니다.

"아담아, 어디 있느냐?"

그러자 아담이 대답합니다.

"발가벗어 부끄러워 나무 뒤에 숨었습니다."

하나님이 나오라 하니 무화과 나뭇잎을 엮어서 부끄러움을 가리고 나왔습니다. 무화과 나뭇잎으로 부끄러움을 가린 것은 인간 행위로 하나님 앞에 떳떳하게 서고자 하는 시도입니다. 하나님 앞에서 죄로 말미암은 부끄러움을 가리기 위해서 자기 행위로 무화과나무 잎을 엮어서 옷을 해 입은 것입니다. 이것이 율법의 행위입니다.

타락한 인간은 그때부터 자기 행위를 통해 하나님 앞에 나가려고 했습니다. 그러나 뜨거운 태양이 비치니 나뭇잎이 바짝 말라 부끄러움이 드러났습니다. 인간의 행위로는 하나님 앞에 죄를 가릴 수 없다는 것입니다. 하나님 앞에서 율법으로는 떳떳할 수 없다는 것입니다. 그때 하나님께서 짐승을 잡아 피를 흘리고 가죽으로 만든 옷을 입히시므로 부끄러움을 가려 주셨습니다.

여호와 하나님이 아담과 그의 아내를 위하여 가죽옷을 지어 입히시니라 (창 3:21).

누가 가죽옷을 지어 입히셨나요?

여호와 하나님입니다. 하나님이 짐승을 잡아 부끄러움을 가려 주신 것입니다. 여호와 하나님이 가죽옷을 지어 입히셨습니다. 이것이 성경에 나오는 최초의 복음입니다. 하나님께서 짐승의 피를 흘리심으로 아담과 하와의 부끄러움을 가려 주신 하나님의 행위가 복음입니다.

복음은 하나님의 행위입니다. 복음은 이미 이때부터 시작되어서 온 역사를 관통하여 흐르고 있었습니다. 하나님의 은혜는 이미 아담에게서부터 시작되었습니다. 율법은 선악과를 먹는 순간 파기가 되었지만, 동시에 그 순간부터 은혜의 시대가 시작된 것입니다. 이 은혜의 복음은 출애굽기로 흘러 내려옵니다. 이스라엘 백성이 출애굽을 할 때 하나님은 피를 보고 넘어가겠다고 약속하셨습니다.

> 내가 애굽 땅을 칠 때에 그 피가 너희가 사는 집에 있어서 너희를 위하여 표적이 될지라 내가 피를 볼 때에 너희를 넘어가리니 재앙이 너희에게 내려 멸하지 아니하리라(출 12:13).

바로에 억압되어 있던 이스라엘 백성을 어린양의 피로 구원해 주셨습니다. 하나님은 자기 백성을 피로 구원하신 것입니다. 나를 위해 대신 어린양이 죽었습니다. 죄 없는 어린양이 대신 죽음으로 내가 산 것이니 이것이 은혜입니다. 출애굽 사건은 은혜로 구원하시는 복음을 생생한 이야기로 보여 주고 있습니다. 은혜의 복음은 레위기에도 있습니다.

레위기의 제사가 무엇을 말합니까?

피 흘리는 모든 레위기의 제사가 은혜의 이야기입니다. 죄를 지었을 때 피를 가지고 제사를 드리면 용서해 주겠다는 하나님의 약속입니다.

구약의 모든 피는 예수 그리스도의 대속을 나타내는 모형입니다. 은혜의 복음은 구약성경 전체를 통해 흐르고 있습니다. 그 절정은 이사야 53장에 나오는 대속의 말씀입니다.

> 그가 찔림은 우리의 허물 때문이요 그가 상함은 우리의 죄악 때문이라 그가 징계를 받으므로 우리는 평화를 누리고 그가 채찍에 맞으므로 우리는 나음을 받았다고 우리는 다 양 같아서 그릇 행하여 각기 제 길로 갔거늘 여호와께서는 우리 모두의 죄악을 그에게 담당시키셨도다(사 53:5-6).

우리가 한 일은 무엇입니까?

죄 밖에 없습니다. 우리의 허물, 우리의 죄악, 우리의 분쟁, 우리의 질병, 전부 이런 것뿐입니다. 그런데 하나님께서는 우리의 죄악을 예수 그리스도께 담당시킨 것입니다.

여기에 무슨 인간의 행위가 들어가 있습니까?

무슨 인간의 노력이 들어갔습니까?

무슨 인간의 희생이나 도덕이 들어갔습니까?

이 구원 사역은 하나님이 예수 그리스로 한 분을 통해서 이룬 속죄 사역입니다. 우리의 행위는 없습니다. 우리의 수고, 노력, 희생도 없습니다. 우리는 단순히 믿기만 하면 됩니다. 하나님께서 예수 그리스도 안에서 완성하신 속죄 사역을 믿으면 구원을 얻습니다.

## 8. 구원은 은혜로 받은 선물

이쯤 되면 이런 궁금증에 생깁니다.
"그래도 믿는 것은 내가 믿었는데요?"
"아무리 예수님이 다 이루었다고 해도 믿는 것은 내가 믿었으니까 믿는 행위는 내가 한 것이 아닙니까?"

자기가 믿기로 결단했으니 그 결단과 선택은 자기의 행위가 아니냐는 질문입니다. 그러니까 믿음을 자의로 선택한 행위의 일종으로 보는 것입니다. 믿음은 자기가 주도적으로 선택한 것이니 그것을 행위라고 생각하는 것입니다.

이것이 성경을 정확히 알지 못함으로 벌어지는 오해입니다. 성경은 내가 믿는 믿음 자체가 선물이라고 합니다. 내가 복음을 들을 때 믿을 수 있는 마음이 생긴 것은 하나님이 믿을 수 있는 은혜를 주셨기 때문이라는 것입니다. 하나님이 먼저 은혜를 주셨고 그 은혜 때문에 믿을 수 있게 되었다는 것이 성경의 가르침입니다.

> 너희는 그 은혜에 의하여 믿음으로 말미암아 구원을 받았으니 이것은 너희에게서 난 것이 아니요 하나님의 선물이라 행위에서 난 것이 아니니 이는 누구든지 자랑하지 못하게 함이라(엡 2:8-9).

문장을 잘 보세요. "너희가 그 은혜에 의하여 믿음으로 말미암아 구원을 받았으니"라고 되어 있습니다. 내가 스스로 믿은 것이 아니라 하나님이 믿을 수 있는 은혜를 주셨다고 합니다. 믿을 수 있는 은혜가 부어졌기 때문에 믿을 수 있는 사람이 된 것입니다. 하나님이 은혜를 주

서서 내 안에 믿음을 주시고, 입으로 고백할 수 있도록 하셨다는 것입니다. 이것이 '그 은혜에 의하여 믿음으로 말미암아 구원을 받았나니'라는 말씀의 뜻입니다.

겉으로만 내가 결심한 것처럼 보인 것뿐이지 그렇게 하도록 역사하신 분은 하나님입니다. 하나님의 영이신 성령께서 그렇게 할 수 있도록 내 마음을 감동시켜 주시고 이끌어 주셨습니다. 내가 믿고 고백할 수 있도록 인도하신 성령의 역사가 먼저 있는 것입니다. 그래서 '너희가 그 은혜에 의하여 믿음으로 말미암아 구원을 받았으니'라고 말씀하고 있습니다. 아브라함의 이야기에서 우리는 이것을 정확하게 파악할 수 있습니다.

> 아브람이 여호와를 믿으니 여호와께서 이를 그의 의로 여기시고(창 15:6).

사람들은 '아브라함이 여호와를 믿으니'라고 되어 있어서 아브라함이 스스로 결심해서 하나님을 믿었다고 오해를 하기 쉽지만, 이 말씀 이전에 아브라함을 부르신 하나님의 은혜가 먼저 나오는 것을 주목해야 합니다.

> 여호와께서 아브람에게 이르시되 너는 너의 고향과 친척과 아버지의 집을 떠나 내가 네게 보여 줄 땅으로 가라 내가 너로 큰 민족을 이루고 네게 복을 주어 네 이름을 창대하게 하리니 너는 복이 될지라(창 12:1-2).

창세기 15장에서 아브라함이 믿음을 고백하기 전, 창세기 12장에서 여호와 하나님이 갈대아 우르에 있는 아브라함을 먼저 찾아오셔서 아브라함을 불러 주시고 믿도록 은혜를 주셨습니다. 이 구원의 순서를 분명히 알아야 합니다. 하나님이 아브라함을 먼저 은혜로 부르시고, 나중에 아브라함이 믿음을 고백하게 되는 것이 구원의 순서입니다. 사도행전 7장에 나오는 스데반 설교에서도 똑같이 말합니다.

> 스데반이 이르되 여러분 부형들이여 들으소서 우리 조상 아브라함이 하란에 있기 전 메소보다미아에 있을 때에 영광의 하나님이 그에게 보여 이르시되 네 고향과 친척을 떠나 내가 네게 보일 땅으로 가라 하시니(행 7:2-3).

영광의 하나님이 먼저 그에게 보이셨습니다. 하나님이 먼저 은혜로 아브라함을 선택하시고 부르신 것입니다. 하나님이 먼저 은혜로 부르시고, 후에 믿음을 고백할 수 있도록 하셨습니다. 내가 믿음을 고백했다고 해서 믿음이 내 행위가 아닙니다. 믿을 수 있도록 은혜를 주신 하나님의 은혜가 먼저 있었습니다. 믿을 수 있는 은혜를 먼저 주셨음으로 믿음을 하나님의 선물이라고 한 것입니다.

## 9. 에서와 야곱

창세기 27장에 나오는 에서와 야곱 이야기를 보세요. 이삭이 나이 많아 죽을 때가 되어서 맏아들 에서에게 고기를 요리해 가져오라고 합니다. 그것을 먹고 에서를 축복하려고 합니다. 에서가 아버지에게 고기를 대접하기 위해 사냥하러 나갈 때 부엌에서 엿듣던 리브가가 둘째 아들인 야곱을 불러서 말합니다.

"너희 아버지가 에서에게 말하기를 고기를 사냥해서 요리를 해오면 먹고 에서에게 복을 준다고 하더라. 내가 집에 있는 양을 잡아 요리해 줄 테니 아버지에게 가져다주고 네가 에서 대신 아버지의 복을 받아라."

리브가의 말을 듣고 야곱이 벌벌 떨면서 묻습니다.

"형은 털이 많은 사람이고 나는 털이 없어서 살이 매끈한데 아버지가 나를 만져 보면 저주할 것입니다."

그러자 리브가가 말합니다.

"내가 털을 붙여 줄 테니 들어가서 아버지를 속여라. 너희 아버지를 속이고 에서라고 말하고 복을 받거라."

야곱은 어머니가 만들어 준 양 요리를 가지고 들어가서 아버지에게 내려놓습니다. 아버지는 나이가 많아 눈이 멀어서 보지 못합니다. 들어보니 목소리는 야곱의 목소리입니다. 의심이 되지만 몸을 만져 보니 털이 수북한 것이 에서입니다. 그래서 야곱이 들고 온 요리를 먹고, 야곱에게 복을 내렸습니다. 야곱이 나가고 뒤따라 에서가 사냥한 고기를 가지고 아버지에게 왔습니다. 아버지가 깜짝 놀라서 묻습니다.

"너는 누구냐?"

에서가 대답을 합니다.

"아버지의 장자 에서입니다."

야곱이 깜짝 놀라면서 이미 네 동생 야곱에게 복을 다 주어서 너에게 줄 복이 없다고 했습니다. 장자의 축복이 야곱에게 돌아간 것입니다.

어떻게 이럴 수 있습니까?

에서는 정직하게 사냥을 해서 아버지를 대접했고, 야곱은 속여서 복을 가로챘습니다.

이것은 너무 불공평한 것이 아닙니까?
야곱의 행위가 너무 야비한 것이 아닙니까?
행위로 보면 에서가 훨씬 정직하지 않습니까?
그런데 어떻게 야곱이 복을 받을 수가 있습니까?

이것이 복음입니다. 구원은 인간의 행위가 아니라 은혜로 주신 선물이기 때문입니다. 구원은 하나님이 선택한 자에게 주시는 값없는 선물입니다.

왜 에서가 아니라 야곱이 장자의 복을 받았을까요?

우리는 모릅니다. 우리는 이해할 수도 없습니다. 성경은 단지 하나님께서 야곱에게 은혜를 주시기로 선택하셨다고 말씀하고 있습니다.

> 그뿐 아니라 또한 리브가가 우리 조상 이삭 한 사람으로 말미암아 임신하였는데 그 자식들이 아직 나지도 아니하고 무슨 선이나 악을 행하지 아니한 때에 택하심을 따라 되는 하나님의 뜻이 행위로 말미암지 않고 오직 부르시는 이로 말미암아 서게 하려 하사 … 기록된바 내가 야곱은 사랑하고 에서는 미워하였다 하심과 같으니라 (롬 9:10-11, 13).

> 그런즉 원하는 자로 말미암음도 아니요 달음박질하는 자로 말미암음도 아니요 오직 긍휼히 여기시는 하나님으로 말미암음이니라 (롬 9:16).

에서와 야곱이 아직 태어나기도 전에 하나님은 벌써 야곱을 선택하셨다는 것입니다. 성경을 정확하게 읽어야 합니다.

"그 자식들이 아직 나지도 아니하고, 무슨 선이나 악을 행하지 아니한 때에"

문자 그대로 읽으세요.

"택하심을 따라 되는 하나님의 뜻이 행위로 말미암지 않고, 오직 부르시는 이로 말미암아 서게 하려 하사"

하나님의 선택은 행위와 상관이 없습니다. '행위로 말미암지 않고'라고 분명히 쓰고 있습니다. 오직 부르시는 이로 말미암아 선택을 받는 것입니다. 오직 긍휼히 여기시는 하나님의 은혜로 받는 것입니다.

이런 말씀을 율법주의자들은 절대 받아들이지 못합니다. 성경에 그대로 기록되어 있는데도 안 믿습니다. 그러므로 말씀대로 살아야 구원을 받는다고 설교하는 자들은 성경의 진리를 부정하는 자들입니다. 성경은 분명히 말합니다. 자식들이 나지도 아니한 때에, 선이나 악을 행하지 않은 때에 야곱을 택했다고 말합니다.

여러분, 이 명백한 하나님의 말씀을 무엇으로 반박하시겠습니까?

## 10. 영생을 주시기로 작정된 자

구원은 아무나 받을 수 있는 것이 아닙니다. 구원은 하나님의 선택받은 자가 받는 것입니다. 사람들은 언제든지 자기가 결심하기만 하면 믿을 수 있다고 말하지만 착각입니다. 내가 믿고 싶다고 아무 때나 믿을 수 있는 것이 아닙니다.

> 이방인들이 듣고 기뻐하여 하나님의 말씀을 찬송하며 영생을 주시기로 작정 된 자는 다 믿더라(행 13:48).

성경을 그대로 읽으세요.
"영생을 주시기로 작정된 자는 다 믿더라"
성경은 영생을 주시기로 작정된 자가 있다고 분명하게 말씀합니다. 바울이 비시디아 안디옥에 가서 복음을 전했는데 그 중에는 믿는 사람도 있고 믿지 않는 사람도 있었습니다. 같은 장소에서, 같은 시간에, 같은 사람이 전하는, 같은 말씀을 들었는데, 믿는 사람이 있고 믿지 않는 사람이 있더라는 것입니다.
왜 이런 일이 벌어집니까?
성경은 이것을 두고 영생을 주시기로 작정 된 자가 있다고 말하는 것입니다. 영생을 주시기로 작정된 자는 다 믿더라고 했습니다. 하나님이 영생을 주시기로 작정한 사람은 믿고, 영생을 주시기로 작정하지 않은 사람은 믿지 않더라는 것입니다. 이것은 우리 편에서 이해가 안 되는 말씀입니다. 그러나 성경이 그렇게 말씀하고 있습니다. 내가 스스로 결정해서 믿는 것이 아닙니다. 하나님이 선택한 자들에게 믿을 수 있는 은혜를 주시는 것입니다. 그것이 '은혜에 의하여 믿음으로 말미암아' 라는 말씀의 뜻입니다.
그러면 사람들은 묻습니다.
"구원받을 사람을 작정해 놓았다면 왜 전도해야 합니까?"
"전도를 안 해도 작정된 사람은 구원을 받을 것인데 왜 전도해야 하나요?"

답은 간단합니다. 하나님께서 구원하기로 작정한 사람을 구원하는 방법으로 전도를 선택하셨기 때문입니다. 하나님은 전도를 통해 자기 백성을 구원하도록 정하셨습니다. 하나님이 구원받는 자를 작정해 놓으셨듯이, 구원하는 방식으로 전도를 정해 놓으신 것입니다. 작정한 자들을 구원하는 하나님의 방법이 전도입니다. 전도는 하나님께서 작정한 자기 백성을 구원하는 은혜의 수단입니다.

그러므로 하나님은 우리에게 때를 얻든지 못 얻든지 열심히 전도하라고 하셨습니다. 예수님도 승천하시면서 모든 족속으로 제자를 삼아 아버지와 아들과 성령의 이름으로 세례를 주라고 하셨습니다.

> 너는 말씀을 전파하라 때를 얻든지 못 얻든지 항상 힘쓰라 범사에 오래 참음과 가르침으로 경책하며 경계하며 권하라(딤후 4:2).

> 그러므로 너희는 가서 모든 민족을 제자로 삼아 아버지와 아들과 성령의 이름으로 세례를 베풀고 내가 너희에게 분부한 모든 것을 가르쳐 지키게 하라 볼지어다 내가 세상 끝날까지 너희와 항상 함께 있으리라 하시니라 (마 28:19-20).

전도는 우리의 사명입니다. 하나님이 구원하시기로 작정한 자가 있다고 해서 우연히 구원받지는 않습니다. 전도를 통해 복음을 듣고 구원을 받도록 하셨습니다. 하나님이 작정한 자를 구원하는 방법이 전도입니다.

그러므로 예수님을 믿으라는 말씀이 하나님의 명령이듯이 때를 얻든지 못 얻든지 전도하라는 말씀도 하나님의 명령입니다. 우리는 하나님의 명령에 순종하여 부지런히 전도해야 합니다. 전도는 마땅한 그리스도인의 사명입니다. 하나님은 전도를 통해서 구원을 주시기로 작정한 자기 백성을 구원하십니다.

## 11. 한 번 구원은 영원한 구원

하나님의 작정은 완전합니다. 실수가 없습니다. 중간에 구원을 잃어버린다는 것은 상상할 수 없습니다. 구원을 주시기로 작정한 사람은 천국 갈 때까지 하나님이 인도하십니다.

> 하나님이 미리 아신 자들을 또한 그 아들의 형상을 본받게 하기 위하여 미리 정하셨으니 이는 그로 많은 형제 중에서 맏아들이 되게 하려 하심이니라 또 미리 정하신 그들을 또한 부르시고 부르신 그들을 또한 의롭다 하시고 의롭다 하신 그들을 또한 영화롭게 하셨느니라(롬 8:29-30).

이것을 구원의 서정(序定)이라고 말하는데 말씀의 주어를 잘 보세요. 주어가 누구예요?

하나님입니다. 하나님이 구원의 주체입니다. '하나님이 미리 아시고, 하나님이 미리 정하시고, 하나님이 부르시고, 하나님이 의롭다 하시고, 하나님이 영화롭게 하셨느니라' 시작과 끝은 하나님입니다. 구원의 주체가 하나님이십니다. 성경에 무지한 사람들은 구원을 받았다가도 구원을 잃어버릴 수 있다고 말하지만 그럴 수 없습니다. 구원을 받아도 말씀대로 살지 않으면 구원을 잃어버린다는 말은 성경 말씀과 완전히 반대입니다.

구원은 하나님이 시작하시고 완성하시는 일이기 때문에 실수가 없습니다. 우리의 행위가 절대로 바꿀 수 없습니다. 우리가 행위가 구원의 결과를 바꾼다면 우리가 하나님의 예정까지 조종하는 자가 되는 것입니다. 우리의 행위로 하나님이 작정하신 구원을 취소시켜 버린다면 인간은 하나님보다 전능한 존재가 되는 것입니다. 구원이 영원하다고 말하면 사람들이 대개 이런 질문을 합니다.

"내가 아는 아무개는 교회를 십년 동안 다니다가 지금은 완전히 불신자가 되었는데 그래도 구원이 영원한 것입니까?"

"교회 잘 다니다가 교회를 떠난 사람은 어떻게 설명할 것입니까?"

두 가지 대답이 있습니다.

**첫째**, 그 사람이 잠시 낙심하고 타락했어도 다시 돌아올 수 있다는 것입니다.

누가복음 15장에 나오는 탕자가 바로 그런 사람이 아닙니까?

잠시 죄 가운데 있고 교회를 떠나 있어도 하나님이 구원하시기로 작정한 사람은 반드시 돌아옵니다.

**둘째**, 교회에서 종교생활은 했지만, 원래 구원을 받지 않은 사람이었다는 것입니다. 교회 안에는 구원받지 못한 불신자들이 굉장히 많습니다. 그들은 잠시 성령의 빛을 받기는 했지만, 원래가 불신자였던 것입니다.

> 청함을 받은 자는 많되 택함을 입은 자는 적으니라 (마 22:14).

청함을 받은 자와 택함을 받은 자가 있습니다. 교회에 들어오는 사람은 많습니다. 교회에는 누구나 청함을 받고 올 수 있습니다. 그러나 그들이 전부 택함을 받은 자는 아닙니다. 교회 안에 있는 사람 중에 청함만 받은 사람이 있다는 것입니다.

교회를 떠난 사람 중에도 청함만 받은 사람이 있습니다. 그들은 택함을 받은 자들이 아니었습니다. 그들은 거듭난 적이 없습니다. 그들은 그리스도의 십자가와 부활의 복음을 믿은 적이 없습니다. 대속의 피 복음을 믿은 적이 없습니다. 그들이 교회에 다니면서 종교적인 언어를 말하고, 종교적인 행동을 하면서 그리스도인처럼 보였을 뿐이지 실상은 불신자였습니다.

예수님은 청함을 받은 자와 택함을 입은 자가 따로 있다고 하셨습니다. 택함을 받은 자는 절대 구원을 잃어버릴 수 없습니다. 잠시 타락을 했어도 반드시 다시 돌아옵니다. 하나님의 예정 속에서 택함을 받은 자는 하나님의 미리 아심부터 영화롭게 되는 자리까지 이미 끝났습니다.

> 모든 일을 그의 뜻의 결정대로 일하시는 이의 계획을 따라 우리가 예정을 입어 그 안에서 기업이 되었으니 이는 우리가 그리스도 안에서 전부터 바라던 그의 영광의 찬송이 되게 하려 하심이라(엡 1:11-12).

모든 일은 하나님이 그의 뜻을 따라 결정합니다. 하나님 뜻의 결정대로 우리가 하나님의 계획을 따라 예정을 입었습니다. 여러분의 구원은 어느 날 갑자기 이루어진 것이 아닙니다. 어느 날 갑자기 '나 예수 믿어야겠다'라는 생각이 들었다고 해서 그 순간에 구원이 시작된 것이 아닙니다.

　우리의 구원은 하나님의 예정과 계획 안에 이루어졌습니다. 하나님의 계획에 따라서 예정을 입어 그 안에서 기업이 되었다고 했습니다. 구원은 하나님의 영원한 계획과 예정 속에서 이루어진 엄청난 사건입니다.

　그 안에 우리가 있다는 것이 놀랍지 않습니까?

　교회를 잘 다니던 어떤 사람이 교회를 떠났다고 해서 낙담하지 마십시오. 하나님이 구원하시기로 작정한 백성은 반드시 돌아옵니다. 아니라면 그 사람은 원래가 그냥 청함을 받은 사람이었을 뿐입니다. 그냥 종교적으로 열심인 사람일 뿐이었습니다. 종교적으로 열심인 사람이어서 사람들이 그를 거듭난 자로 여겼을 뿐입니다.

　하나님께 택함을 입은 자는 영원히 믿음을 떠나지 않습니다. 물론 오랜 세월 주님을 떠날 수도 있습니다. 얼마 동안 타락한 삶을 살 수도 있습니다. 그러나 결국은 주님께로 돌아오게 되어 있습니다. 징계를 받을지도 모릅니다. 탕자처럼 모든 것을 다 잃어버릴 수도 있습니다. 아니면 병이 들고 곤고해 질수도 있습니다. 어떤 환란과 어려움을 당할 수도 있습니다.

　그러나 하나님은 자기 백성을 세상에 그냥 버려두지 않습니다. 주님의 부르심에 순순히 순종하고 돌아오면 고통을 적게 당할 것이지만, 고집을 부리고 계속 죄악 가운데 있으면 지옥과 같은 고통을 경험하고 결국 돌아올 것입니다. 하나님은 실패하지 않습니다.

## 12. 성령의 도장을 찍음

> 그 안에서 너희도 진리의 말씀 곧 너희의 구원의 복음을 듣고 그 안에서 또한 믿어 약속의 성령으로 인치심을 받았으니(엡 1:13).

구원받은 자는 인치심을 받은 자입니다. 인치심을 받았다는 것은 도장을 찍었다는 뜻입니다. 성령의 도장을 콱 찍었습니다. 이것은 돌이키지도 못하고 바꾸지도 못합니다. 옛날에 왕이 편지를 보내면 도장을 콱 찍잖아요. 왕이 도장을 찍으면 누구도 바꾸지 못합니다.

여러분의 구원이 이렇다는 것입니다. 구원받은 그리스도인은 하나님께서 성령의 도장을 찍어버린 자들입니다. 어떤 사람도 구원을 취소하지 못합니다. 어떤 권력도 구원을 빼앗지 못합니다. 하늘의 천사도 마귀도 구원을 없애지 못합니다. 자기 자신도 구원을 취소시키지 못합니다. 하나님도 취소하지 못합니다. 하나님은 거짓말을 하실 수 없기 때문입니다.

> 하나님은 사람이 아니시니 거짓말을 하지 않으시고 인생이 아니시니 후회가 없으시도다 어찌 그 말씀하신 바를 행하지 않으시며 하신 말씀을 실행하지 않으시랴(민 23:19).

## 13. 속죄소의 영적 의미

여러분이 그리스도의 속죄와 구원의 진리를 좀 더 분명하게 이해하려면 구약의 속죄소를 이해해야 합니다. 구약 성전에는 성소와 지성소가 있는데, 지성소에는 법궤가 있고 법궤 안에는 십계명 말씀이 들어 있었습니다. 그리고 하나님은 속죄소 뚜껑으로 법궤를 항상 덮어놓으라고 명령했습니다. 법궤 위에 속죄소를 항상 덮어놓아야 합니다.

여기에는 굉장히 중요한 영적인 의미가 있습니다. 법궤 속에 하나님의 율법이 있고 그 율법은 속죄소로 언제나 덮여 있어야 합니다. 왜냐하면, 그 속에는 율법이 있기 때문인데 속죄소가 사라지면 하나님의 율법이 그대로 나와서 온 이스라엘을 심판하기 때문입니다. 그러므로 법궤는 항상 속죄소로 덮여 있어야 합니다.

속죄소를 궤위에 얹고 내가 네게 줄 증거판을 궤 속에 넣으라(출 25:21).

십계명을 궤 속에 넣어 놓고 그 위에 속죄소를 덮으라는 것이 하나님의 명령입니다. 속죄소가 열려 있으면 율법의 심판이 임하는 것입니다. 속죄소가 열려 있으면 그 안에 있는 율법의 심판이 이스라엘 백성에게 다 내리는 것입니다. 속죄소로 덮어 놓지 않으면 율법이 모든 사람을 심판하게 됩니다. 그래서 하나님은 법궤에 속죄소를 덮으라고 명령하셨습니다.

속죄소의 영적 의미는 율법은 언제나 은혜로 덮어 놓아야 하는 것을 의미합니다. 은혜로 덮어 놓으라는 것은 예수님의 피로 덮어 놓으라는 것입니다. 피가 없으면 심판이 쏟아집니다.

> 여호와 앞에서 분향하여 향연으로 증거궤 위 속죄소를 가리게 할지니 그리하면 그가 죽지 아니할 것이며 그는 또 수송아지의 피를 가져다가 손가락으로 속죄소 동쪽에 뿌리고 또 손가락으로 그 피를 속죄소 앞에 일곱 번 뿌릴 것이며 또 백성을 위한 속죄제 염소를 잡아 그 피를 가지고 휘장 안에 들어가서 그 수송아지 피로 행함 같이 그 피로 행하여 속죄소 위와 속죄소 앞에 뿌릴지니 (레 16:13-15).

지성소에 뿌려진 짐승의 피는 십자가에서 뿌린 예수 그리스도의 피의 모형입니다. 구약과 신약은 은혜로 구원을 얻는 길을 동일하게 말하고 있습니다. 구약과 신약의 복음은 하나입니다.

예수님이 죽으시면서 다 이루었다고 할 때 무엇을 다 이루었다는 것일까요?

예수님의 피로써 율법의 저주를 다 제거하셨다는 것입니다. 우리가 율법의 저주 아래에서 받아야 할 죽음과 심판의 저주를 다 제거하셨다는 말입니다. 이제는 누구든지 죄 때문에 하나님께 심판을 받는 것이 아닙니다. 죄를 지어서 지옥에 가는 것이 아닙니다. 이제 사람이 지옥에 들어가는 유일한 죄는 율법의 저주에서 우리를 속량하신 예수 그리스도를 믿지 않는 것뿐입니다.

속죄의 은혜를 거절하고 율법 아래서 살기를 고집하다가 자기의 행위가 그대로 율법의 심판을 받으므로 지옥에 가는 것입니다. 누구든지 예수 그리스도의 피 아래에 들어가면 모든 저주가 사라집니다. 예수님은 모든 율법의 저주에서 우리를 속량하셨습니다. 예수 그리스도의 죽으심과 부활을 믿으면 구원을 얻습니다. 하나님께서 구원을 주시기로 작정한 자는 구원의 복음이 그대로 믿어집니다. 하나님의 음성을 듣고 그 음성을 즐거워하며 그 음성을 따릅니다.

> 내 양은 내 음성을 들으며 나는 그들을 알며 그들은 나를 따르느니라 (요 10:27).

여러분은 진리의 음성이 들립니까?
하나님의 말씀이 믿어집니까?
하나님의 창조와 인간의 타락과 예수 그리스도의 구원의 은혜가 믿어집니까?
예수 그리스도의 십자가와 속죄의 은혜가 믿어집니까?
예수 그리스도를 주라고 시인하십니까?
예수님의 죽으심과 부활을 마음으로 믿습니까?
이 질문에 '아멘' 하십니까?
여러분의 인격 중심에서 '아멘' 하십니까?
모든 사람 앞에서 누가 묻더라도 공개적으로 '아멘' 하십니까?

그렇다면 여러분은 하나님의 자녀입니다. 하나님이 영생을 주시기로 작정한 자들입니다. 여러분은 하나님의 계획을 따라 예정을 입어 그 속에서 하나님의 기업이 된 자들입니다. 여러분의 구원은 하나님께서 시작하신 구원입니다. 하나님께서 천국에 이를 때까지 여러분의 구원을 완성해 가실 것입니다.

# 제4장

## 예수 피로 이루신 완전한 의

그리스도께서는 장래 좋은 일의 대제사장으로 오사
손으로 짓지 아니한 것 곧
이 창조에 속하지 아니한 더 크고 온전한 장막으로 말미암아
염소와 송아지의 피로 하지 아니하고
오직 자기의 피로 영원한 속죄를 이루사
단번에 성소에 들어가셨느니라

(히 9:11-12)

## 1. 성경이 말하는 의

의가 무엇일까요?
여러분은 의가 무엇이라고 생각합니까?
성경이 말하는 의는 무엇일까요?

성경이 말하는 의가 무엇인지 분명히 알아야 구원의 교리를 바르게 이해할 수 있습니다. 율법주의와 행위구원이라는 다른 복음으로부터 구원을 얻을 수가 있습니다.
성경이 말하는 의의 정의는 무엇일까요?
간단하게 말하면 하나님처럼 완전히 깨끗한 상태를 말합니다. 하나님처럼 완전히 거룩하고 흠이 없는 상태를 말합니다. 이것은 세상이 말하는 의와 차원이 다릅니다.
세상의 의는 상대적입니다. 기준이 사람입니다. 성경이 말하는 의는 절대적입니다. 기준이 하나님입니다. 하나님 앞에서는 아주 작은 죄, 아주 가벼운 죄, 티끌처럼 가벼운 죄 하나라도 어기는 순간 죄인이 되는 것입니다.
예수님께서는 마음으로라도 음욕을 품거나, 형제를 향하여 어리석은 놈이라고 말하는 자는 지옥에 들어가리라고 했습니다. 이렇게 마음속의 생각까지도 깨끗해야 하나님의 의에 이를 수 있습니다.
타락한 인간은 하나님의 완전한 의의 잣대로 판단할 때 모두 죄인입니다. 타락한 인간이 완전한 하나님의 법을 지키는 것은 불가능하기 때문입니다. 하나님 앞에서 완전히 깨끗한 사람은 한 사람도 없습니다. 이 땅을 살아간 인간 중에 한 사람도 없습니다.

증거가 무엇입니까?

무덤입니다. 무덤은 모든 인간이 죄인이라는 증거물입니다. 행위와 도덕을 의지했던 모든 사람이 죽었습니다. 이것은 행위와 도덕으로는 하나님의 의에 이를 수 없다는 증거입니다. 그리스도를 믿음으로만 의로움을 얻을 수 있습니다.

> 내가 가진 의는 율법에서 난 것이 아니요 오직 그리스도를 믿음으로 말미암은 것이니 곧 믿음으로 하나님께로부터 난 의라(빌 3:9).

교회를 오래 다닐수록 착각하게 되는 것이 있습니다. 그것은 막 구원받은 사람보다 교회 오래 다닌 사람이 더 의로울 것이라는 생각입니다. 교회를 오래 다닐수록 이런 생각을 합니다. 그 이유는 교회에서 율법을 가르쳐서 그렇습니다.

교회를 오래 다닐수록 도덕과 행위에 대해서 많이 듣게 되고, 이런 이야기들이 쌓여서 자연스럽게 그런 생각을 하게 되는 것입니다. 교회는 항상 이런 오류에 빠졌습니다. 바리새인들도 처음에는 순수한 마음으로 말씀을 잘 지켜보자고 출발을 했지만, 율법주의 늪에 빠졌습니다.

행위와 도덕은 사람을 속입니다. 자기의 행위와 도덕을 가지고 자꾸 비교를 하게 됩니다. 그래서 그들은 철저하게 말씀대로 살려고 노력을 했는데 결과가 교만이 되어 버렸습니다. 죄인들을 비판하고 판단하는 것이 특징이 되었습니다.

오늘날이라고 다르지 않습니다. 지금 한국 교회가 딱 이렇게 하고 있습니다. 행위를 구원의 조건으로 외치는 목사들이 점점 많아지고 있습니다. 십자가만으로는 부족하다는 것입니다. 행위가 도덕적이어야 천국에 간다고 말합니다. 그들도 처음에는 십자가에서 출발했지만, 언제부터인가 바리새인의 늪에 빠졌습니다.

왜 이런 일이 일어납니까?

십자가를 모르기 때문입니다. 예수님께서 십자가에서 "내가 다 이루었다" 말씀하시고, 율법의 완성자가 되신 그 영적인 의미를 모르기 때문에 율법주의와 행위구원의 노예가 되어 있는 것입니다. 그들의 의는 상대적입니다. 하나님의 절대적인 의와는 전혀 상관이 없었습니다. 누가복음 18장에 나오는 바리새인과 세리의 기도를 보세요.

## 2. 바리새인의 착각, 그리스도인들의 착각

> 또 자기를 의롭다고 믿고 다른 사람을 멸시하는 자들에게 이 비유로 말씀하시되 두 사람이 기도하러 성전에 올라가니 하나는 바리새인이요 하나는 세리라 바리새인은 서서 따로 기도하여 이르되 하나님이여 나는 다른 사람들 곧 토색, 불의, 간음을 하는 자들과 같지 아니하고 이 세리와도 같지 아니함을 감사하나이다 나는 이레에 두 번씩 금식하고 또 소득의 십일조를 드리나이다 하고(눅 18:9-12).

예수님은 바리새인의 특징을 두 가지로 정리했습니다.

첫째, 자기를 의롭다고 믿는 자라고 했습니다. 자기 스스로를 자신을 높게 평가하는 것입니다. 이것을 자만이라고 합니다.

**둘째**, 다른 사람을 멸시하는 자라고 했습니다. 이는 첫째 특징에서 파생된 자연스러운 결과인데 이것을 교만이라고 합니다.

교회를 오래 다니면 대부분 자만과 교만의 병에 걸립니다. 교회 일에 열심인 사람은 예외 없이 자만과 교만의 병에 걸려 있습니다. 그 이유는 명백합니다. 교회가 복음이 아닌 율법을 가르쳤기 때문입니다. 교회 다니면서 지속적으로 율법적인 설교를 듣다 보니 교회를 오래 다닐수록 바리새인이 된 것입니다. 선행, 도덕, 모범적인 삶, 구제, 착한 행동, 예수님을 닮아서 빛과 소금된 삶, 전부 이런 유의 설교만 듣다 보니 율법주의자들이 된 것입니다.

이런 설교들이 전부 교인들의 자만과 교만의 등급을 올려 주는 설교들입니다. 어떤 사람도 이런 설교를 들으면서 '아, 나는 죄인이구나!' 라고 생각하지 않습니다. 인간들은 희한하게 적어도 자기들은 그렇게 살고 있다고 믿고 있습니다. 이것이 죄성을 가진 인간의 특성입니다.

교회를 오래 다닐수록 십자가 복음을 들을 기회가 없습니다. 십자가 복음은 처음 교회 나오는 사람이나 듣는 것이라고 오해합니다. 목사들은 교회 나오는 사람들을 너무 쉽게 그리스도인이라고 취급하고는 십자가 설교를 안 합니다. 교회 안에 십자가 복음이 필요한 불신자들이 있다는 것을 생각하지 않습니다. 교회 안에 있는 수많은 불신자를 인식하지 못합니다. 복음도 모르는 사람에게 복음적 삶을 살라고 설교를 합니다. 이런 설교는 당연히 율법주의자들을 양산하게 되는 것입니다.

하나님 앞에서 자기 죄를 한 번도 보지 못한 자들에게 율법과 행위를 설교하니 이런 교인들이 자기 행위에 빠져서 우쭐해 하며 자기를 과대평가하는 한심한 일이 벌어지는 것입니다. 이런 자들은 도대체 자기가 어떤 인간인지 실상을 보지 못합니다.

> 이에 저 바리새인이 아니고 이 사람이 의롭다 하심을 받고 그의 집으로 내려갔느니라(눅 18:14).

이해가 되십니까?
이 말씀이 도대체 용납이 되십니까?
어떻게 세리가 바리새인보다 의로울 수가 있습니까?

하나님 나라는 이런 것입니다. 하나님의 판단은 여러분의 판단과 완전히 다릅니다. 교회 목사와 장로, 교회 오래 다니신 분, 기도 많이 하신 분, 남보다 선행을 많이 한다는 은근한 자만심이 있는 분 모두 잘 들으십시오. 세리와 창기가 나보다 의롭다 하심을 받는다는 것입니다. 자만하지 말라는 것입니다. 교만을 버리라는 것입니다. 이런 말씀이 기분 나쁘다면 물어보겠습니다.
여러분이 그들보다 더 의로워야 하는 근거가 있습니까?
이 말씀이 기분 나쁘면 여러분도 바리새인의 저주에 빠져 있는 것입니다. 현대 교회가 거의 바리새인의 저주에 빠져 있습니다. 지금 교회 안에는 이런 율법주의가 편만하게 퍼져 있습니다. 교회를 오래 다닌 사람일수록 심합니다. 말씀을 열심히 지키려고 노력하는 사람일수록 심합니다. 기도를 열심히 하거나, 열심히 선행을 하거나, 뭐라도 좀 열심히 하는 사람일수록 더 심합니다.
그들 속에는 일종의 계급주의가 있습니다. 자기는 좀 다르다는 특별 의식이 있습니다. 이것이 자만과 교만입니다. 이것이 무서운 늪입니다. 여기에 빠지면 헤어나오기 어렵습니다. 교회를 오래 다녔거나, 교회 일에 열심을 내고 있거나, 남들보다 예수 잘 믿으려고 노력하는 사람은 꼭 들으십시오. 예수님 말씀을 주목하십시오.

> 내가 너희에게 이르노니 이에 저 바리새인이 아니고 이 사람이 의롭다 하심을 받고 그의 집으로 내려갔느니라 무릇 자기를 높이는 자는 낮아지고 자기를 낮추는 자는 높아지리라 하시니라(눅 18:14).

도대체 바리새인이 이렇게 처참하게 깨어진 이유가 뭘까요?
자만심과 교만 때문입니다. 무릇 자기를 높이는 자는 낮아진다고 했습니다. 바리새인은 자기를 높이는 자였습니다. 스스로 자기를 높였기 때문에 낮아진 것입니다. 선하게 살면 살수록, 말씀을 철저하게 지키면 지킬수록 이상하게 사람은 스스로를 높이게 됩니다. 자만심이 생깁니다.
'아, 나는 저 죄인과 다른 사람이야!'
여러분과 저도 이럴 수 있습니다. 이것은 누구나 넘어질 수 있는 유혹입니다. 말씀대로 살려고 노력할수록 자만심과 교만의 함정에 빠집니다. 이런 위험으로 인해 그리스도인은 자기 행위를 주목하면 안 됩니다. 주님의 십자가만 주목해야 합니다. 십자가를 경험해야 합니다.
십자가를 경험한다는 것은 자기의 죄를 본다는 뜻입니다. 하나님 앞에서 자기의 더러운 죄를 보고 절망하는 경험을 해야 합니다. 철저하게 절망하고, 철저하게 낮아지고, 철저하게 깨어져야 합니다. 십자가에 자기를 죽이는 일을 계속해야 합니다.

내가 얼마나 더러운 인간인지, 내가 얼마나 간사한지, 이중적인지 십자가 앞에 서 보지 않으면 절대로 깨닫지 못합니다. 십자가를 경험하지 못하면 바리새인의 저주에 빠집니다. 십자가를 만나지 못한 자는 자기가 인생의 주인입니다. 마음 중심에 '자기'라는 신이 있습니다. 어떤 기회가 있든지 그 기회를 잡아서 그는 자기 자랑을 합니다. 그것이 선행이라면 그것을 기회삼아 자기 자랑을 합니다.

그것이 성품이라 할지라도 그것을 기회삼아 자기의 성품을 자랑합니다. 모든 이야기에 자기 의가 들어가 있습니다. 자기 자랑이 들어 있습니다. 이것이 바리새인의 행동입니다. 십자가를 경험하지 못한 모든 자는 이 저주에 갇혀 있습니다. 타락한 아담의 속성이 그들 안에 그대로 있습니다. 자기가 하나님이 되려고 하는 사탄의 속성입니다.

## 3. 율법 앞에서는 모든 사람이 죄인

> 그러므로 율법의 행위로 그의 앞에 의롭다 하심을 얻을 육체가 없나니 율법으로는 죄를 깨달음이니라(롬 3:20).

율법으로는 하나님 앞에 의롭다함을 얻을 육체가 없습니다. 바리새인이나 세리나 하나님 앞에서는 똑같은 죄인입니다. 율법 앞에서는 모든 사람이 죄인입니다. 나도 죄인이고 그도 죄인입니다. 차별이 없습니다. 죄인과 비교해서 자기를 의롭다고 여기는 것은 율법 앞에서 통하지 않습니다.

율법으로는 모든 사람이 죄인입니다. 하나님 앞에서 의로움을 얻으려면 모든 율법을 하나도 어기지 않고 항상 죽을 때까지 전부 지켜야 하는데 그런 사람은 이 세상에 단 한 사람도 없습니다. 사람이 하나님의 율법을 전부 지킬 수는 없습니다. 애초에 불가능합니다. 그래서 사람은 율법 앞에 서면 자기 죄가 드러납니다.

'내가 하나님의 율법을 항상, 전부 지키는 것은 불가능하구나!'

'내가 죄인이구나!'

이렇게 자기 죄를 깨닫는 것입니다. 이것이 하나님이 율법을 주신 목적입니다. 죄를 깨닫게 하기 위해 하나님께서 율법을 주셨습니다. 그런데 바리새인은 율법을 자기 의를 쌓아 가는 수단으로 잘못 사용했습니다. 율법을 지킨 만큼 자기 의를 쌓아 갔습니다. 그것으로 자기 자랑을 일삼으며 죄인을 정죄하는 도구로 사용한 것입니다.

이것이 바리새인의 저주입니다. 바리새인은 율법을 잘못 사용했습니다. 우리도 마찬가지입니다. 내가 저 사람보다 낫다고 자만하는 순간 바리새인이 되는 것입니다. '나는 예외다', '나는 다르게 살고 있다'라고 자만하는 순간 바리새인이 되는 것입니다. 율법을 남을 비난하는 수단으로 사용하면 안 됩니다. 자신을 비추는 거울로 사용해야 합니다.

율법 앞에서 내가 얼마나 부족하고 절망적인 인간인지 그것을 깨닫는 도구로 사용해야 합니다. 이것이 율법을 바로 사용하는 방법입니다. 그런데 답답한 것은 율법주의에 빠진 자들은 절대로 이것을 모릅니다. 율법의 잣대로 냉철하게 타인을 판단하면서도 자기를 판단하지는 않습니다. 자기가 바리새인의 저주에 빠져 있으면서도 그것을 깨닫는 사람이 없으니 이것이 율법주의의 무서운 저주입니다. 그들은 회개하지도 않고 낮아지지도 않고 깨어지지도 않습니다.

> 뱀들아 독사의 새끼들아 너희가 어떻게 지옥의 판결을 피하겠느냐 (마 23:33).

그래서 예수님이 심판을 명할 수밖에 없었던 것입니다. 여러분, 다시 한 번 말씀드립니다. 바리새인은 무슨 사회적인 악을 행하거나, 비난을 받거나, 문제를 일으켜서 이슈가 된 적이 없습니다. 그들은 지극히 도덕적인 사람들이었습니다. 말씀을 지키는데 열심인 사람들이었습니다. 모든 사람으로부터 존경을 받는 자들이었습니다.

그런데 왜 이렇게 예수님으로부터 저주를 받았을까요?

자기 의에 대한 자만심과 교만 때문이었습니다. 여러분, 모든 자만심을 죽이세요. 교만을 죽이세요. 자기 의를 완전히 죽이세요. 하나님 앞에서 인간의 모든 행위는 더러운 옷과 같음을 깨달아야 합니다.

> 모든 사람이 죄를 범하였으매 하나님의 영광에 이르지 못하더니 그리스도 예수 안에 있는 속량으로 말미암아 하나님의 은혜로 값없이 의롭다 하심을 얻은 자 되었느니라 (롬 3:23-24).

모든 사람이 죄인입니다. 하나님의 영광에 이르지 못합니다. 우리는 하나님의 은혜로 값없이 의롭다 하심을 받았습니다. 의를 얻기 위해 우리가 지불한 대가는 아무것도 없습니다. 예수님이 다 이루시고 공짜로 선물로 주셨습니다. 나에 대해서는 말할 것이 없습니다. 나에 대해서는 자랑할 것도 없습니다. 아무것도 자랑할 것이 없습니다.

우리가 받은 의는 온전히 예수님의 것입니다. 예수님이 선물로 주신 의입니다. 하나님의 은혜가 아니었으면 우리는 모두 죄 가운데서 죽어 지옥에 가야 할 운명이었습니다. 하나님의 은혜로 우리는 값없이 의롭다 하심을 얻었습니다. 오직 은혜입니다. 그래서 내가 살아나면 안 됩니다. 내 의가 살아나는 순간 바리새인의 저주에 빠지는 것입니다.

나는 죽어야 합니다. 나의 자만심과 교만이 죽어야 합니다. 나의 의가 완전히 죽어야 합니다. 예수만 살아야 합니다. 나에 대해서는 할 말이 없어야 합니다. 하나님의 은혜만을 드러내야 합니다.

바울은 예수 그리스도의 십자가 외에는 아무것도 자랑할 것이 없다고 했습니다.

> 그러나 내게는 우리 주 예수 그리스도의 십자가 외에 결코 자랑할 것이 없으니 그리스도로 말미암아 세상이 나를 대하여 십자가에 못 박히고 내가 또한 세상을 대하여 그러하니라 (갈 6:14).

바울이 자랑할 것이 얼마나 많은 사람입니까?

그러나 그는 모든 것을 배설물처럼 버렸습니다. 십자가만 붙들었습니다. 십자가만 자랑했습니다. 바울은 십자가에만 사로잡힌 사람이었습니다. 십자가만이 구원의 능력이기 때문입니다.

왜 십자가가 구원의 능력일까요?

십자가에서 예수님이 우리를 대신하여 죽으셨기 때문입니다. 구약으로부터 흘러오던 피의 복음이 십자가에서 완성이 되었습니다.

## 4. 구약에 나오는 피의 속죄

피의 속죄는 하나님께서 아담에게 지어준 가죽옷에서도 예표 되었고, 출애굽기에 나오는 유월절에도 예표가 되었고, 레위기의 모든 제사에서도 예표 되었습니다. 구약의 피는 예수님이 오셔서 피 흘려서 이루실 완전한 속죄의 모형입니다. 특별히 레위기 4장에는 피의 속죄가 구체적으로 예표 되어 있습니다.

> 만일 평민의 한 사람이 여호와의 계명 중 하나라도 부지중에 범하여 허물이 있었는데 그가 범한 죄를 누가 그에게 깨우쳐 주면 그는 흠 없는 암염소를 끌고 와서 그 범한 죄로 말미암아 그것을 예물로 삼아 그 속죄제물의 머리에 안수하고 그 제물을 번제물을 잡는 곳에서 잡을 것이요 제사장은 손가락으로 그 피를 찍어 번제단 뿔들에 바르고 그 피 전부를 제단 밑에 쏟고 그 모든 기름을 화목제물의 기름을 떼어낸 것 같이 떼어내 제단 위에서 불살라 여호와께 향기롭게 할지니 제사장이 그를 위하여 속죄한즉 그가 사함을 받으리라 (레 4:27-35).

평민이 죄를 지으면 죄를 지은 사람이 흠 없는 염소를 끌고 옵니다. 제사장 앞에서 그가 염소 머리에 안수를 합니다. 안수를 하고 자기 죄를 고백하면 죄가 짐승에게 전가됩니다. 그런 후에 짐승을 죽여 피가 철철 흐르면 그 피를 받아서 제사장에게 줍니다. 제사장은 그 피를 받아서 제단 뿔에 피를 바르고 남은 피는 제단 밑에 다 뿌립니다. 그리고는 제사장이 선포합니다.

"당신이 죄를 지어 죽어야 하지만, 당신 대신 흠 없는 어린양이 죽었으므로 당신은 이제 죄 사함을 받았습니다."

제사장이 이렇게 선포하면 죄인의 죄는 깨끗하게 사라집니다. 죄인은 흠 없는 짐승의 피를 인하여 죄 사함을 받습니다. 구약의 제사에서는 죄지은 사람이 흠 없는 짐승에게 안수를 하는데 죄인이 짐승에게 안수할 때 죄인의 죄가 짐승에게 전가됩니다. 안수의 영적 의미는 위임과 전가의 의미가 있습니다. 죄인이 짐승에게 안수할 때 죄인의 죄가 전가되는 것입니다.

> 아론은 그의 두 손으로 살아 있는 염소의 머리에 안수하여 이스라엘 자손의 모든 불의와 그 범한 모든 죄를 아뢰고 그 죄를 염소의 머리에 두어 미리 정한 사람에게 맡겨 광야로 보낼지니(레 16:21).

대제사장인 아론이 이스라엘 백성 전체의 죄를 위해 염소 머리에 안수하는 말씀인데 대제사장이 짐승에게 안수를 하고 이스라엘의 죄를 고백할 때 이스라엘 전체의 죄가 그 안수한 짐승에게로 전가되는 것입니다. 이렇게 안수를 함으로 죄인은 자기 죄를 짐승에게 전가시키고, 짐승을 죽여서 피를 제단 뿔에 바름으로 죄 용서를 받습니다. 이것이 구약에 나오는 대속의 방법입니다.

## 5. 율법대로 안수 받으신 예수님

이 죄의 전가와 속죄의 방식이 예수님에게 그대로 적용이 되었습니다. 예수님께서 공적인 생애를 시작하실 때 요단강에 와서 세례 요한에게 안수를 받고 세례를 받았습니다. 세례 요한이 깜짝 놀랍니다.

"내가 당신에게 나아가야 할 텐데 당신이 오십니까?"

예수님은 세례 요한에게 말씀하셨습니다.

"우리가 이렇게 하여 하나님의 의를 이루는 것이 합당하니라."

이렇게 해야 하나님의 의가 이루어진다는 것입니다. 세례 요한이 예수님에게 안수를 하고 세례를 주어야 구원을 위한 하나님의 의가 율법대로 이루어지는 것입니다. 왜냐하면, 그 안수를 통해 세상 죄가 율법대로 예수님에게 전가되기 때문입니다. 죄가 예수님에게 전가 되어야 예수님이 인간을 위한 속죄제물이 될 수 있습니다.

> 이 때에 예수께서 갈릴리로부터 요단강에 이르러 요한에게 세례를 받으려 하시니 요한이 말려 이르되 내가 당신에게서 세례를 받아야 할 터인데 당신이 내게로 오시나이까 예수께서 대답하여 이르시되 이제 허락하라 우리가 이와같이 하여 모든 의를 이루는 것이 합당하니라 하시니 이에 요한이 허락하는지라 (요 3:13-15).

구약 율법대로 예수님은 세례 요한의 안수를 통해 인류의 죄를 전가 받았습니다. 세례 요한은 하나님이 예비하신 자로 인간을 대표해서 예수님께 안수를 한 것입니다. 세례 요한의 안수를 통해서 모든 인류의 죄가 예수님에게 전가되었습니다.

이것은 구약에 흠 없는 제물에 안수할 때 죄가 전가되고 그 짐승이 죽었을 때 죄가 용서된다고 하는 예언을 성취하신 것입니다. 예수님이 우리의 죄를 용서하려면 율법대로 인류의 죄가 예수님에게 전가되어야 하는데, 예수님이 안수를 받는 순간 율법대로 인류의 죄가 예수님에게 전가된 것입니다.

이렇게 함으로써 하나님께서 구약 율법에 주신 제사법대로 예수님에게 합법적으로 죄가 전가되었고, 예수님은 율법대로 "세상 죄를 지고 가는 하나님의 어린양"이 되신 것입니다.

> 이튿날 요한이 예수께서 자기에게 나아오심을 보고 이르되 보라 세상 죄를 지고 가는 하나님의 어린양이로다(요 1:29).

이 모든 것이 율법대로 이루어졌습니다. 예수님이 율법의 완성자가 되신 것은 율법대로 모든 일을 행했기 때문입니다. 예수님은 자기 생각대로 '내가 세상 죄를 지고 가는 하나님의 어린양이 되어서 십자가에서 죽으면 되겠다'고 하시지 않았습니다. 예수님은 구약 율법대로 제사의 법칙에 따라서 안수를 받으시고 세상 죄를 짊어지게 된 것입니다.

그래서 안수 받은 이튿날 예수님이 세례 요한에게 왔을 때 세례 요한이 예수님을 향해 세상 죄를 지고 가는 하나님의 어린양이라고 말하게 된 것입니다. 이것이 전부 하나님의 율법대로 하나도 어긋나지 않고 그대로 이루어진 것입니다. 이렇게 율법대로 완전히 행하심으로 하나님의 의를 이루었고 그 결과로 예수님의 죽음이 율법을 완성하는 순종이 된 것입니다.

## 6. 제단 뿔에 피를 바르라

> 제사장은 손가락으로 그 피를 찍어 번제단 뿔들에 바르고(레 4:30).

왜 하나님은 짐승의 피를 제단뿔에 바르라고 했을까요?

여러분은 번제단이 어떻게 생겼는지 알 필요가 있습니다. 번제단은 정사각형으로 되어 있고 그 밑에 불을 피우도록 되어 있습니다. 그 위에 철망을 해 놓아서 그 위에 짐승을 올려 놓고 밑에서 불을 피울 수 있도록 만들어 놓은 큰 화로입니다.

그리고 모서리 네 곳에 짐승의 뿔을 만들어 놓았는데 이 뿔에다가 피를 바르라고 말씀하고 있습니다.

여기에는 중요한 복음적인 이유가 있습니다. 속죄에 있어서 피는 핵심입니다. 그래서 피에 대한 말씀을 정확하게 성경에 기록해 놓으셨습니다. 이것을 정확하게 이해해야 예수님의 속죄에 대한 바른 성경적 지식을 가질 수 있습니다.

> 유다의 죄는 금강석 끝 철필로 기록되되 그들의 마음 판과 그들의 제단 뿔에 새겨졌거늘(렘 17:1).

우리가 죄를 지을 때 죄는 딱 두 곳에 새겨집니다.

**첫째**, 우리의 마음에 새겨집니다.

죄를 짓고 양심에 가책을 느끼는 이유는 우리 마음 판에 죄가 새겨지기 때문입니다.

**둘째**, 하늘나라 제단 뿔에 새겨집니다.

성경에 "그들의 제단 뿔에 새겨졌거늘"이라고 했습니다. 죄가 성전 제단 뿔에 새겨진 것입니다. 이 성전은 하나님이 거하시는 하늘의 성전을 말합니다. 우리가 죄를 지을 때 그 성전 제단에 죄가 새겨지고 성전 제단 뿔에 새겨진 죄는 영원히 사라지지 않습니다.

구약의 제사는 짐승의 피를 보이는 성전 제단 뿔에 바름으로 죄 사함을 받는다고 했습니다. 그러나 이것은 효과가 일시적입니다. 영원한 죄 사함을 받기 위해서는 하늘의 제단 뿔에 예수님의 피를 발라야 합니다. 유일한 성전은 하나님 나라에 있는 성전입니다. 이 땅에는 예루살렘 성전이 있지만, 이것은 일시적인 것입니다.

영원한 성전은 하늘의 성전 하나뿐입니다. 성경적 의미의 성전은 우리가 새 하늘과 새 땅에 올라가서 하나님을 영광스럽게 찬송할 하나님의 보좌가 있는 그곳의 성전 하나뿐입니다. 성전은 하늘의 하나님 보좌가 있는 곳 한 곳밖에 없습니다.

예수님께서 죽으시고 사흘 동안 무엇을 하셨을까요?

자기의 피를 가지고 하늘의 성전에 가셔서, 그 성전 제단 뿔에 예수님의 피를 바르신 것입니다. 유다의 죄는 그들의 제단 뿔에 금강석 철필로 새겨졌다고 성경이 말씀하고 있습니다.

그 하늘의 제단에 금강석 철필로 새겨 놓은 우리의 모든 죄 위에 예수님께서 피를 가지고 올라가서 바르신 것입니다. 제단 뿔에 피를 바름으로 말미암아 하늘 제단 뿔에 새겨졌던 우리의 죄가 흔적도 없이 깨끗하게 용서가 된 것입니다.

예수님이 하늘의 제단 뿔에 자기의 피를 바르는 순간 하늘에서 우리의 모든 죄를 용서하신 것입니다. 하나님 앞에서 우리 죄가 영원히 사라져 버린 것입니다. 예수님의 속죄가 하나님 앞에서 영원히 완성된 것입니다.

하늘에서 죄가 용서되었으니 이제 우리의 마음 판에 남아 있는 죄는 그리스도의 속죄의 피 앞에 나와 진심으로 회개할 때 예수님의 피로 우리 마음 판에 새겨진 죄까지 모두 깨끗하게 씻어 주시는 것입니다.

## 7. 영원한 속죄를 이루심

여러분, 어떻게 우리의 죄가 하나님 앞에서 영원히 용서를 받았는지 이제 이해하시겠습니까?

이것을 모르면 계속 율법주의와 행위구원의 종살이를 하게 됩니다. 예수님을 믿은 후에도 계속 율법주의와 행위구원의 종살이를 하는 것은 이 복음의 진리를 제대로 알지 못하기 때문입니다. 하나님이 어떻게 인간을 구원하시는지에 대한 진리를 제대로 알면 거짓 복음에 속지 않습니다. 여러분은 속죄에 대한 성경 진리를 바르게 배움으로 믿음의 반석 위에 든든히 서기를 바랍니다.

> 그리스도께서는 장래 좋은 일의 대제사장으로 오사 손으로 짓지 아니한 것 곧 이 창조에 속하지 아니한 더 크고 온전한 장막으로 말미암아 염소와 송아지의 피로 하지 아니하고 오직 자기의 피로 영원한 속죄를 이루사 단번에 성소에 들어가셨느니라(히 9:11-12).

성경은 예수님이 자기 피로 말미암아 영원한 속죄를 이루셨다고 말씀하고 있습니다. 영원한 속죄는 완전한 속죄입니다. 그리스도의 속죄를 믿는 자에게는 남은 죄가 없습니다. 예수님이 영원히 속죄하셨습니다.

따라서 그리스도인이 된 여러분은 죄가 남아 있지 않습니다. 하나님께서 용서하셨기 때문에 하늘의 제단 뿔에도 죄가 없고 여러분 마음속에도 죄가 없습니다. 예수님이 영원한 속죄를 이루셨습니다. 이것이 복음의 핵심입니다.

그러나 너무 많은 그리스도인이 복음의 핵심을 모르기 때문에 계속 율법주의와 행위구원에 빠지는 것입니다. 구원받고 나서도 여전히 "믿는 것으로는 부족하다. 하나님의 말씀대로 살아야 구원을 얻는다"라는 거짓말에 속는 것입니다.

그리스도인이 된 후에도 세상에 살면서 죄를 짓습니다. 그러나 죄를 짓는다고 우리의 신분이 죄인으로 변하는 것은 아닙니다. 우리의 신분은 여전히 의인입니다. 의인의 신분을 가진 자가 죄를 짓는 것입니다. 우리는 죄를 짓고 회개할 때 하나님 앞에서 죄인이라고 고백합니다. 이것은 내 양심이 하나님 앞에서 고백하는 실존적 고백입니다.

우리가 하나님께 죄인이라고 고백할 때 하나님이 "그래 너는 죄를 지었으니 지옥에 가라"라고 말씀하실 것이라고는 상상조차 할 수 없습니다. 우리가 죄를 짓고 죄인이라고 고백하지만, 우리의 신분은 여전히 의인입니다. 자식이 죄를 짓고 들어와서 "아버지 저는 죄인입니다"라고 말한다고 호적에서 남이 되지 않습니다. 그는 여전히 자식입니다. 죄지은 자식입니다. 바로 이것입니다.

하나님은 우리를 구원하실 때 행위로 하지 않았습니다. 은혜로 구원하셨습니다. 하나님의 은혜는 변하지 않습니다. 마음 중심에 예수 그리스도가 거하는 사람은 의인입니다. 그는 예수님처럼 완전한 의인입니다. 하나님은 우리 안에 있는 예수님을 보고 우리를 판단하시는 것입니다. 그러므로 예수 안에 있는 자는 누구든지 의인입니다.

여러분이 신분을 고백할 때 '나는 그리스도 안에서 의인입니다'라고 말하는 것은 성경대로 정확하게 말한 것입니다. 예수 그리스도 안에 있는 여러분은 의인입니다. 예수 그리스도는 십자가의 피로 영원히 속죄를 이루셨습니다. 그리스도 안에 있는 자는 모든 죄를 영원히 사함 받았습니다. 과거와 현재와 미래의 모든 죄를 영원히 용서받은 것입니다. 이것이 예수께서 영원한 속죄를 이루셨다는 말씀의 뜻입니다.

성경을 그대로 믿으세요. 성경은 '그리스도의 피로 영원한 속죄를 이루었다'라고 선포했습니다. 여러분의 생각을 섞지 말고 성경을 말씀 그대로 믿으세요.

## 8. 영원한 피의 속죄

> 이 예수님을 하나님이 그의 피로써 믿음으로 말미암는 화목제물로 세우셨으니 이는 하나님께서 길이 참으시는 중에 전에 지은 죄를 간과하심으로 자기의 의로우심을 나타내려 하심이니(롬 3:25).

계속해서 피가 나오고 있습니다. 성경은 피에 대한 기록입니다. 구약 시대 짐승의 피에서 시작해서 예수 그리스도의 피로 완성되었습니다. 예수님의 피로 우리의 죄를 용서하셨습니다. 예수님을 피로 화목제물이 되셨다고 말씀합니다.

하나님은 예수님의 피를 보시고 우리의 죄를 지나가십니다. 예수님의 피로 하나님의 의로우심을 나타내셨습니다. 이는 하나님이 예수님을 피 흘려 죽게 하심으로 율법대로 죄에 대한 공의로운 심판을 하셨으며 그렇게 하심으로 하나님의 의를 나타내었다는 말씀입니다.

율법대로 죄에 대한 공의로운 심판을 예수님에게 내리셨습니다. 그렇기 때문에 예수님의 피가 있는 곳에서는 우리 죄를 간과하십니다. 이렇게 하심으로 우리를 의롭게 하시는 하나님의 방법이 의로우시다는 것을 나타내신 것입니다. 하나님께서 죄인을 공의로 심판하시되 같은 죄로 인하여 두 번 심판하지 않으시는 하나님의 공의로우심입니다.

> 율법을 따라 거의 모든 물건이 피로써 정결하게 되나니 피흘림이 없은즉 사함이 없느니라(히 9:22).

속죄의 능력은 피에 있습니다. 율법도, 행위도 아닙니다. 다른 종교나 자기 몸을 극기하는 것, 금욕, 성품, 지식, 그 어떤 노력도 아닙니다. 죄를 사하는 유일한 능력은 예수 그리스도의 피에 있습니다. 의의 기준은 인간의 행위와 도덕이 아닙니다. 의의 기준은 예수 그리스도의 피입니다. 구원의 유일한 능력은 예수 그리스도의 피입니다.

우리는 예수 그리스도의 피로 죄 사함을 받았습니다. 예수님이 자기 몸을 드려 단 한 번의 제사로 영원한 속죄를 이루셨습니다. '영원한 속죄'입니다. 죄를 짓는다고 영원한 속죄가 취소되는 것이 아닙니다.

구약 시대는 짐승의 피로 죄 사함을 받았기 때문에 그 효과가 일시적이었습니다. 죄를 지으면 다시 죄인이 되었습니다. 짐승의 피로 죄 사함을 받더라도 또다시 죄를 지으면 또 죄인이 되었습니다. 짐승의 피는 속죄의 효과가 일시적이었습니다. 그러나 하나님의 아들 예수 그리스도의 피는 영원한 효력이 있습니다. 예수님은 자기 몸을 드려 한 번의 제사로 우리를 영원히 온전하게 하셨습니다.

우리가 죄를 지을 때마다 예수님을 다시 죽이는 것은 불가능합니다. 우리가 죄를 지을 때마다 죄인이 된다는 것은 예수님을 다시 죽여야 한다는 말과 같은 말입니다. 예수님이 다시 죽는 것은 불가능합니다. 예수님은 한 번의 제사로 영원한 속죄를 이루셨기 때문입니다. 예수님이 다시 죽는 것이 불가능하다는 것은 속죄를 받은 우리가 다시 죄인으로 돌아가는 것도 불가능하다는 뜻입니다.

## 9. 일생의 죄가 용서 받았다

영원한 속죄를 이루었다는 것은 우리 일생의 죄가 용서받았다는 뜻입니다. 그리스도인은 일생의 죄를 다 용서받은 사람들입니다. 성경은 예수님이 자기의 피로 영원한 속죄를 이루셨다고 분명하게 말씀합니다. 예수님이 영원한 속죄를 이루셨기 때문에 그리스도 안에 있는 여러분은 일생의 모든 죄가 이미 다 용서받았습니다.

과거와 현재와 미래의 죄까지 모두 용서받았습니다. 과거에 지은 죄뿐만 아니라 미래에 지을 죄까지 전부 용서받은 것입니다. 미래의 죄까지 다 용서하신 것이 영원한 속죄의 의미입니다. 여기에 대해 의심하지 마십시오. 하나님은 전지전능하십니다. 모든 것을 미리 아시고 행하십니다.

여러분의 미래를 아실까요, 모르실까요?

당연히 아시지요.

여러분이 미래에 어떤 죄를 지을지 아실까요, 모르실까요?

당연히 아시지요. 하나님은 여러분의 머리털까지 세시고, 나 자신이 미처 알지 못하는 심장 폐부 깊은 마음까지 아시는 분이십니다. 내가 몰랐던 나의 진심까지도 알고 계시는 하나님이십니다. 하나님이 전지하신 분이심으로 과거와 현재와 미래를 이미 다 아시고 행하십니다.

여러분이 지은 과거의 죄만 알고 미래의 죄는 모른다면 하나님은 전지한 하나님이 아닙니다. 과거의 죄만 용서하시고 미래의 죄는 아직 모르기 때문에 결과를 봐서 결정하겠다고 한다면 그건 전지하신 하나님이라고 할 수 없습니다. 많은 그리스도인이 입으로는 하나님을 전지하신 분이라고 고백하고 있지만, 실제로는 영원한 속죄를 받은 것을 믿지 못함으로 하나님의 전지하심을 부인하고 있는 것입니다.

그리스도인이 된 후에 죄를 지으면 하나님이 "너, 정말 그런 죄를 지을 줄 몰랐다"라고 하시면서 깜짝 놀라실 것으로 생각을 합니다. 이것은 정말 웃기는 상상입니다. 이런 식의 생각은 하나님을 인간과 똑같은 수준으로 끌어내리는 인본주의입니다.

인간은 시간 속에 살기 때문에 과거밖에 모릅니다. 내일을 모릅니다. 그러나 하나님은 시간을 창조하신 분이십니다. 하나님은 시간을 초월해서 계십니다. 영원하신 하나님은 과거뿐만 아니라 미래까지 다 아십니다. 우리가 미래에 지을 죄까지 이미 다 알고 있습니다. 이미 다 아시고 예수 그리스도의 피로 용서하신 것입니다. 이것이 영원한 속죄입니다.

> 하나님의 은사와 부르심에는 후회하심이 없느니라(롬 11:29).

하나님은 후회하시는 분이 아닙니다. 하나님의 부르심에는 후회가 없습니다.

왜 후회가 없으실까요?

이미 우리의 일생을 다 알고 부르셨기 때문입니다. 하나님의 전지하심은 바로 이것을 의미합니다. 그리스도인이 된 후에라도 죄를 지으면 지옥에 간다고 설교하는 사람은 하나님을 몰라도 너무 모릅니다. 이들은 하나님의 전지하심을 부정하는 것입니다.

그리스도인도 죄를 지으면 지옥에 갈 수 있다고 가르치는 사람 또한 하나님에 대해서 너무나 무지한 것입니다. 하나님의 전지하심을 조금도 알지 못합니다. 하나님의 전지하심이 무엇인지 전혀 모르고 있습니다. 하나님을 인간처럼 낮추어서 생각하는 것입니다.

우리가 죄를 지으면 하나님이 깜짝 놀라시며 "너가 그런 죄를 지을 줄은 몰랐다" 하시는 인간 정도의 수준으로 보는 것입니다. 이것은 하나님을 모독하는 것입니다. 하나님에 대한 엄청난 모독입니다. 하나님은 창세전에 이미 우리를 아시고 과거와 현재와 미래의 모든 죄를 이미 용서하시고 부르셨습니다. 그러므로 영원한 속죄의 교리는 하나님의 전지하심을 높이는 영광스러운 교리입니다.

## 10. 비난하는 자들을 향한 반론(1)

어떤 이들은 영원한 속죄의 교리가 사람들에게 도덕적 해이를 조장한다고 비난합니다. 예수님을 믿는 사람은 죄를 지어도 천국에 가기 때문에 함부로 살아도 된다는 길을 열어주는 것이 아니냐? 영원한 속죄의 교리가 도덕폐기론을 조장하는 것이 아니냐? 이렇게 비난을 합니다. 그러면 한 가지만 질문해 봅시다.

율법대로 살겠다고 주장했던 유대인들이 오늘날의 그리스도인들보다 더 거룩했습니까?
말씀을 행하는데 목숨을 건 바리새인이 우리보다 더 의로운 자가 되어 구원을 받았습니까?
영원한 속죄의 교리를 부정하는 사람들이 영원한 속죄를 믿는 사람보다 더 거룩하게 살고 있습니까?
도덕 폐기론을 운운하며 영원한 속죄의 교리를 부정하는 당신이 과연 영원한 속죄의 교리를 철저하게 믿었던 청교도들보다 더 거룩합니까?
그렇지 못하다는 것을 알면서도 왜 도덕 폐기론 운운하면서 영원한 속죄의 교리를 부정하는 것입니까?

인본주의 때문입니다. 교만과 자만심 때문입니다. 율법주의에 빠져서 그런 것입니다. 그들은 여전히 자기가 하나님이 되어서 선악을 판단하고 싶은 것입니다. 순전한 교만이요, 자기 착각입니다. 여러분은 성경대로 믿으시기 바랍니다. 성경은 영원한 속죄의 교리를 기꺼이 주장하고 있습니다.

## 11. 비난하는 자들을 향한 반론(2)

영원한 속죄의 교리가 회개를 막는다며 비난하는 자들이 있습니다. 만약 그렇게 주장하는 자가 있다면 정죄 받아야 마땅합니다. 우리는 죄를 지었을 때 고백해야 합니다.

"하나님, 제가 죄를 지었습니다."

"저는 죄인입니다."

그리스도인도 현실에서 죄를 짓고 살기 때문에 죄인이라고 고백하는 것입니다. 그리스도인은 성령이 계시기 때문에 누구보다 자주 회개합니다. 그리스도인은 죄에 대해서는 누구보다 민감합니다. 하나님이 우리를 구원하신 목적이 창조의 회복입니다. 하나님께 영광을 돌리며 하나님께 순종하는 삶을 살도록 하기 위해서입니다.

그러나 그리스도인이 되었지만, 우리 안에는 여전히 죄성이 남아 있습니다. 사탄은 우리 육체를 이용해서 죄를 짓도록 유혹합니다. 이것이 죄의 영향력입니다. 이런 이유로 그리스도인이라도 죄 속에 빠질 수 있습니다. 그때마다 회개하고 다시 돌아와 하나님의 뜻에 자신을 복종시키게 되는 것입니다.

이런 회개는 그리스도인으로 살아가는 동안 평생 지속됩니다. 그리스도인은 영원히 속죄를 받았지만, 한편으로는 속죄를 위해 매일 회개하는 삶을 살아야 하는 이중적인 위치에 있는 사람입니다.

그러나 여러분, 회개에도 위험이 있다는 것을 아십니까?

그리스도의 속죄보다 자신의 회개 행위를 더 의지하는 것입니다. 회개라는 행위를 붙들 때 회개는 율법주의에 빠지게 됩니다. 속죄의 은혜만으로는 부족한 것 같아 보입니다. 그래서 거기에 자기 행위를 더하는 것입니다. 성경을 몇 장 읽거나, 금식을 하거나, 금욕적인 생활을 얼마간 하거나, 성지순례를 하거나, 어디에 가서 봉사를 몇 시간 하거나, 이런 것들로 자기 증거를 삼는 것입니다. 나는 이런 것을 행했으니 자기의 회개는 진심이라고 스스로 위안을 삼는 것입니다. 이것은 전부 율법주의입니다.

회개의 능력은 그리스도의 속죄에 있습니다. 그리스도의 피가 용서하는 것이지 회개의 행위가 용서하는 것이 아닙니다. 회개하는 나의 행위가 아니라 그리스도 속죄의 은혜가 용서한다는 것을 잊지 말아야 합니다.

> 이 뜻을 따라 예수 그리스도의 몸을 단번에 드리심으로 말미암아 우리가 거룩함을 얻었노라(히 10:10).

언제나 그리스도 중심입니다. 그리스도의 몸을 단번에 드리심으로 말미암아 우리가 거룩함을 얻었습니다. 여러분, 행위가 거룩함을 가져오는 것이 아닙니다. 그리스도의 죽음이 거룩함이 되는 것입니다. 회개가 거룩하게 하지 않습니다. 그리스도의 피가 거룩함이 되는 것입니다.

## 12. 속죄의 복음을 붙들라

여러분이 얻은 의는 예수 그리스도 피의 공로 때문이며 그로 인해 거룩해졌습니다. 예수님을 믿을 때 거룩하신 예수 그리스도께서 내 안에 들어와 버린 것입니다. 의로우신 그리스도가 내 안에 들어오심으로 나는 의로워졌습니다. 거룩하신 그리스도가 우리 안에 들어오심으로 우리는 거룩해진 것입니다. 이것이 속죄의 복음입니다.

성경은 구약과 신약을 관통하면서 속죄의 복음을 일관되게 증거하고 있습니다.

"너희가 그리스도의 피를 인하여 영원히 온전하게 되었다."

"너희가 그리스도의 피를 인하여 거룩함을 얻었다."

"하나님이 그리스도의 피로 인하여 하나님도 의롭고 우리도 의롭게 하는 완전한 의를 이루셨다."

여러분, 이 복음을 붙드십시오. 속죄의 피 복음을 붙드십시오. 예수 그리스도의 피가 영원한 속죄의 능력입니다. 예수 그리스도의 피로 여러분은 영원한 의를 얻었습니다.

## 제5장

## 하나님의 진노가 빠진 가짜 복음

---

하나님의 진노가
불의로 진리를 막는 사람들의
모든 경건하지 않음과 불의에 대하여
하늘로부터 나타나나니

(롬 1:18)

## 1. 복음의 출발점

언젠가 자동차 뒤에 "예수님이 해답이다"라고 써 있는 스티커를 붙이는 것이 유행인 적이 있었습니다. 그러니까 어떤 사람이 그 위에 이렇게 써 놓았습니다.

"질문이 뭐냐?"

이것이 현대 교회의 문제입니다.

"우리가 다 잘 살고 있는데 왜 굳이 예수님을 믿어야 하는가?"

현대 교회가 이 질문에서 대답을 잃었습니다. 여기에서 빗나갔습니다.

"당신은 외롭지 않습니까?
예수님이 좋은 친구가 되어 줄 것입니다."

"당신은 마음에 평안이 없습니까?
예수님이 마음의 평안이 되어 줄 것입니다."

"당신은 상처를 입었습니까?
예수님이 당신의 위로자가 되어 줄 것입니다."

"당신은 절망에 빠졌습니까?
예수님이 당신의 희망이 되어 줄 것입니다."

"당신은 재정적인 어려움에 빠졌습니까?
예수님이 당신의 공급자가 되어 줄 것입니다."

교회는 사람들에게 이렇게 질문을 던지며 예수님이 해답이라고 제시합니다. 그러나 물어봅시다.

이것들은 예수님이 아니어도 할 수 있지 않습니까?

꼭 예수여야만 합니까?
심리학자도 할 수 있고, 정신과 의사도 할 수 있는 일 아닙니까?
지혜로운 친구도 할 수 있고, 좋은 책도 이 역할을 충분히 하고 있지 않습니까?
이런 이유 때문에 예수님을 믿어야 한다면 굳이 예수님을 왜 믿어야 합니까?
다른 곳에서도 얼마든지 답을 찾을 수 있는데 굳이 왜 예수님을 믿어야 합니까?

그들은 예수님이 해답이라고 제시했지만, 세상은 예수님이 아니어도 그런 문제들은 다 해결할 수 있다고 말합니다. 현대 교회가 도무지 길을 찾지 못하고 있습니다.
이유가 무엇입니까?
출발이 틀렸기 때문입니다. 출발점이 잘못되었습니다. 사회가 다양해지고, 지식이 발달하고, 여러 가지 대체 수단이 생기면서 사람들이 교회를 떠났습니다. 예수님이 아니어도 저런 질문에 대한 해답을 얼마든지 찾을 수 있게 되었기 때문입니다.
그러면 왜 예수님을 믿어야 합니까?
예수님을 믿어야 하는 절대적이고 유일한 이유는 무엇입니까?
우리는 그 질문에 대한 답을 성경에서 찾아야 합니다. 예수님이 아니면 안 되는 유일하고 절대적인 이유가 성경에 나와 있습니다. 우리는 언제나 성경에서 시작해야 합니다.

> 복음에는 하나님의 의가 나타나서 믿음으로 믿음에 이르게 하나니 기록된바 오직 의인은 믿음으로 말미암아 살리라 함과 같으니라(롬 1:17).

복음은 언제나 하나님에게서 출발합니다. 복음에는 하나님의 의가 나타났다고 합니다. 복음은 하나님의 의를 다룹니다. 하나님의 의가 문제입니다. 하나님은 인간에게 의를 요구합니다. 하나님 앞에서 조금의 죄도 없는 완전한 의를 요구하십니다. 백 퍼센트 의로우신 하나님께서 율법을 통하여 인간에게 율법의 뜻과 행실까지 백 퍼센트 완벽하게 지키기를 요구하셨습니다. 그러나 인간의 행위와 율법은 하나님의 의를 만족시킬 수 없습니다. 인간은 실패했습니다.

이스라엘 역사가 보여 주는 것이 무엇입니까?

인간의 실패를 보여 주는 것입니다. 인간의 모든 수고와 노력에도 불구하고 인간은 실패했고 하나님께 정죄를 받습니다.

> 우리가 알거니와 무릇 율법이 말하는 바는 율법 아래에 있는 자들에게 말하는 것이니 이는 모든 입을 막고 온 세상으로 하나님의 심판 아래에 있게 하려 함이라 그러므로 율법의 행위로 그의 앞에 의롭다 하심을 얻을 육체가 없나니 율법으로는 죄를 깨달음이니라(롬 3:19-20).

복음은 여기에서 출발합니다.

왜 예수님을 믿어야 합니까?

인간이 율법의 의로는 하나님께 갈 수 없기 때문입니다. 율법 앞에서 실패한 죄인에게 하나님의 심판이 있기 때문입니다. 하나님의 심판 때문에 예수님을 믿어야 합니다. 이것이 복음의 출발입니다.

여러분은 왜 예수님을 믿습니까?
인생의 문제가 해결되기 때문입니까?
화가 잦아들고 심리적인 안정을 얻기 때문입니까?
좋은 사람들과 교제할 수 있기 때문입니까?
마음의 평안을 얻을 수 있기 때문입니까?

복음은 이런 인간의 문제에서 출발하지 않습니다. 복음은 하나님에게서 출발합니다. 하나님의 의가 복음의 출발입니다. 하나님의 완전한 의 때문에 복음이 필요합니다. 하나님은 우리에게 완전한 의를 요구하십니다. 그러나 모든 인간은 여기에서 실패했습니다.

하나님의 완전하신 율법 앞에 모든 사람이 죄인이 되었습니다. 죄인은 심판을 받아야 합니다. 바로 이 심판 때문에 복음이 필요한 것입니다. 우리가 예수님을 믿어야 할 이유는 '하나님의 진노' 때문입니다. 하나님의 진노가 우리 위에 있기 때문에 예수님을 믿어야 합니다. 믿지 않으면 하나님의 진노가 쏟아지기 때문입니다.

하나님의 진노가 복음을 거절하는 자들에게 나타났다고 바울은 경고하고 있습니다.

"하나님의 진노가 너희에게 임하여 있다. 불의로 진리를 막는 자에게 하나님의 진노가 임하여 있다."

복음은 하나님의 진노에서 출발합니다. 하나님의 진노와 심판에서 우리를 구원하기 위해 예수님을 보내셨다는 소식이 복음입니다.

> 하나님의 진노가 불의로 진리를 막는 사람들의 모든 경건하지 않음과 불의에 대하여 하늘로부터 나타나나니(롬 1:18).

## 2. 하나님의 진노가 빠진 신학의 종착점

현대 교회는 복음에서 하나님의 진노를 인정하지 않습니다. 하나님의 진노가 없는 구원을 전하고 있습니다. 현대 신학자들은 십자가에서 우리를 위해 자기 아들을 죽이신 하나님이 어떻게 사람을 지옥에 보낼 수 있느냐고 말합니다.

하나님은 십자가에 달린 예수님에게 모든 진노를 다 쏟았기 때문에 인간들에게는 진노하지 않는다고 주장합니다. 이런 주장이 전 세계에 신학교에 지대한 영향을 미쳤고, 전 세계의 거의 모든 신학교가 여기에 넘어갔습니다. 그들은 복음에서 하나님의 진노를 빼버렸습니다. 그들의 설교에는 지옥이 없습니다. 줄곧 행복에 대해서만 말합니다.

심지어 자유주의 신학자들은 다음과 같이 주장합니다.

> 천국도 지옥도 다 가짜다. 그것은 미신적인 세계관에서 살던 사람들에게나 통했던 말이다. 우리는 미신적 세계관을 벗어난 계몽된 자다. 중요한 것은 예수님의 교훈과 가르침이다. 예수님을 따라 살고 예수님을 닮아가는 것이 우리의 목표다. 이 땅에서 예수님의 사랑을 실천하자.

듣기에 얼마나 좋은 말입니까?

그렇게 그들은 성경에서 하나님의 진노를 빼버렸습니다. 성경에 분명하게 기록된 것인데도 자기들의 신학에서 삭제했습니다. 그들은 기독교를 하나의 도덕 체계로 바꾸었습니다. 그들은 사랑의 하나님만 강조합니다. 처음도 사랑이요 끝도 사랑입니다. 지옥이 없습니다. 심판도 없습니다. 진노도 없습니다. 오직 사랑의 실천뿐입니다. 이렇게 하다가 종교다원론으로 들어가는 것입니다.

천국도, 지옥도, 십자가도, 심판도, 구원도 다 빼버리니 기독교의 유일성이 사라져 버렸습니다. 반드시 예수님뿐이어야 한다는 유일성이 사라져 버린 것입니다. 그렇게 종교 간의 대화를 주장하고, 종교 간의 협력을 통해서 사회의 순기능을 감당하자고 주장합니다.

'궁극적으로 모든 종교는 기능이 다 똑같다. 하나로 뭉치자!'

이렇게 종교 통합에 이릅니다. 하나님의 진노가 빠진 가짜 복음의 종착지가 결국 여기입니다. 종교 통합은 하나님의 진노가 빠진 가짜 복음이 도달하는 종착지입니다.

## 3. 하나님의 진노는 구원의 핵심

하나님의 진노는 성경의 핵심 진리입니다. 진노하지 않는 하나님은 성경의 하나님이 아닙니다. 인간이 만들어낸 신입니다. 인간이 만들어 낸 신은 뇌물을 써서 살살 달래면 복이나 주는 그런 신입니다.

인간이 심리학과 철학으로 만들어낸 신에는 진노가 없습니다. 가짜 신학에도 진노의 개념이 없습니다. 그들은 줄곧 사랑만 외칩니다. 그러나 그들의 신학은 성경과 상관없습니다. 그들은 성경을 문자 그대로 믿지 않습니다. 성경을 오류투성이라고 보고 마음에 들지 않는 것은 다 삭제해 버립니다. 이것이 현대 신학자들이 하는 짓입니다.

성경은 하나님을 어떻게 말하고 있을까요?

성경은 구약과 신약을 통과하면서 한결같이 진노의 하나님을 말하고 있습니다. 하나님의 진노는 성경의 중심 신학입니다. 진노가 없는 하나님이라면 예수님을 보내실 필요도 없습니다. 진노가 없는 하나님이라면 우리에게 구원도 필요가 없습니다.

예수 그리스도와 구원이 필요한 것은 하나님의 진노 때문입니다. 하나님의 진노 때문에 예수님이 오셨습니다. 그렇기 때문에 우리는 예수님을 믿어야 합니다. 예수님을 믿지 않으면 하나님의 진노가 임하기 때문입니다. 예수님을 믿지 않으면 지옥에 들어가기 때문입니다.

성경적인 바른 복음은 어떠한 체험에 근거를 두지 않습니다. 행복이나 마음의 상태에 뿌리를 두지 않습니다. 사회의 현실에서 출발하지 않습니다. 언제나 하나님의 진노에서 출발합니다. 그것을 맨 먼저 놓습니다. 바울은 로마서에서 그것을 말하고 있습니다. 하나님의 진노는 바울이 복음을 전한 전도의 동기였습니다.

"하나님의 진노가 불의로 진리를 막는 사람들에게 임할 것입니다. 모든 경건치 않음과 불의에 대하여 하나님의 진노가 하늘로 쫓아 나타날 것입니다."

바울은 무엇보다 사람들이 하나님을 대면하여 그들이 갖게 될 영혼의 운명에 관심이 있습니다. 바울의 관심은 나그네처럼 지나가는 이 세상에 있지 않았습니다. 바울의 관심은 장차 하나님 앞에 설 인간의 영혼의 운명에 있었습니다.

우리도 바울처럼 해야 합니다. 인간의 느낌이나 체험에 중점을 두면 안 됩니다. 인간은 행복감을 느끼면서도 하나님으로부터 정죄를 받을 수 있기 때문입니다. 거짓된 기쁨과 거짓된 평안과 거짓된 감격 속에서 살면서 자기는 여전히 안전하다고 느낄 수 있기 때문입니다.

사람들은 하나님이 없이도 행복할 수 있다고 오만하게 말합니다. 사람을 더 기분 좋게 하는 것이 기독교의 전부라면 기독교는 쓰레기통에 버려야 합니다. 다른 모든 종교와 심리학과 스포츠와 오락에도 이런 요소들은 얼마든지 있기 때문입니다.

## 4. 구약과 신약이 차이가 없음

하나님의 진노를 거부하는 어떤 사람들은 구약과 신약의 차이를 들어서 진노하시는 하나님은 구약의 하나님이라고 제한해 버립니다. 신약의 하나님은 사랑의 하나님으로 구약의 하나님과 다르다고 주장합니다. 그들은 구약과 신약을 분리해 버립니다.

구약이 하나님의 진노로 가득 차 있지만, 신약에는 하나님의 진노가 나타나 있지 않다고 말합니다. 그들은 구약의 하나님은 화를 내시지만, 신약의 하나님은 항상 웃고 계시는 하나님이라고 합니다.

정말 그럴까요?

그들의 말이 사실인지 한 번 살펴봅시다. 신약에 나오는 세례 요한을 봅시다. 그는 예수님보다 6개월 먼저 와서 예수님의 길을 예비했던 사람입니다.

> 요한이 많은 바리새인들과 사두개인들이 세례 베푸는 데로 오는 것을 보고 이르되 독사의 자식들아 누가 너희를 가르쳐 임박한 진노를 피하라 하더냐 (요 3:7).

세례 요한이 자기가 말한 것을 듣는 사람에게 첫 번째 한 말이 하나님의 진노였습니다. 세례 요한의 메시지는 예수 그리스도의 메시지와 정확하게 동일했습니다. 예수님은 하나님의 진노에 대해서 너무나 명백하게 말씀하셨습니다.

> 내가 진실로 너희에게 이르노니 심판 날에 소돔과 고모라 땅이 그 성보다 견디기 쉬우리라(마 10:15).

"아, 그건 성령이 오시기 전의 일입니다. 성령이 오신 후로는 달라졌지요."

정말 그럴까요?

베드로가 오순절날 설교하는 것을 들어보십시오. 그는 성령 충만한 상태였습니다. 오순절에 모인 많은 사람에게 설교를 하면서 이 패역한 세대에서 구원을 받으라고 강조하고 있습니다.

> 그들이 이 말을 듣고 마음에 찔려 베드로와 다른 사도들에게 물어 이르되 형제들아 우리가 어찌할꼬 하거늘 … 또 여러 말로 확증하며 권하여 이르되 너희가 이 패역한 세대에서 구원을 받으라 하니(행 3:37, 40).

패역한 세대에서 구원입니다.

왜 구원을 받아야 합니까?

패역한 세대에 내리는 하나님의 진노가 있기 때문입니다. 베드로의 설교는 사람들로 하여금 울부짖게 만들었습니다. 기분 좋게 만들지 않았습니다. 행복감을 느끼도록 한 것이 아닙니다.

왜 그들이 울부짖었습니까?

그들이 하나님의 진노 아래 놓여 있다는 것을 깨달았기 때문입니다. 기독교 메시지와 다른 모든 이단의 메시지를 구분하는 것이 바로 여기에 있습니다. 세상에 수많은 이단은 사람들에게 무엇을 주겠다고 약속합니다. '행복을 주겠다', '비참한 마음을 제거해 주겠다', '위로를 주겠다', '문제를 해결해 주겠다', '특별한 것을 주겠다' 그리고 그들은 인간에서 출발합니다. 그들은 "너희들이 그것을 지금 이러저러한 일을 행함으로 그것을 얻을 수 있다"고 말합니다. 이단들은 이렇게 인간의 감정과 행복감에 호소합니다.

그러나 성경은 다릅니다. 성경은 하나님의 진노에서 출발합니다. 하나님의 진노가 나타났다는 것입니다. 성경은 우리를 하나님 앞으로 인도합니다. 모든 율법은 우리를 하나님의 진노 앞에 서게 합니다.

## 5. 로마서에 나온 진노의 교리

바울은 로마서를 쓰면서 한 서신에서만 하나님의 진노에 대해서 열 번이나 거듭 말하고 있다는 것을 아십니까?

바울은 이 한 서신에서 진노의 교리를 열 번이나 거듭 되풀이 하여 언급하고 있습니다. 시간이 걸리지만 바울이 이 교리를 얼마나 중요하게 여겼는지 마음에 새길 필요가 있으므로 하나씩 전부 보겠습니다.

첫 번째, 1장 18절입니다.

> 하나님의 진노가 불의로 진리를 막는 사람들의 모든 경건하지 않음과 불의에 대하여 하늘로부터 나타나나니(롬 1:18).

두 번째, 2장 5절입니다.

> 다만 네 고집과 회개하지 아니한 마음을 따라 진노의 날 곧 하나님의 의로우신 심판이 나타나는 그날에 임할 진노를 네게 쌓는도다(롬 2:5).

세 번째, 2장 8절입니다.

오직 당을 지어 진리를 따르지 아니하고 불의를 따르는 자에게는 진노와 분노로 하시리라 (롬 2:8).

### 네 번째, 3장 5절입니다.

그러나 우리 불의가 하나님의 의를 드러나게 하면 무슨 말 하리요 내가 사람의 말하는 대로 말하노니 진노를 내리시는 하나님이 불의하시냐 (롬 3:5).

### 다섯 번째, 4장 15절입니다.

율법은 진노를 이루게 하나니 율법이 없는 곳에는 범법도 없느니라 (롬 4:15).

### 여섯 번째, 5장 9절입니다.

그러면 이제 우리가 그의 피로 말미암아 의롭다 하심을 받았으니 더욱 그로 말미암아 진노하심에서 구원을 받을 것이니 (롬 5:9).

### 일곱 번째, 9장 22절입니다.

만일 하나님이 그의 진노를 보이시고 그의 능력을 알게 하고자 하사 멸하기로 준비된 진노의 그릇을 오래 참으심으로 관용하시고 (롬 9:22).

**여덟 번째**, 12장 19절입니다.

> 내 사랑하는 자들아 너희가 친히 원수를 갚지 말고 하나님의 진노하심에 맡기라 기록되었으되 원수 갚는 것이 내게 있으니 내가 갚으리라고 주께서 말씀하시니라(롬 12:19).

**아홉 번째**, 13장 4절입니다.

> 그는 하나님의 사역자가 되어 네게 선을 베푸는 자니라 그러나 네가 악을 행하거든 두려워하라 그가 공연히 칼을 가지지 아니하였으니 곧 하나님의 사역자가 되어 악을 행하는 자에게 진노하심을 따라 보응하는 자니라(롬 13:4).

**열 번째**, 13장 5절입니다.

> 그러므로 복종하지 아니할 수 없으니 진노 때문에 할 것이 아니라 양심을 따라 할 것이라(롬 13:5).

복음 중의 복음인 로마서에 진노의 교리가 열 번이나 나오고 있습니다. 하나님의 진노라는 것은 복음의 주도적인 개념입니다. 사람들의 모든 경건치 않음과 불의에 대하여 임하는 하나님의 진노는 복음의 출발점입니다. 하나님의 진노를 제거하고서는 복음을 생각할 수조차 없습니다.

## 6. 헛된 말로 속이는 자들

그러나 하나님의 진노가 로마서에만 국한된 것이 아닙니다. 바울서신을 다 훑어보더라도 이 진노의 교리는 어느 곳에서나 발견됩니다. 고린도전서 11장 성찬식을 말하면서 사람이 자기를 살피지 않고 성찬에 참여함으로 심판을 받았다고 말하고 있습니다.

> 사람이 자기를 살피고 그 후에야 이 떡을 먹고 이 잔을 마실지니 주의 몸을 분별하지 못하고 먹고 마시는 자는 자기의 죄를 먹고 마시는 것이니라 그러므로 너희 중에 약한 자와 병든 자가 많고 잠자는 자도 적지 아니하니 (고전 11:28-30).

이것은 현대 교회 속에서는 발견되지 않습니다. 복음적인 교회에서도 빠져나갔습니다. 명랑해 보이려고 애를 씁니다. 함께 와서 좋은 시간을 보내자고 합니다. 사람을 편안하게 해 주기 위해서 복음을 전하면서 농담을 던집니다. 그들의 설교는 심리적입니다. 한편의 멋진 에세이가 되었습니다. 어디에도 하나님의 진노 교리를 찾아 볼 수가 없습니다.

에베소서로 가 보실까요?

> 전에는 우리도 다 그 가운데서 우리 육체의 욕심을 따라 지내며 육체와 마음의 원하는 것을 하여 다른 이들과 같이 본질상 진노의 자녀이었더니 (엡 2:3).

불신자를 향한 진노가 나옵니다. 그리스도를 알지 못하는 세상은 하나님의 진노 아래 놓여 있습니다. 인간은 중립적인 존재가 아닙니다. 이미 심판 아래 있는 존재입니다. 우리도 과거에 그러한 존재였습니다. 하나님의 은혜가 아니었다면 영원한 지옥으로 들어가야 할 존재였습니다. 이미 심판 아래 있습니다. 그런데 하나님이 그리스도 안에서 우리에게 믿을 수 있는 은혜를 주셔서 하나님의 진노에서 구원해 주신 것입니다.

이것을 믿으십니까?

하나님의 진노를 믿지 않는 믿음은 가짜 믿음입니다. 그런 신앙은 관념일 뿐입니다. 아무런 생명도 능력도 없는 철학입니다. 신약성경 어디에서나 하나님의 진노가 발견됩니다. 바울은 하나님의 진노를 빼놓고는 복음을 전할 수 없었습니다.

> 누구든지 헛된 말로 너희를 속이지 못하게 하라 이로 말미암아 하나님의 진노가 불순종의 아들들에게 임하나니(엡 5:6).

바울은 하나님의 진노를 계속해서 말합니다. 헛된 말로 속이는 자에게 하나님의 진노가 임한다는 것입니다. 헛된 말로 속이는 자란 바울이 전한 은혜의 복음 외에 다른 복음을 전하는 자들을 말합니다. 행위를 전하는 자들입니다. 율법을 더하는 자들입니다. 세상 철학과 문화를 전하는 자들입니다. 교회 안에 인본주의를 가지고 들어온 자들입니다.

예수 그리스도의 속죄의 복음 외에 다른 말을 하는 자들은 전부 헛된 말로 속이는 자들입니다. 하나님의 진노가 예수님에게 다 쏟아졌기 때문에 이제 인간에게는 하나님의 진노가 없다고 주장하는 신학자들이 있는데 이런 신학을 주장하는 자들이 헛된 말로 속이는 자들입니다. 이런 자들에게 하나님의 진노가 임한다고 했습니다.

> 그러므로 땅에 있는 지체를 죽이라 곧 음란과 부정과 사욕과 악한 정욕과 탐심이니 탐심은 우상 숭배니라 이것들로 말미암아 하나님의 진노가 임하느니라 (골 3:5-6).

하나님의 말씀을 조롱하고 육체를 따라 사는 자들에게 하나님의 진노가 임합니다.

우리가 왜 땅에 있는 지체를 죽여야 합니까?

그것을 따라 하나님의 진노가 임하기 때문입니다. 음란과 부정과 사욕과 악한 정욕과 탐심은 하나님의 진노를 가져옵니다. 죄를 지으면 하나님의 진노가 임하고 우리의 삶은 지옥처럼 변합니다. 예수님을 믿어도 죄를 지으면 하나님의 진노를 피할 수가 없습니다. 이것은 지옥에 간다는 말이 아니라 하나님의 징계하시는 진노가 임해서 이 땅을 사는 동안 지옥 같은 고통을 경험하게 하신다는 뜻입니다. 하나님은 그 진노를 통해서 죄에서 떠나도록 하시는 것입니다.

예수님을 믿는 것이 하나님의 진노를 피하는 보증 수표는 아닙니다. 믿는 자는 지옥에는 가지 않습니다. 그러나 죄를 지으면 이 땅을 사는 동안은 죄인에게 내리는 하나님의 진노를 받아야 합니다. 모든 죄는 하나님의 심판을 받아야 합니다. 하나님의 진노는 죄를 행하는 죄인에게 쏟아지는 것입니다.

## 7. 장래의 노하심에서 건짐

> 또 죽은 자들 가운데서 다시 살리신 그의 아들이 하늘로부터 강림하실 것을 너희가 어떻게 기다리는지를 말하니 이는 장래의 노하심에서 우리를 건지시는 예수시니라(살전 1:10).

하나님은 장래의 노하심에서 우리를 건지시는 분이십니다. 장래의 노하심이 있습니다. 예수 그리스도는 장래의 노하심에서 건지는 자라고 했습니다. 이것을 확실히 아십시오. 예수님은 우리를 장래의 노하심에서 건지기 위해서 세상에 오셨습니다. 예수님은 우리를 장래의 노하심에서 건지기 위해서 십자가에 죽으셨습니다.

예수님은 우리를 장래의 노하심에서 건지기 위해 다시 오실 것입니다. 장래의 노하심은 심판과 지옥입니다. 이것이 없다면 예수님은 필요 없습니다. 이것을 말하지 않고 구원을 말하는 것은 불가능합니다. 십자가에 달리신 예수님을 보면서 사랑만 이야기하는 사람들이 있습니다. 하나님의 진노를 말하지 않고 사랑만 말하는 것은 헛된 속임수입니다.

심판과 지옥이 없는데 예수님이 왜 필요합니까?

심판과 지옥이 없는데 예수님을 왜 믿어야 합니까?

예수님은 장래의 노하심에서 우리를 구원하기 위해서 오셨습니다. 장래의 노하심입니다. 바울서신 뿐 아닙니다. 히브리서를 한번 보십시다. 히브리서에도 동일하게 하나님의 진노를 말하고 있습니다.

> 우리가 이같이 큰 구원을 등한히 여기면 어찌 그 보응을 피하리요 이 구원은 처음에 주로 말씀하신 바요 들은 자들이 우리에게 확증한 바니 하나님도 표적들과 기사들과 여러 가지 능력과 및 자기의 뜻을 따라 성령이 나누어 주신 것으로써 그들과 함께 증언하셨느니라(히 2:3-4).

구원의 복음이 전해졌습니다. 표적과 기사와 여러 가지 능력으로 복음이 확실하게 전해졌습니다. 그런데도 복음을 거부하고 믿지 않으면 어찌 그 보응을 피하겠느냐는 것입니다. 보응은 하나님의 진노입니다.

현대 신학자들의 주장처럼 하나님이 예수 그리스도에게 진노를 다 쏟아부었기 때문에 인간을 향해서는 진노하지 않는다는 그들의 주장이 얼마나 엉터리인지 아시겠습니까?

하나님은 구원을 등한히 여기는 자들에게 진노를 내리시는 분입니다. '이같이 큰 구원을 등한히 여기면 어찌 그 보응을 피하리요?'

복음을 거절하는 자들에게 하나님의 진노가 내린다는 것이 성경의 가르침입니다.

> 우리 하나님은 소멸하는 불이심이라(히 12:29).

하나님은 소멸하는 분이십니다. 하나님은 죄를 태우십니다. 거룩하지 못한 것을 모두 태우십니다. 그리스도 밖에 있는 죄인들을 태우십니다. 하나님의 진노의 잔은 예수 그리스도를 거부한 자들에게 쏟아질 것입니다. 하나님의 진노는 그리스도 안에 있는 자도 태우십니다.

그리스도를 믿으면서도 죄 가운데 사는 자도 하나님의 진노를 당합니다. 육체에 고통이 있을 것입니다. 인생에 환난이 있을 것입니다. 하나님의 진노를 통해 그들은 거룩한 삶으로 돌아오게 될 것입니다. 하나님의 진노는 죄인을 향하여 쏟아집니다.

> 너희도 길이 참고 마음을 굳건하게 하라 주의 강림이 가까우니라 형제들아 서로 원망하지 말라 그리하여야 심판을 면하리라 보라 심판주가 문 밖에 서 계시니라(약 5:8-9).

예수님은 처음 오실 때에 구원자로 오셨습니다. 그러나 다시 오실 때는 심판자로 오십니다. 주의 강림이 가까워지고 있습니다. 속히 그리스도 안으로 피하지 않는 자는 심판주의 진노를 당할 것입니다. 예수 그리스도의 피 속으로 피한자만이 안전합니다.

하나님은 이스라엘 백성이 출애굽을 하기 전날 그들에게 전부 피 속으로 들어가라고 말씀하셨습니다. 어린양을 죽여 피를 받아서 문 인방과 설주에 바르라고 했습니다. 피가 있는 집은 넘어가겠다는 것이 하나님의 약속이었습니다. 피가 없는 집은 진노가 임했습니다. 모든 장자가 죽었습니다. 하나님의 진노는 마지막 날에 동일하게 나타날 것입니다. 예수 그리스도의 피가 없는 자에게는 무서운 심판이 있을 것입니다.

## 8. 요한계시록에 나타난 진노의 교리

요한계시록은 전체가 하나님의 진노로 가득 차 있습니다. 요한계시록은 오직 하나님의 진노에 관하여만 쓰여진 것이라 해도 과언이 아닙니다. 일곱 나팔이 있습니다. 일곱 인이 있습니다. 일곱 대접이 있습니다. 나팔을 불 때마다 하나님의 진노가 쏟아집니다. 일곱 인을 뗄 때마다, 일곱 대접을 쏟을 때마다 하나님의 진노가 임합니다. 마지막으로 물질과 쾌락을 추구하던 바벨론이 망합니다. 하루아침에 불타서 사라져 버립니다.

그와 함께 음행하고 사치하던 왕들이 그가 불타는 연기를 보고 위하여 울고 가슴을 치며 말했습니다.

> 그의 고통을 무서워하여 멀리 서서 이르되 화 있도다 화 있도다 큰 성, 견고한 성 바벨론이여 한 시간에 네 심판이 이르렀다 하리로다(계 18:9-10).

그들이 얼마나 자만했는지 보십시오. 하나님을 조롱하며 자기들의 부를 자랑하며 교만했습니다. 바벨론의 영광이 영원한 것이라고 생각했습니다. 권력자들과 부자들이 추구하던 환락의 세계가 영원할 것이라고 자신했습니다. 그들이 얼마나 교만하고 자신만만 했는지 보세요.

> 그가 얼마나 자기를 영화롭게 하였으며 사치하였든지 그만큼 고통과 애통함으로 갚아 주라 그가 마음에 말하기를 나는 여왕으로 앉은 자요 과부가 아니라 결단코 애통함을 당하지 아니하리라 하니(계 18:7).

그러나 하나님의 때가 되었고 그들에게 하나님의 진노가 쏟아졌습니다. 그들은 하루아침에 망하고 말았습니다. 인간 세상은 바벨론처럼 망할 것입니다. 주 예수 그리스도께서 재림하시는 날에 사람들이 그렇게 애착을 가지고 자랑했던 세상의 모든 것이 불타서 없어질 것입니다.

> 그러므로 하루 동안에 그 재앙들이 이르리니 곧 사망과 애통함과 흉년이라 그가 또한 불에 살라지리니 그를 심판하시는 주 하나님은 강하신 자이심이라 (계 18:9).

누가 하나님을 이길 수 있습니까?
누가 하나님의 진노를 삭제할 수 있다는 말입니까?
인간들이 하나님의 진노를 믿지 않는다고 해서 진노가 없어지는 것입니까?
철학과 인본주의에 빠진 세속적인 신학자들이 교묘한 논리로 하나님의 진노를 제거해 버린다고 하나님의 진노가 사라지는 것입니까?
그들이 제일 먼저 하나님의 진노 아래 놓인 자들입니다. 구원은 우리를 기분 좋게 하는 무엇이 아닙니다. 구원은 우리를 행복하게 만드는 심리적인 것이 아닙니다. 구원은 장래의 진노에서 우리를 구원하는 능력입니다.

## 9. 구원은 멸망에서 실제적으로 건짐을 받는 것

구원은 능력입니다. 실제적인 능력입니다. 구원은 멸망에서 건짐을 받는 실제적인 능력입니다. 오순절에 성령 받은 사도들의 첫 메시지가 이 패역한 세대에서 구원을 얻으라는 것이었습니다. 구원은 하나님의 진노에서 건짐을 받는 것입니다.
사람들이 좋아하는 요한복음 3장 16절을 사랑의 메시지라고 부릅니다. 그러나 동시에 진노의 메시지라는 것을 아십니까?

> 하나님이 세상을 이처럼 사랑하사 독생자를 주셨으니 이는 그를 믿는 자마다 멸망하지 않고 영생을 얻게 하려 하심이라(요 3:16).

구원과 멸망이 함께 나옵니다.
왜 예수님을 믿어야 합니까?
멸망치 않기 위해 예수님을 믿어야 합니다.
안 믿으면 어떻게 됩니까?
멸망한다는 것입니다. 하나님의 진노가 임하여 멸망당하는 것입니다. 주 예수 그리스도를 거부하는 모든 인간은 지옥에 들어갈 것입니다. 성경은 하나님의 진노에 대해 조금도 타협하지 않습니다.

> 그를 믿는 자는 심판을 받지 아니하는 것이요 믿지 아니하는 자는 하나님의 독생자의 이름을 믿지 아니하므로 벌써 심판을 받은 것이니라(요 3:18).

믿는 자와 믿지 않는 자가 있습니다. 믿는 자는 심판을 받지 않습니다. 믿지 않는 자는 믿지 않음으로 벌써 심판을 받은 것이라고 합니다. 보세요. 여기도 동일하게 논리가 나옵니다. 그들은 중립에 있지 않습니다. 죄와 허물로 죽은 인간은 원래 심판 아래에 있습니다. 그들이 중립지대에서 스스로 선택하는 것이 아닙니다. 믿지 않는 자는 믿지 않음으로 벌써 심판을 받았다는 것이 성경의 증언입니다. 믿으면 하나님의 진노에서 구원을 받습니다.

여러분이 지금 구원의 복음을 듣고 있는 이 순간이 지금 하나님께서 여러분을 구원하시기 위해 부르시는 순간입니다. 하나님의 은혜가 여러분에게 임하여 있습니다. 하나님이 여러분을 구원으로 부르고 있습니다. 여러분은 순종하여 믿으면 하나님의 진노에서 구원을 얻습니다.

## 10. 십자가는 진노가 쏟아진 현장

하나님은 왜 진노하십니까?

하나님의 진노는 하나님의 성품 때문에 나타납니다. 하나님께서 죄를 미워하십니다. 하나님은 죄를 혐오하십니다. 하나님은 죄에 대해 혐오감을 느끼심으로 죄에 대해 진노하십니다. 하나님께서 거룩하시므로 진노하십니다. 하나님은 빛이시므로 어둠이 섞일 수 없습니다. 죄와 의가 함께 있을 수 없습니다. 하나님의 거룩함은 하나님의 진노를 불가피하게 만듭니다.

하나님께서는 죄를 심판하셔야 합니다. 하나님께서 죄를 얼마나 미워하시는지 보여 주셔야 합니다. 그것이 가장 명백하고 유일하게 나타난 곳이 바로 십자가입니다. 하나님은 십자가에서 자기의 아들을 죽이셨습니다. 십자가는 죄와 죄인을 향한 하나님의 진노입니다. 하나님의 진노가 십자가에 나타나 있습니다.

누구든지 십자가를 볼 때 하나님의 진노를 보아야 합니다. 악인들은 심판을 견디지 못합니다. 사람들의 모든 경건치 않음과 불의를 향하신 하나님의 진노가 총체적으로 합하여 나타난 곳이 십자가입니다.

만일 여러분이 갈보리 언덕의 십자가를 볼 때 하나님의 진노를 보지 못한다면, 하나님의 사랑도 보지 못할 것입니다. 십자가에 나타난 하나님의 진노는 죄에 대한 하나님의 태도를 보여 주십니다. 하나님께서는 죄를 보시고 그냥 묵과하실 수 없습니다. 죄에 대한 하나님의 태도는 자기 독생자 아들의 죽음을 요구할 만큼 철저하셨습니다.

하나님께서는 그처럼 죄를 미워하시고 혐오하십니다. 하나님은 죄를 징벌하시기로 작정하셨고 그 죄에 대하여 의를 요구를 하셨습니다. 하나님은 죄에 대한 의로운 요구를 하십니다.

의로운 요구가 무엇입니까?

율법대로 심판하시는 것입니다. 예수님은 세상 죄를 지고 가는 하나님의 어린양이 되어 인간을 대신해서 율법대로 심판을 받으셨습니다. 십자가가 그 증거입니다. 십자가는 죄인을 향해 의로움을 요구하시는 현장입니다. 의를 이루지 못한 모든 죄인을 향해 쏟아내신 하나님의 진노입니다. 그런 일이 아니라면 그리스도께서 십자가에서 죽으시는 일은 없었습니다. 그리스도는 십자가를 지시면서 울부짖으셨습니다.

"나의 하나님, 나의 하나님, 어찌하여 나를 버리셨나이까!"

예수님은 인류의 모든 죄를 대신 지시고 '모든 경건치 않음과 불의'에 대하여 쏟아지는 하나님의 진노를 직접 담당하셨습니다. 십자가는 하나님의 진노하신 현장입니다. 여러분은 십자가에서 하나님의 사랑을 보기 전에 하나님의 진노를 보아야 합니다. 진노와 사랑은 언제나 함께 갑니다. 진노와 사랑은 분리될 수 없습니다. 여러분이 하나님의 진노에 대해 깊이 깨달을 때 비로소 하나님의 사랑에 감격할 수 있습니다.

## 11. 불경건과 불의

하나님의 진노를 알려면 죄가 무엇인지 알아야 합니다. 현대 교회는 죄의 개념을 심리학으로 바꾸었습니다. 자기 정죄감 정도로 바꾸었습니다. 죄 사함을 자기 정죄감에서 해방되는 정도로 생각합니다. 그들은 교회가 교인들을 기분 좋게 해 줘야 한다고 생각합니다. 일주일 동안 힘들게 세상을 살다가 주일에 교회에 왔으니 목사는 교인들의 피곤한 인생을 위로해 주고 기분 좋게 만들어 주어야 한다고 생각합니다. 현대 교인들 안에 전부 이런 잘못된 개념이 있습니다.

목사들은 하나님의 진노를 설교하지 않습니다. 그들은 인간의 훌륭함과 장점에 대해서 설교합니다.

"당신들은 대단합니다. 그렇게 피곤한 인생을 살면서도 주일에 교회에 나와 예배를 드리니 훌륭합니다."

이렇게 교인들을 추켜세우고 있습니다.

이런 교인들이 어찌 자기가 죄인이라는 인식을 가지겠습니까? 진노의 개념조차 없는데 어찌 십자가의 은혜를 알겠습니까? 죄를 깨닫지 못한 자에게 어찌 구원의 감격이 있겠습니까?

이것이 현대 교인들의 실상입니다.
여러분, 죄가 무엇입니까?

> 하나님의 진노가 불의로 진리를 막는 사람들의 모든 경건하지 않음과 불의에 대하여 하늘로부터 나타나나니(롬 1:18).

모든 경건치 않음과 불의가 죄입니다. 이것이 죄의 총칭입니다. 죄는 먼저 경건치 않음입니다. 모세가 산에서 받은 십계명을 보십시오.

**첫 번째 돌판**은 하나님과 우리의 관계에 대해서 기록되어 있습니다. 하나님과 우리의 관계를 경건이라고 말합니다. 그러므로 죄를 보는 첫 번째 방법은 경건치 않음입니다. 율법의 첫째 돌판에 기록된 1계명에서 4계명 중 어느 것을 어기더라도 불경건이 되는 것입니다. 죄는 일차적으로 하나님과 우리 사이의 관계에서 빗나간 것을 말합니다.

**두 번째 돌판**은 우리 행실에 대해 기록되어 있습니다.

우리 행실과 사람들과의 관계입니다. 아버지와 어머니, 이웃과의 관계, 타인과의 관계를 다룹니다. 인간과 인간의 관계를 도덕적인 의라고 합니다. 도덕이 깨어진 것을 불의라고 합니다. 죄를 보는 두 번째 방법은 불의입니다. 5계명에서 10계명까지 어느 하나를 어기더라도 불의에 해당하는 것입니다.

이와 같이 첫 번째 돌판은 하나님, 두 번째 돌판은 사람과의 관계입니다. 죄는 모든 경건치 않음과 불의입니다. 죄는 십계명의 첫 번째 돌판과 두 번째 돌판을 마음에 두고 경고를 받아야 합니다.

이 두 개의 돌판에 기록된 계명 중 어느 하나라도 어기면 하나님의 진노가 임하는 죄인이 되는 것입니다. 현대 교회의 비극은 첫 번째 돌판을 잊어가고 있다는 것입니다. 첫 번째 돌판에 기록된 불경건의 죄는 더 이상 죄로 취급하지 않으려고 합니다. 첫 번째 돌판을 지나쳐서 두 번째 돌판에만 주목하는 것입니다. 하나님과 자신의 관계가 먼저라는 것을 잊어버립니다.

그들은 두 번째 돌판으로 직행합니다. 자기들의 행실과 행위를 집중합니다. 죄는 잘못된 행위와 행동만 해당된다고 생각합니다. 이것은 성경을 완전히 빗나간 것입니다. 죄의 본질은 불경건입니다. 죄로 죄되게 하는 것은 불경건이 먼저입니다.

불경건이 무엇입니까?

불경건은 하나님의 거룩한 이름을 위해 사는 것을 거절하는 것입니다. 어떻게 해서든 그렇게 하지 못하거나 그런 소원이 조금이라도 부족하면 그것은 경건치 않음입니다.

## 12. 첫째 계명을 어긴 죄

> 네 마음을 다하고 목숨을 다하고 뜻을 다하고 힘을 다하여 주 너의 하나님을 사랑하라 하신 것이요(막 12:30).

예수님은 "내 마음을 다하고 목숨을 다하고 뜻을 다하고 힘을 다하여 주 하나님을 사랑하라"고 했습니다. 하나님께서 우리에게 요구하시는 것이 바로 그것입니다. 이것을 어기는 것이 불경건 입니다. 그렇지 못할 때 그것이 죄입니다.

우리는 하나님을 알고 싶어 하고 하나님을 아는 것을 이 세상에 사는 우리의 삶의 최고 목표로 삼아야 합니다. 우리는 그 영광을 소원해야 합니다. 하나님의 영광을 위해 살 소원을 가져야 합니다. 우리는 그의 뜻을 구해야 합니다. 그의 뜻을 알고 싶은 소원을 가져야 합니다.

우리의 최대 노력은 언제나 모든 일과 모든 상황에서 하나님의 뜻을 행하는 데 있어야 합니다. 그것이 바로 경건함입니다. 이것이 현대 교회가 빗나간 자리입니다. 예수님을 따라 살자고 입으로 말하지만, 가장 중요한 것을 놓쳐 버리고는 자기들의 도덕적 행위에만 집착합니다. 완전히 빗나갔습니다. 예수님께서 이 세상에 계실 때 가졌던 오직 유일한 관심은 아버지를 영화롭게 하는 것이었습니다.

> 아버지께서 내게 하라고 주신 일을 내가 이루어 아버지를 이 세상에서 영화롭게 하였사오니(요 17:4).

예수님의 삶은 전적으로 하나님의 영광만을 위한 것이었습니다. 조금도 자기 영광을 취하기 위해 시도하지 않았습니다. 그것은 예수님에게 있어서 있을 수 없는 일이었습니다. 예수님은 하나님이 하라고 하신 사명을 이루시고 하나님을 영화롭게 하셨습니다. 성경은 하나님이 사람을 창조하신 목적을 말씀합니다. 하나님이 인간을 창조하신 목적은 하나님을 찬송하기 위함입니다.

그러나 인간은 사탄의 말을 듣고 하나님을 배신함으로 그것을 상실했습니다. 모든 타락한 인간의 마음에는 자아라는 신이 있습니다. 모든 인간은 자기 자신을 신으로 섬기며 자기를 영화롭게 하기 위해 살고 있습니다. 그들은 하나님에 대한 어떤 관심도 예배도 없습니다. 이것이 죄입니다. 이것이 불경건입니다. 하나님에게 관심이 없는 것이 죄요, 불경건입니다.

하나님이 우리를 구원하신 목적은 창조의 목적을 회복시키는 것입니다. 하나님을 영화롭게 하는 것이 구원의 목적입니다. 하나님이 우리를 구원하신 이유는 더 이상 우리로 우리 자신을 위해 살지 않고 우리를 구원하신 하나님을 위해서 살게 하려 함입니다.

> 우리가 살아도 주를 위하여 살고 죽어도 주를 위하여 죽나니 그러므로 사나 죽으나 우리가 주의 것이로다 이를 위하여 그리스도께서 죽었다가 다시 살아나셨으니 곧 죽은 자와 산 자의 주가 되려 하심이라(롬 14:8-9).

웨스트민스터 신앙고백은 사람의 최고 목적은 하나님을 영화롭게 하며 영원토록 그를 즐거워하는 것이라고 말하고 있습니다.
이런 마음이 여러분 마음에 조금이라도 있습니까?
불씨라도 발견할 수 있습니까?
예수님은 그것이 첫째 되고 가장 중요하다고 말씀하셨습니다. 모든 계명 중에 가장 위대한 것이라고 명백히 말했습니다. 기억하십시오. 불의보다 불경건이 먼저입니다. 불의보다 더 큰 죄는 경건치 않음입니다. 창세기 3장에 나타난 아담의 죄는 불경건의 죄입니다. 불의 이전에 불경건이 있었습니다. 처음의 아담과 하와는 완전하고 죄가 없었습니다. 그러나 그들은 타락하였고 죄에 빠졌습니다.
그들이 어떻게 죄를 지었습니까?
하나님의 말씀을 의심하는 불경건에 빠졌습니다. 세상의 속삭임이 더 달콤하게 들리는 불경건에 빠졌습니다. 그들은 하나님의 영광을 위해 살기를 소원하지 않았습니다. 그들은 하나님을 거역하고 자기를 세우기를 원했습니다. 이것이 죄의 출발입니다. 불의보다 불경건이 먼저입니다. 이것을 기억해야 합니다.

소위 도덕적인 사람들이 자기가 죄인이라는 것을 깨닫지 못하는 이유는 불경건이 죄라는 것을 알지 못하기 때문입니다. 불경건이 죄라는 것을 깨닫는 순간 그들은 주님 앞에 나와 무릎을 꿇을 것입니다. 하나님의 거룩하심을 보는 순간 그들은 자기 속의 더러운 죄를 보고 크게 놀라게 될 것입니다.

> 그 때에 내가 말하되 화로다 나여 망하게 되었도다 나는 입술이 부정한 사람이요 나는 입술이 부정한 백성 중에 거주하면서 만군의 여호와이신 왕을 뵈었음이로다 하였더라(사 6:5).

사람이 하나님을 만나면 모두 이렇게 고백하게 됩니다. 인격적으로 하나님을 경험하게 될 때 누구나 이사야처럼 고백하게 됩니다. 자기 죄를 보고 놀랍니다. 자신의 더러움을 보게 됩니다. 자기의 불가능을 고백하게 되는 것입니다. 어디에서도 자기 힘으로 구원을 받을 길이 없다는 것을 깨닫는 것입니다.

그곳에서 유일한 빛을 붙들게 됩니다. 유일한 소망인 예수 그리스도만 붙잡습니다. 그는 그리스도를 통하여 구원을 얻습니다. 그리고는 오직 자기를 구원하신 하나님을 위해서 인생을 살겠다고 작정하게 되는 것입니다. 하나님이 세상을 창조하신 목적대로 인생을 돌이킬 수밖에 없습니다.

## 13. 구원은 창조 목적의 회복

하나님이 아들을 세상에 보내신 것은 우리를 하나님께 인도하여 창조의 목적대로 살도록 하기 위한 것입니다.

창조의 목적이 무엇입니까?

**첫째**, 하나님을 영화롭게 하는 것입니다.
**둘째**, 하나님과 교제하며 영원토록 그를 즐거워하는 것입니다.

구원은 창조 목적의 회복입니다. 하나님께서 본래 사람을 향하여 의도하신 바로 그 관계로 사람을 되돌리는 것이 구원입니다. 모든 경건치 않음과 불의로부터 되돌리는 것입니다. 그 회복의 길이 예수 그리스도입니다. 하나님은 모든 불경건과 불의의 진노를 아들에게 쏟아부으심으로 하나님과 우리가 화목하게 되는 길을 열었습니다.

> 곧 우리가 원수 되었을 때에 그의 아들의 죽으심으로 말미암아 하나님과 화목하게 되었은즉 화목하게 된 자로서는 더욱 그의 살아나심으로 말미암아 구원을 받을 것이니라(롬 5:10).

예수 그리스도로 말미암아 우리는 하나님과 화목하게 되었습니다. 예수 그리스도에게 모든 진노를 쏟아 부으시고 우리에게 죄 사함의 길을 열어 주셨습니다. 그리스도를 화목 제물로 삼으셔서 하나님과 화해의 길을 열어 주셨습니다. 그러나 이 은혜가 자동으로 미치는 것이 아닙니다. 예수님을 구주로 영접한 자들에게만 주어지는 은혜입니다.

그러므로 여러분 중에 아직도 그리스도 밖에 있는 자가 있다면 예수님을 믿으십시오. 하나님의 은혜로운 부름을 거역하지 마십시오. 예수님을 주로 고백하고 마음으로 그리스도의 십자가와 부활을 믿으십시오. 믿으면 당신은 하나님과 화목하게 됩니다. 하나님과 화목한 자는 하나님의 진노를 받지 않습니다. 누구든지 그를 믿으면 하나님의 진노로부터 구원을 받습니다.

예수 그리스도가 우리의 피난처입니다.
예수 그리스도가 유일한 구원자입니다.
그리스도에게 피하는 자는 정죄를 받지 않습니다.

> 그러므로 이제 그리스도 예수 안에 있는 자에게는 결코 정죄함이 없나니 이는 그리스도 예수 안에 있는 생명의 성령의 법이 죄와 사망의 법에서 너를 해방하였음이라(롬 8:1-2).

할렐루야!
이것이 복음입니다.

## 제6장

### 절대 손상되지 않는 하나님의 의

그러므로 너희 담대함을 버리지 말라
이것이 큰 상을 얻게 하느니라
너희에게 인내가 필요함은
너희가 하나님의 뜻을 행한 후에
약속하신 것을 받기 위함이라
잠시 잠깐 후면 오실 이가 오시리니 지체하지 아니하시리라
나의 의인은 믿음으로 말미암아 살리라
또한 뒤로 물러가면
내 마음이 그를 기뻐하지 아니하리라 하셨느니라
우리는 뒤로 물러가 멸망할 자가 아니요
오직 영혼을 구원함에 이르는 믿음을 가진 자니라

(히 10:35-39)

## 1. 절대 손상되지 않는 가치

여기에 10킬로그램의 금괴가 있다고 가정해봅시다. 순도 100퍼센트의 금괴입니다. 이 금괴를 제가 여러분에게 공짜로 줍니다.

받으시겠어요, 안 받으시겠어요?

당연히 받죠. 제가 발로 밟은 후에 여러분에게 줍니다.

받을까요, 안 받을까요?

받습니다. 침을 뱉고 오물을 묻히고 주면 받을까요, 안 받을까요?

당연히 받습니다. 이렇게 오물 투성이고, 더러운 금괴를 받는 이유는 간단합니다. 금괴의 겉이 아무리 더러워지고 오물투성이가 되어도 금괴의 순도는 여전히 100퍼센트이기 때문입니다. 금괴를 발바닥으로 밟든, 침을 뱉든, 오물을 묻히든 이 금의 가치는 변하지 않습니다. 순도 100퍼센트라는 내용은 변하지 않기 때문입니다.

하나님께서 우리에게 주신 의가 이와 같습니다. 우리 안에 예수님이 들어오시는 순간 우리는 영원한 100퍼센트 의인이 되었습니다. 외부에 어떤 오물을 묻혀도 금의 순도는 변하지 않듯이 인간의 어떤 행위로도 하나님의 의는 손상시킬 수 없습니다.

이 말씀이 이해되십니까?

이것이 이해가 되어야 영적인 지식이 깨달아진 것입니다. 제가 이유를 설명해 드립니다.

## 2. 최고 지성인도 모르는 영적 지식

　그리스도인이 가진 의가 절대로 손상되지 않는 이유는 그것이 일어난 영역이 다른 차원이기 때문입니다. 구원은 우리의 영에서 일어난 사건입니다. 우리가 가진 의는 하나님이 우리의 영에 넣어 주신 선물입니다. 사람은 영과 육으로 되어 있습니다. 영은 하나님을 인식하고 하나님을 만나는 곳입니다. 영은 하나님의 생명을 인식합니다. 영은 하나님과 교제합니다.

　영과 육은 차원이 완전히 다릅니다. 하나님은 영이시므로 육을 통해서는 절대로 하나님을 알 수 없습니다. 인간의 지식과 학문, 도덕과 같은 것은 전부 육입니다. 육으로는 하나님을 알 수도 없고 하나님에게 갈 수도 없습니다. 육은 아무리 확장을 해도 영에 이를 수가 없습니다. 영은 영이고 육은 육이기 때문입니다. 영과 육은 차원이 완전히 다릅니다.

　　　육으로 난 것은 육이요 영으로 난 것은 영이니(요 3:6).

　어느 날 저녁에 유대 지식인이었던 니고데모가 찾아왔습니다. 예수님께서 니고데모에게 말씀하셨습니다.
　"네가 거듭나야 하나님 나라를 볼 것이라."
　니고데모는 도무지 이해하지 못했습니다.
　"내가 이미 늙었는데 어떻게 어머니 뱃속에 들어갔다가 다시 태어나겠습니까?"
　예수님은 이렇게 대답하셨습니다.

"육으로 난 것은 육이요, 영으로 난 것은 영이니라."

예수님은 영적인 탄생을 말씀하셨는데 니고데모가 이해를 못한 것입니다. 이유는 니고데모는 육적인 차원에서만 생각을 했기 때문입니다.

여러분이 거듭남을 생각할 때 저지르는 실수가 이것입니다. 거듭남을 육의 차원에서 생각하는 것입니다. 그러니까 계속 율법과 행위의 차원에서만 뱅뱅 도는 것입니다. 이것을 벗어나야 영적인 지식을 깨달을 수 있습니다.

성경은 육으로 난 것은 육이고, 영으로 난 것은 영이라고 합니다. 구원은 영에서 일어난 사건입니다. 구원은 육과 관계가 없습니다. 하나님은 영이시므로 우리의 영과 만나십니다. 육은 세상 지식을 인지하고 물질을 분별하는 용도입니다. 육으로는 하나님을 만나지 못합니다. 성경이 육으로 났다고 말할 때 이것은 부모로부터 난 것을 말합니다. 영으로 났다는 말은 하나님으로부터 난 것을 말합니다.

육과 영은 차원이 완전히 다른 세계입니다. 땅과 하늘처럼 다릅니다. 땅은 아무리 확장해도 땅입니다. 땅을 딛고 평생을 다녀도 땅에서 그칠 뿐입니다. 그 걸음이 하늘로 인도해 주지 않습니다. 육은 아무리 선과 도덕을 행해도 육에 그치는 것이지 그것이 영으로 인도하지 못합니다.

육은 아무리 선을 행하고 말씀대로 살아도 여전히 죄와 허물로 죽게 됩니다. 영으로 난다는 것은 하나님의 성령이 우리의 영에 들어와서 죄와 허물로 죽었던 영을 다시 살리는 것을 말합니다. 최초의 인간이었던 아담이 하나님을 배반함으로 영이 죽었습니다. 영이 죽자, 하나님을 인식하는 모든 것이 죽어 버렸습니다. 그는 영원한 생명이신 하나님으로부터 분리 되어 죽음을 맞이하게 되었습니다.

구원은 죽은 영을 살리는 사건입니다. 부활하신 예수님의 생명이 우리 영에 들어옴으로 죽었던 영이 살아나는 것입니다. 이것이 구원입니다. 하나님의 영이 우리 영에 들어오면 영이 살아남으로 하나님의 말씀이 믿어지는 것입니다. 예수님의 십자가와 부활이 믿어집니다. 십자가에 죽으시고 부활하신 예수님이 나의 구원자로 그대로 믿어져서 입으로 고백하게 되는 것입니다.

구원자 되신 예수 그리스도를 믿는 것은 성령이 우리 영에 들어와서 영이 거듭난 자로 만들어 주실 때 가능합니다. 복음을 깨닫지 못하는 것은 아직 육의 차원에서만 매여 있기 때문입니다. 그래서 말씀대로 살고 도덕과 선을 열심히 행하는 것이 구원의 길이라고 착각합니다.

구원을 받았어도 말씀대로 살지 않으면 구원을 잃어버릴 수 있다고 가르치는 것은 그들이 육의 차원에만 생각하기 때문입니다. 예수님을 믿는다는 것은 육을 포기하고 영적 세계로 비약하는 것입니다. 이것을 믿음이라고 합니다.

## 3. 영의 사건으로 인한 전적인 은혜

그는 죄와 허물로 죽었던 너희를 살리셨도다(엡 2:1).

우리는 죄와 허물로 완전히 죽었습니다. 죄와 허물로 죽었던 우리를 예수님이 살려 주셨습니다. 여기에 죽었다는 것은 영을 가리킵니다. 영은 하나님과 교통하는 기관인데 그것이 죽어버린 것입니다. 모든 인간은 태어날 때부터 영이 죽은 상태로 태어납니다. 하나님과 단절된 상태로 태어납니다. 스스로 하나님을 찾을 수 없는 상태로 태어납니다.

  육은 물질세계와 교통하고 영은 하나님과 교통합니다. 육이 죽으면 물질세계를 인식할 수 없습니다. 영이 죽으면 하나님을 인식하지 못합니다. 불신자들이 하나님이 없다고 말하는 것은 하나님이 없어서 그런 것이 아니라 그들의 영이 죽은 상태기 때문에 인지하지 못하는 것입니다.

  세상에 태어난 모든 인간은 육은 살아 있지만, 영은 죽은 상태로 태어납니다. 스스로 하나님을 인식하는 것이 불가능합니다. 그러므로 우리가 구원을 얻으려면 하나님이 먼저 찾아오셔야 합니다. 하나님이 우리를 먼저 찾아오셔서 우리 영에 성령을 주심으로 먼저 우리 영을 살려 주셔야 합니다. 그리고 살아난 영으로 하나님을 알게 하시고 예수님을 믿어 구원을 얻도록 하시는 것입니다. 이 때문에 구원을 전적으로 하나님의 은혜라고 하는 것입니다.

  왜 행위로는 구원이 불가능한지 아시겠습니까?

  육은 육이고, 영은 영이기 때문입니다. 우리의 육은 구원을 위해 아무런 일도 할 수 없습니다. 인간이 구원을 위해 할 수 있는 일은 한 가지도 없습니다. 단 한 가지도 없습니다. 인간은 영이 죽은 상태기 때문에 구원에 있어서는 전적으로 무능합니다. 구원은 하나님이 죄와 허물로 죽은 나의 영을 먼저 살려 주심으로 믿을 수 있는 은혜를 주셔서 내가 믿게 됨으로 가능해 지는 것입니다.

## 4. 바리새인의 죄

　바리새인들이 여기에서 빗나갔습니다. 바리새인들이 육을 구원의 수단으로 삼았기 때문에 저주를 받았습니다. 그들은 육의 행위로 영의 세계에 이를 수 있다고 자만을 했습니다. 자기들의 도덕성을 영의 세계에 이를 수 있다고 믿었습니다.

　그러나 이미 살펴보았듯이 분명한 것은 사람이 하나님의 완전한 율법을 항상, 언제나, 모두, 완벽하게, 지키는 것은 불가능합니다. 절대로 못합니다. 그런데도 바리새인은 자기들은 할 수 있다고 자만하다가 버림을 받은 것입니다. 육은 육이요, 영은 영이라는 예수님의 말씀을 도무지 몰랐습니다.

> 이로써 너희가 하나님의 영을 알지니 곧 예수 그리스도께서 육체로 오신 것을 시인하는 영마다 하나님께 속한 것이요 예수님을 시인하지 아니하는 영마다 하나님께 속한 것이 아니니 이것이 곧 적그리스도의 영이니라 오리라 한 말을 너희가 들었거니와 지금 벌써 세상에 있느니라 (요일 4:2-3).

　사도 요한은 지금 영의 문제를 말하고 있습니다. 예수님이 육체로 오신 것을 영으로 시인하면 하나님의 자녀라고 했습니다. 우리가 예수님을 믿는 것은 영으로 믿는 것입니다.

　거듭남이라는 것은 영에 하나님의 성령이 오심으로 이루어집니다. 영에 성령이 오시면 예수님의 부활 생명이 들어오게 되므로 우리도 예수님처럼 영원히 살 수 있는 영생을 가지게 됩니다. 사람이 율법의 행위로 구원을 얻지 못하는 이유는 율법의 행위는 육체에서 일어나는 일이기 때문입니다. 육체는 무엇을 행하여도 영에 영향을 미치지 못합니다.

## 5. 그리스도인의 영은 범죄 하지 아니함

> 하나님께로부터 난 자는 다 범죄 하지 아니하는 줄을 우리가 아노라 하나님께로부터 나신 자가 그를 지키시매 악한 자가 그를 만지지도 못하느니라 (요일 5:18).

성경은 하나님께로부터 난 자는 범죄 하지 않는다고 했습니다. 이것이 무슨 말일까요?

그리스도인도 죄를 짓는다고 했는데 왜 여기서는 하나님께로부터 난 자는 범죄 하지 아니한다고 했을까요?

이 말씀은 우리 영에 대해 말씀하고 있기 때문입니다. 그리스도인은 영에 예수님이 계시기 때문에 영은 범죄 하지 못합니다. 그리스도인의 영에는 예수님의 영인 성령이 와 계시기 때문에 범죄 할 수 없습니다. 사도 요한은 지금 영에 관해서 이야기하있는 것입니다. 하나님께로부터 난 자의 영은 범죄 하지 못한다는 말씀하고 있습니다.

> 만일 우리가 죄 없다고 말하면 스스로 속이고 또 진리가 우리 속에 있지 아니할 것이요 (요일 1:8).

또한, 사도 요한은 우리가 죄 없다고 하면 거짓말하는 자라고 했습니다.

왜 여기서는 죄 없다고 말하면 거짓말을 하는 것이라고 말할까요?

이 말씀은 우리 육의 행위에 대해서 말씀하고 있기 때문입니다. 우리는 육의 행위로는 죄를 지을 수 있습니다. 그리스도인이라도 육의 행위로는 날마다 죄를 지으면서 살아갑니다. 그러므로 죄 없다고 하는 것은 거짓말하는 자가 되는 것입니다.

성경을 볼 때 이런 구절들을 잘 구별해야 합니다. 그래서 좋은 교사가 필요합니다. 성경을 정확하게 가르치는 목사가 필요한 것입니다. 이 두 구절을 종합해 보면 이렇습니다. 그리스도인도 죄를 짓습니다. 얼마든지 죄를 지으면서 세상을 살아갑니다.

그러나 그 죄가 그리스도인의 영에는 침투하지 못합니다. 육의 행위가 아무리 죄로 오염되었다고 해도 그리스도가 거하는 영은 영원히 손상되지 않습니다. 영으로는 범죄 할 수 없습니다. 영으로 죄를 범하는 것은 하나뿐입니다. 예수 그리스도를 부인하는 것입니다.

> 그러므로 내가 너희에게 알리노니 하나님의 영으로 말하는 자는 누구든지 예수님을 저주할자라 하지 아니하고 또 성령으로 아니하고는 누구든지 예수님을 주시라 할 수 없느니라(고전 12:3).

영에 성령이 계신 자는 예수님을 부인할 수 없습니다. 영에 성령이 없는 사람은 예수님을 주라고 시인하지 못합니다. 그러므로 영에 죄를 짓는 것은 예수님을 부인하는 죄 밖에 없습니다. 그리스도를 부정하는 사람은 영으로 죄를 짓는 것입니다. 이것은 영원한 심판의 죄입니다.

그리스도인은 영에 성령이 계십니다. 그리스도인은 영으로 범죄 할 수 없는 자들입니다. 이것이 하나님께로부터 난 자마다 범죄 하지 않는다는 말씀의 뜻입니다. 예수 믿어도 육으로 죄를 지을 수는 있습니다. 그러나 그리스도인이 육의 행위 때문에 지옥에 가지는 않습니다. 지옥에 가는 죄는 한 가지 밖에 없습니다. 예수 그리스도를 믿지 않는 죄입니다.

> 죄에 대하여라 함은 그들이 나를 믿지 아니함이요(요 16:9).

지옥에 가는 죄는 예수님을 믿지 않는 죄 하나뿐입니다. 사람이 율법을 지키지 못해서 지옥에 가는 것이 아닙니다. 사람이 예수님을 믿지 않아서 지옥에 가는 것입니다. 예수님이 십자가에서 완성하신 속죄를 믿지 않으므로 멸망을 당하는 것입니다. 그리스도인이 짓는 죄는 영으로 짓지 않고 육으로 짓는 죄입니다.

그리스도인의 영은 죄를 지을 수가 없습니다. 그리스도인의 영은 성령이 거하심으로 언제나 주님과 하나입니다. 그리스도인의 죄는 육으로 짓습니다. 죄를 육으로 짓는다는 것의 뜻은 죄가 육에는 영향을 미친다는 의미입니다. 그리스도인이라도 육으로 죄를 지으면 육에 하나님의 징계가 임합니다.

## 6. 다윗에게 임한 징계와 영원한 구원

다윗은 하나님의 마음에 합한 사람이라 불렸던 인물이지만, 죄를 지었습니다. 남의 아내인 밧세바를 강간하고 남편인 우리야를 살인 교사한 죄입니다. 끔찍하고도 무서운 죄입니다. 이것은 다윗이 육으로 지은 죄입니다. 그때 육에 하나님의 징계가 임했습니다. 밧세바에게서 낳은 첫째 아들이 죽었습니다.

다윗이 하나님의 징계를 받아 일생동안 칼이 그를 떠나지 않을 것이라고 했습니다. 하나님의 징계는 말씀 그대로 이루어져서 밧세바가 낳은 첫째 아들이 죽고 다윗은 여생을 칼의 위협 속에서 죽을 고비를 경험하며 살았습니다.

> 나는 그에게 아버지가 되고 그는 내게 아들이 되리니 그가 만일 죄를 범하면 내가 사람의 매와 인생의 채찍으로 징계하려니와 내가 네 앞에서 물러나게 한 사울에게서 내 은총을 빼앗은 것처럼 그에게서 빼앗지는 아니하리라 네 집과 네 나라가 내 앞에서 영원히 보전되고 네 왕위가 영원히 견고하리라 하셨다 하라(삼하 7:14-16).

이것은 다윗이 하나님으로부터 받은 약속입니다. 이 약속은 영원한 하나님의 언약입니다. 하나님이 다윗에게 주신 이 언약은 다윗뿐만 아니라 그리스도 안에서 하나님의 자녀가 된 우리에게도 동일하게 주시는 약속입니다. 우리가 얻은 구원은 영원한 구원입니다.

하나님은 우리가 죄를 짓는다고 구원의 은총을 빼앗지는 않습니다. 우리가 죄를 짓는다고 지옥에 가지는 않습니다. 말씀에 불순종했다고 구원을 잃지는 않습니다. 다만, 육에 하나님의 징계와 환난이 있을 것입니다.

만일 범죄 하면 사람의 매와 인생의 채찍으로 징계하신다고 했습니다. 때로는 무섭고도 처절한 육의 고통이 따릅니다. 하나님의 진노는 죄 위에 쏟아집니다. 하나님은 징계의 채찍으로 죄를 벌하시며 동시에 그리스도인을 거룩한 자리로 부르시는 것입니다. 그러나 하나님은 그리스도인을 지옥에 보내시지는 않습니다. 육의 행위가 영에는 영향을 미치지 못하기 때문입니다.

하지만, 제가 강조하거니와 이 말이 어떻게 살든 천국에는 간다는 뜻이 아닙니다. 만약 여러분이 이런 은혜의 교리를 가지고 "나는 구원 받았으니 어떻게 살아도 천국에 간다"고 말한다면 정죄 받아야 마땅합니다. 그 사람은 지옥에 갑니다. 왜냐하면, 진정으로 구원받은 사람은 그렇게 말하지 못하기 때문입니다. 제가 의도적으로 그렇게 말을 못한다는 표현을 썼습니다. 그리스도인은 그렇게 말을 하지 못합니다.

그리스도인 안에는 성령이 삽니다. 성령은 거룩한 영으로 하나님의 거룩함을 쫓아 살도록 인도합니다. 성령이 그리스도인 안에 소망을 일으켜 주십니다. 그리스도인의 소망은 거룩하게 사는 것입니다. 하나님의 영광을 위해 사는 것입니다. 하나님의 기쁨이 되는 것입니다. 성령이 우리 안에서 이와 같은 소망으로 역사하기 때문입니다.

그러므로 "나는 예수님을 믿기 때문에 어떻게 살든 천국에 갈 수 있다"고 말한다면 그 사람은 불신자입니다. 그의 말이 그의 속에 성령이 계시지 않는다는 것을 증거해 주기 때문입니다. 거듭난 그리스도인은 성령님 때문에 절대 그렇게 말하지 못합니다.

여러분, 진리 안에서 거짓을 잘 분별하시기 바랍니다.

## 7. 자살해도 천국 가나요?

영원한 속죄의 교리를 가르치면 사람들이 이런 질문을 합니다.
"그럼, 자살해도 천국 가나요?"
구원이 영에서 일어난 사건이고 육의 행위가 영향을 미치지 못한다면 자살한 자도 천국에 갈 수 있느냐 하는 질문입니다.
여러분은 어떻게 생각하십니까?
교회는 전통적으로 자살하면 지옥에 간다고 가르쳐 왔습니다.
"왜 자살하면 지옥에 갑니까?"
여기에 대한 대답은 자기 생명이라도 살인했기 때문에 지옥에 간다는 것입니다.
"그러면 살인자는 지옥에 갑니까?"
여기에 대한 대답은 살인자는 회개했기 때문에 천국 가는 것이고, 자살한 사람은 자기가 자기를 죽이면서 회개하지 못하고 죽었기 때문에 지옥에 가는 것이라고 말합니다. 이것이 전통적인 교회의 대답이었고 교인들은 그대로 받아들였습니다.

그러나 여기에 신학적인 큰 결점이 있습니다. 구원의 주체를 인간의 행위로 바꾼 것입니다. 하나님의 전지전능하심과 예수님의 영원한 속죄 교리가 전부 사라졌습니다. 회개라는 인간의 행위 하나가 구원을 좌지우지 하는 기준이 되었습니다.

살인자는 사람을 죽이고 회개했기 때문에 천국에 가지만 자살한 사람은 그것을 못해서 지옥에 간다면 이것은 구원의 결정권을 내가 가진 것이 됩니다. 하나님의 거대한 구원의 계획과 섭리가 나의 회개 하나에 전부 파묻혀 버립니다. 이것은 지극히 인본적인 신학입니다. 이것은 하나님의 거대한 구원의 서정(序定)을 완전히 폐기 처분하는 일일 뿐만 아니라 회개라는 행위 하나가 구원을 결정하는 행위구원의 결정판이 되는 것입니다.

그러면 왜 자살하면 지옥에 간다는 교리가 이렇게 널리 퍼지게 되었는지 그 기원을 한 번 알아봅시다. 이는 로마가톨릭의 교리로 13세기경에 살았던 토마스 아퀴나스의 가르침을 기초로 만들어 낸 이야기입니다. 로마가톨릭은 죄를 대죄와 소죄로 나누었는데 살인, 간음 같은 죄는 대죄로 반드시 사제에게 고해성사를 하고 죄 사함을 받아야 천국에 간다고 가르쳤습니다. 이것 자체가 벌써 이단 교리입니다.

왜 사제에게 용서를 받아야 합니까?

사제가 무슨 권한으로 죄를 용서합니까?

속죄의 권세는 예수 그리스도에게 있습니다. 그런데 자살을 하면 사제에게 고해성사를 못하고 죽기 때문에 죄가 그대로 남아 지옥에 간다는 것입니다. 이 교리를 개신교가 그대로 받아들인 것입니다. 그래서 오늘도 자살을 하면 지옥에 간다는 잘못된 교리가 널리 퍼져 있습니다. 이것이 얼마나 비성경적인 교리인지도 모르는 채 로마가톨릭을 그대로 따라 하는 것입니다.

로마가톨릭의 교리는 신인협력설입니다. 하나님의 은혜와 인간의 행위가 합쳐져야 구원이 완성된다는 교리입니다. 개신교는 신인협력 교리를 믿지 않습니다. 개신교는 고해성사도 믿지 않습니다. 이 모든 것을 이단으로 정죄했습니다. 그런데 이것을 은연중에 그대로 받아들여서 자살한 사람은 지옥에 간다고 가르친 것입니다.

자살한 자가 사제에게 회개하지 못하고 죽었기 때문에 지옥에 간다는 논리는 정죄 당해야 마땅합니다. 개신교는 그것을 바꾸어서 그들이 죽을 때 하나님께 회개하지 못하기 때문에 지옥에 간다고 하는데 이 논리도 정죄 당해야 마땅합니다.

　우리는 살아가면서 많은 죄를 짓습니다. 우리가 지은 모든 죄를 전부 기억하지도 못합니다. 우리가 죄를 회개해야 천국에 간다고 한다면 우리는 전부 지옥에 가야 합니다. 큰 바위를 바다에 빠뜨리면 '풍덩'하고 가라앉습니다. 조그마한 돌을 바다에 빠뜨리면 '퐁당'하고 가라앉습니다. 바닷가에 모래 하나 바다에 던지면 소리 없이 가라앉습니다. 바위도 조그마한 돌도 모래도 모두 바다에 가라앉습니다.

　큰 죄든, 작은 죄든, 티끌 같은 죄든, 모든 죄에는 하나님의 진노가 임합니다. 회개하지 않아서 지옥에 간다고 하면 여러분은 일생에 지은 모래 같은 모든 죄를 다 기억해 내야 합니다. 다 기억해서 하나도 놓치지 않고 회개해야 합니다.

　여러분은 일생을 살아오면서 모래 같은 모든 죄를 다 기억하십니까?

　자살하는 사람이 죄를 회개하지 않았기 때문에 지옥에 간다고 말한다면 여러분도 일생에 지은 모래 같은 모든 죄를 일일이 회개하지 않으면 지옥간다는 논리가 되는 것입니다.

　여러분은 마음으로 지은 죄, 생각으로 지은 죄까지 다 기억하고 회개할 만큼 기억력이 좋습니까?

　성경에는 살인자, 간음자는 하나님의 심판을 받는다고 했습니다. 그러나 시기하고 질투한 자도 똑같이 하나님의 심판을 받는다고 했습니다. 생각으로 죄를 짓고 마음으로 지은 죄도 심판을 받는다고 했습니다.

　여러분은 다 회개하셨습니까?

정말, 모래 같은 수많은 죄까지 일일이 다 기억하고 회개하셨습니까? 생각과 마음으로 지은 죄까지 다 회개하셨습니까?

큰 바위도 물에 가라앉지만, 작은 돌도 물에 가라앉습니다. 아주 작은 모래 하나도 물에 가라앉는 것입니다. 이것이 죄입니다. 어떤 작은 죄도 하나님의 심판을 벗어날 방법이 없습니다. 자살한 사람은 회개하지 않고서 죽었기 때문에 지옥에 간다는 말 자체가 나도 지옥에 가야 한다는 말과 똑같은 말입니다.

고맙게도 한국 개신교 대부분의 보수 신학자는 자살에 대한 성경적인 바른 이해를 가지게 된 것을 감사하게 생각합니다. 자살이 비록 무서운 죄이기는 하지만 지옥에 가는 죄는 아니라는 것에 신학적 일치를 보이고 있습니다. 성경을 제대로 공부하고 신학을 배운 사람이라면 당연한 논리입니다.

자살은 죄입니다. 자살은 절대 범하지 말아야 할 무서운 죄입니다. 그러나 그리스도인이 자살했다고 지옥에 가지는 않습니다. 지옥에 가는 죄는 한 가지 뿐입니다. 하나님이 보내신 구원자 예수 그리스도를 거절하는 죄뿐입니다. 예수 그리스도를 거절하는 한 가지 죄 외에는 지옥에 가는 죄는 없습니다. 비록 자살을 했다고 할지라도 그리스도를 구주로 영접한 사람은 이미 구원을 받은 자입니다.

## 8. 짐짓 죄를 범한즉

구원의 문제를 좀 더 분명히 하기 위해 히브리서로 한 번 가 봅시다. 히브리서 10장에는 진리를 아는 지식을 받은 후에 짐짓 죄를 범하면 다시 속죄하는 제사가 없다는 말씀이 나옵니다. 율법주의자나 행위구원론에 빠진 자들은 이런 구절을 보면 신이 나서 묻습니다.

"예수 믿고 난 후에 죄를 지으면 지옥에 간다는 말씀이 여기에 분명히 나오지 않습니까?"

그들은 이런 구절을 근거를 들어서 예수님을 믿어도 죄 지으면 지옥에 간다는 논리를 펼칩니다. 그러나 성경의 정확한 뜻은 그들의 주장과는 전혀 다릅니다.

> 우리가 진리를 아는 지식을 받은 후 짐짓 죄를 범한즉 다시 속죄하는 제사가 없고 오직 무서운 마음으로 심판을 기다리는 것과 대적하는 자를 태울 맹렬한 불만 있으리라(히 10:26-27).

우리가 진리를 아는 지식을 받은 후 짐짓 죄를 범한즉 다시 속죄하는 제사가 없고 무서운 심판이 기다린다는 이 구절은 예수 믿고 죄지으면 다시 속죄하는 제사가 없다는 뜻이 아닙니다. 이렇게 해석을 하면 요한일서 1장 9절 말씀과 부딪힙니다.

요한일서 1장 9절은 무슨 죄든지 자백하면 용서해 주신다고 했거든요. 이렇게 되면 두 가지 말씀이 서로 부딪힙니다. 말씀은 절대로 부딪히지 않습니다. 말씀과 말씀이 서로 부딪히는 것은 한 쪽 말씀을 잘못 해석했기 때문입니다.

히브리서 10장 26절의 "짐짓 죄를 범한즉" 이 말씀은 우리가 행위로 지은 죄를 말하고 있지 않습니다. 문맥을 잘 보세요. "우리가 진리를 아는 지식을 받은 후"라고 했습니다. 복음 진리를 다 들은 후라는 뜻입니다. 지식을 받은 것입니다. 예수님을 마음으로 영접하고 고백한 상태에서 짓는 행위의 죄가 아닙니다. 그들은 아직 예수님을 주로 시인하지 않았습니다. 아직 그 단계까지 미치지 못했습니다. 은혜의 복음을 다 들은 후입니다. 그런 후 짐짓 죄를 범한즉이라고 했습니다.

따라서 이것은 복음을 다 들은 후에 복음을 거절하는 죄를 말하는 것입니다. 이것이 짐짓 범하는 죄입니다. 하나님의 복음을 다 들은 후 복음을 거절하는 죄를 범한즉, 다시 속죄하는 제사가 없고 무서운 심판이 기다리고 있다는 말씀입니다. 이것이 정확한 해석입니다. 대속의 복음을 다 들은 후 그리스도의 복음을 거절하면 다시 속죄하는 제사가 없다는 뜻입니다. 그러므로 여기서 말하는 짐짓 범하는 죄는 복음을 거절한 죄를 말하는 것입니다.

> 모세의 법을 폐한 자도 두세 증인을 인하여 불쌍히 여김을 받지 못하고 죽었거든 하물며 하나님 아들을 밟고 자기를 거룩하게 한 언약의 피를 부정한 것으로 여기고 은혜의 성령을 욕되게 하는 자의 당연히 받을 형벌이 얼마나 더 중하겠느냐 너희는 생각하라(히 10:28-29).

모세의 법을 폐한 자라고 했습니다. 폐한다는 것은 전체를 거절하는 것을 말합니다. 법을 어기는 것은 살면서 법을 지키지 못하는 것이지만 폐한다는 것은 법 전체를 폐기 처분하는 것을 말합니다. 내용 자체를 받아들이기를 거절한 것입니다. "모세의 법을 폐한 자도 불쌍히 여김을 받지 못하거든" 그리고 이어서 "하물며 하나님의 아들을 짓밟고, 언약의 피를 부정한 것으로 여기고, 은혜의 성령을 욕되게 하고"라고 연결되어 있습니다.

여러분, 이제 명확해지지 않습니까?

짐짓 죄를 범하는 것은 모세의 법을 폐한 것과 같이 복음 전체를 무효화하는 죄를 말하는 것입니다. 영혼에 진리의 빛을 비춰 주었음에도 복음을 완전히 거절한 사람의 죄입니다.

"이런 사람이 받을 형벌이 얼마나 중하겠느냐!"

이렇게 이어지면서 경고하는 것입니다. 만약 짐짓 범하는 죄가 알고 짓는 행위적인 죄라면 예수님 믿는 사람은 전부 지옥에 가야 합니다.

예수님을 믿은 후에자 전혀 죄를 짓지 않는 사람이 어디 있습니까?
진짜 모르고 죄를 짓습니까?
알고 짓는 죄는 정말 하나도 없을까요?
사람이 정말 죄를 지을 때 전부 모르고 지을까요?
죄인 줄 알지만 유혹을 받아서 짓는 죄가 얼마나 많습니까?

이렇게 되면 성경에 회개라는 말은 전부 사라져야 합니다.
알고 죄를 짓는 사람에게는 속죄하는 제사가 전혀 없는데 어떻게 회개할 수 있겠습니까?
성경을 잘못 해석하면 이렇게 엉터리가 되어버립니다.

## 9. 활짝 열어 놓은 회개의 길

그러나 감사하게도 우리에게는 죄 사함의 길이 열려 있습니다. 요한일서 1장 9절은 그리스도인이 죄를 지었을 때 속죄의 길이 열려 있음을 알려 주고 있습니다.

> 만일 우리가 우리 죄를 자백하면 그는 미쁘시고 의로우사 우리 죄를 사하시며 우리를 모든 불의에서 깨끗하게 하실 것이요(요일 1:9).

회개의 은총을 주신 하나님을 찬양합시다. 하나님은 우리가 알고 죄를 지어도 주님께 나와 자백하면 깨끗하게 용서해 주십니다. 하나님은 용서를 가려서 하시는 분이 아닙니다. 모르고 지은 죄도 용서해 주시고 알고 지은 죄도 용서해 주십니다. 큰 죄도 용서해 주시고 작은 죄도 용서해 주십니다.

그러므로 짐짓 범하는 죄를 알고 지은 죄라고 단정하고 다시는 속죄하는 제사가 없다고 하면 성경을 거짓말로 만드는 것입니다. 짐짓 범하는 죄는 복음을 들은 후에 복음을 거절하는 죄를 말합니다. 예수 그리스도의 속죄를 거절하는 죄를 말합니다. 하나님의 복음을 폐한 죄를 말하는 것입니다.

앞에서 인용한 히브리서 29절에 의하면 짐짓 범하는 죄는 '하나님의 아들을 짓밟는 죄다. 언약의 피를 부정한 것으로 여기는 죄다. 그것은 성령을 욕되게 하는 죄다'라고 구체적으로 밝혀 주고 있습니다. 그러므로 짐짓 죄를 범하는 자들은 복음을 거절한 자들입니다. 짐짓 죄를 범하는 자들은 십자가의 유일성을 부정하는 자들입니다. 이 말씀은 요한복음 16장 9절에 나오는 말씀과도 일치하고 있습니다.

> 죄에 대하여라 함은 그들이 나를 믿지 아니함이요(요 16:9).

용서 받지 못하는 죄는 믿지 않는 죄 밖에 없습니다. 믿지 않는 죄는 심판을 받아 지옥에 가는 죄입니다. 믿지 않는 자는 회개하지 않은 자이기 때문입니다. 믿지 않는 자는 예수 그리스도의 속죄가 없는 자이기 때문입니다. 믿지 않는 자에게는 율법이 그대로 쏟아져서 그들의 행위를 심판하기 때문입니다.

그리스도인은 이미 회개하고 예수님을 믿은 자입니다. 그러므로 그리스도인에게는 속죄의 은총이 있습니다. 그리스도인에게는 예수님의 피가 있습니다. 그리스도인은 완전한 속죄를 받은 사람입니다. 영에 예수 그리스도가 거하고 계십니다. 육으로 죄를 지을 때도 회개하면 예수님의 피로 용서해 주십니다. 이것이 성경이 말하는 은혜의 복음입니다.

은혜의 복음 위에 다른 것들을 더하지 마십시오. 순수한 복음을 혼탁하게 하지 마십시오. 이런 자들에게는 예수님이 십자가에서 흘리신 속죄의 피가 무효가 되고 남은 것이라고는 무서운 심판밖에 없습니다.

## 10. 예수 그리스도의 삼중직

여기서 우리가 잠시 그리스도라는 말의 영적인 의미를 숙고해 볼 필요를 느낍니다. 그리스도라는 말의 의미를 정확하게 이해할 때 예수님의 속죄 사역이 더 뚜렷해 집니다. 그리스도라는 말은 히브리어로 메시아입니다. 메시아는 기름부음을 받은 자라는 뜻입니다. 메시아의 헬라어 번역이 그리스도입니다.

구약 시대 이스라엘은 메시아를 기다렸습니다. 메시아가 오시면 자기들을 정치적 억압에서 가난에서 질병에서 구원해 줄 것이라고 믿었습니다. 그들의 신앙은 메시아 신앙이었습니다. 오로지 메시아를 기다리는 신앙이었습니다. 그런데 성경은 메시아가 왔다고 선포합니다.

하나님이 약속하신 메시아가 온 것입니다. 하나님이 보낸 메시아가 주 예수 그리스도입니다. 그래서 우리는 예수님을 칭할 때 그리스도라고 부르는 것입니다. 그리스도가 메시아입니다. '예수 메시아', 헬라어로 예수 그리스도가 되는 것입니다.

메시아가 기름부음을 받은 자라고 했는데 어떠한 기름부음을 받으셨을까요?

메시아는 왕과 선지자와 제사장의 기름부음을 함께 받은 자입니다. 메시아는 삼중직을 함께 행함으로 이스라엘을 구원하실 분이라고 믿었습니다. 예수 그리스도가 바로 그러한 일을 행한 것입니다.

구약 시대에는 세 종류의 직분에 기름부음을 주었습니다. 왕과 선지자와 제사장입니다. 왕과 제사장과 선지자가 이 땅에서 각 분야에서 메시아의 사역을 담당한 것입니다. 구약 시대 사람들은 메시아가 이 세 가지 직분을 동시에 가지고 와서 자기민족을 구원해 줄 것이라고 믿었는데 이 땅에 오셔서 바로 그 일을 행하신 분이 예수 그리스도입니다.

예수 그리스도는 이 세 가지 직분을 동시에 가지고 세상에 오셔서 세 가지 사역을 동시에 이루신 분입니다. 예수님은 인간의 기름부음이 아닌 성령의 기름부음을 받았습니다. 하나님께서 부르시는 성령의 기름부음을 넘치게 받으시고 세 가지 사역을 모두 행하셨습니다.

**첫째**, 예수님은 왕이십니다.

예수님이 말씀하시면 바람과 바다도 잔잔해졌습니다. 산더미처럼 몰아치던 파도가 숨을 죽였습니다. 예수님이 말씀하시면 불치의 병이 나았습니다. 예수님의 말씀 한마디에 귀신이 도망갔습니다. 예수님의 말씀에 죽은 지 나흘이나 지난 나사로가 살아났습니다. 예수님은 왕으로 오신 분이십니다.

**둘째**, 예수님은 선지자이십니다.

예수님의 산상수훈을 보십시오. 예수님의 가르침은 인간이 흉내 낼 수도 없는 보배로운 말씀이었습니다. 인간의 위선과 거짓을 철저하게 폭로하는 날선 검과 같은 말씀이었습니다.

예수님의 말씀 앞에 가면을 쓰고 숨을 자가 어디에 있습니까?

예수님은 구약의 모든 선지자보다 뛰어난 선지자였습니다.

**셋째**, 예수님은 제사장이십니다.

예수님은 스스로 대제사장이 되시고 스스로 제물이 되셔서 인류의 죄를 위한 대속제사를 드리셨습니다. 인간이 세운 대제사장은 죽음으로 계속해서 새로운 사람을 세워야 했습니다. 그러나 예수님은 하나님의 아들로 영원한 대제사장으로 오셨습니다.

그뿐만 아니라 스스로 제물이 되셨습니다. 예수님은 하나님으로부터 오신 분으로 죄라고는 찾아 볼 수도 없는 성결한 분이며 우리 죄를 위한 대속 제물이 되신 것입니다. 예수님은 죽음에서 부활하심으로 대속의 모든 사역을 완성하셨습니다. 다시는 더 이상 죄를 위해서 인간이 어떤 제물이든 가지고 와서 제사를 드릴 필요가 없어졌습니다. 예수님은 죽음에서 부활하심으로 예수님의 속죄 사역을 완전하고도 영원히 끝내셨습니다.

> 제사장마다 매일 서서 섬기며 자주 같은 제사를 드리되 이 제사는 언제나 죄를 없게 하지 못하거니와 오직 그리스도는 죄를 위하여 한 영원한 제사를 드리시고 하나님 우편에 앉으사 그 후에 자기 원수들을 자기 발등상이 되게 하실 때까지 기다리시나니 그가 거룩하게 된 자들을 한 번의 제사로 영원히 온전하게 하셨느니라(히 10:11-14).

예수님은 대제사장으로 스스로 제물이 되어 속죄의 제사를 드리시고 모든 죄인을 영원히 온전하게 하셨습니다. 예수 그리스도의 제사는 영원하고도 완전한 제사였습니다. 예수님 이후로는 더 이상 제사를 드릴 필요가 없어졌습니다. 예수님이 영원한 대제사장으로 스스로 제물이 되셔서 온전한 제사를 드리시므로 속죄의 사역을 끝내셨기 때문입니다. 예수 그리스도는 한 번의 제사로 영원히 온전하게 하심으로 영원한 대제사장이 되셨습니다. 예수님은 이렇게 하나님의 속죄 사역을 완전히 이루심으로 믿는 자를 구원하시는 속죄 사역을 영원히 완성하셨습니다. 예수 그리스도는 자신이 친히 제물이 되시고, 친히 대제사장이 되셔서 모든 속죄의 사역을 완성하시고 영원히 온전케 하셨습니다.

## 11. 은혜의 복음으로 돌아오라

하지만, 예수 그리스도께서 완성하신 이 은혜의 복음은 너무나 자주 변질되어 왔습니다. 하나님께서 어린양의 피로 자기 백성을 영원히 속죄하셨다고 했는데도 사탄은 계속해서 율법주의와 행위구원으로 그리스도의 몸 된 교회를 오염시켰습니다.

초대 교회를 보세요. 초대 교회의 복음은 "오직 은혜"였습니다. "오직 믿음"이었습니다. 바울은 담대히 외쳤습니다.

"너희가 그 은혜에 의하여 믿음으로 말미암아 구원을 얻었다!"

그러나 시간이 지나면서 4세기 교회가 공인되고 로마의 국교회가 되자 교회는 타락하기 시작했습니다. 순수한 복음에 철학이 혼합되어 종교철학이 되었습니다. 로마가톨릭교회는 공덕구원론과 신인협력설로 교회를 어둠 가운데 빠뜨렸습니다. 온갖 쓰레기 같은 인간의 철학과 미신이 들어와서 교회는 구원의 길을 잃었습니다.

1517년 마르틴 루터가 갈라디아서와 로마서를 연구하다가 은혜의 복음을 발견하고 다시 "오직 은혜"와 "오직 믿음"을 외치면서 종교개혁을 이루었습니다. 종교개혁으로 은혜의 복음은 다시 세상에 증거 되었습니다. "오직 믿음"으로 구원을 얻는 진리가 세상에 빛을 발휘하게 되었습니다.

그러나 그로부터 500년이 지나면서 지금의 개신교회는 다시 로마가톨릭의 길로 돌아갔습니다. 로마가톨릭의 늪에 빠졌습니다. 인간의 철학과 인본주의와 심리학이 혼합된 종교철학이 신학이라는 탈을 쓰고 신학교에서 버젓이 가르쳐지고 있습니다. 그것은 신학이 아닙니다. 하나님과 관계가 없습니다. 그것들은 개념밖에 없는 종교철학입니다.

온갖 논쟁과 말장난이 신학교에서 난무하고, 그것을 배운 목사들이 교회 안에서 행위구원을 버젓이 전하고 있습니다. 카톨릭의 신인협력설을 목사들이 교회 강단에서 당연하게 설교합니다.

　물론, 그들은 나는 신인협력설을 믿는다고 노골적으로 말하지는 않습니다. 그렇게 말했다가는 큰일 나지요. 그런데 설교 내용을 들어보면 전부 신인협력설입니다. 믿음도 필요하지만 행위가 있어야 구원을 얻는다고 말합니다. 믿는 것만으로는 부족하다고 말합니다. 말씀대로 순종하며 살아야 천국에 들어간다고 전합니다. 많은 한국 개신교 목사들이 강단에서 실제로 이렇게 설교를 합니다.

　개신교의 로마가톨릭화가 급속하게 진행되고 있습니다. 이제 성경만 가지고 전하는 복음은 재미없습니다. 성경에 나오는 순수한 속죄의 복음은 인기가 없습니다. 성경에다가 종교철학과 심리학과 문학이 뒤섞여서 온갖 양념을 치고 요리를 해서 전합니다.

　여러분, 속지 마십시오. 자유주의신학에 속지 마십시오. 로마가톨릭의 신인협력설에 속지 마시오. 율법주의와 행위구원에 속지 마십시오. 심리학적 설교에 속지 마십시오. 성경으로 돌아오십시오. 십자가의 복음으로 돌아오십시오. 대속의 복음으로 돌아오십시오. 예수 그리스도의 피 복음으로 돌아오십시오.

　오직 예수, 구원자는 오직 예수 밖에 없습니다. 구원의 유일한 길은 십자가에 죽으시고 대속의 피를 흘리시고 우리의 죄를 영원히 속죄하신 예수 그리스도를 믿는 길 외에는 없습니다. 십자가에서 죽으시고 삼일만에 다시 살아나신 예수 그리스도를 주와 구원자로 믿는 것뿐입니다.

여러분, 종교개혁자들이 외쳤던 오직 은혜, 오직 믿음, 오직 성경으로 돌아오십시오. 이것은 초대 교회 바울이 전했던 순수한 복음입니다.

> 모든 사람이 죄를 범하였으매 하나님의 영광에 이르지 못하더니 그리스도 예수 안에 있는 속량으로 말미암아 하나님의 은혜로 값없이 의롭다 하심을 얻은 자 되었느니라 (롬 3:23-24).

모든 사람이 죄를 범하여 하나님의 영광에 이르지 못했습니다. 그리스도 예수 안에 있는 속량으로 은혜로 값없이 의로워졌습니다. 하나님은 예수 그리스도의 구속으로 말미암아 우리를 값없이 의롭게 하셨습니다. 이것이 은혜의 복음입니다. 이것이 바울의 복음입니다. 이것이 구원의 복음입니다. 이 복음 외에 다른 복음은 없습니다. 이 진리를 붙들고, 이 진리 안에 굳게 서서 이 진리만을 담대하게 주장하십시오.

## 12. 예수님의 피 복음만 붙들라

> 그러므로 너희 담대함을 버리지 말라 이것이 큰 상을 얻게 하느니라 (히 10:35).

우리의 담대함이 무엇입니까?

속죄의 복음입니다. 대속의 복음을 믿는 믿음입니다. 어쩌면 여러분의 행위가 조금 부족할 수 있습니다. 어떤 때는 죄 가운데 있을 수도 있습니다. 한동안 죄 가운데 빠져 살 수도 있습니다. 그러나 의심하지 마십시오. 여러분이 서 있는 믿음의 터를 떠나지 마십시오. 그리스도의 속죄의 복음을 떠나지 마십시오. 피의 속죄를 의심하지 마십시오.

예수 그리스도는 십자가에서 피 흘리시고 죽으심으로 우리의 모든 죄를 용서하셨습니다. 죽은 지 사흘 만에 부활하심으로 우리에게 그리스도와 동일한 의를 주셨습니다. 이것은 절대로 손상되지 않은 하나님의 의입니다. 하나님께서 우리 영에 심어 주신 영원한 의입니다.

여러분은 진리의 터 위에서 계속해서 자라갈 것입니다. 주님 앞에 서는 날까지 그리스도 안에서 계속 자라갈 것입니다. 성령님이 그렇게 인도해 갈 것입니다. 오늘 넘어졌다고 해서 낙심하지 마십시오. 율법주의와 행위구원이라는 옛 길로 돌아가지 마십시오.

은혜의 교리를 단단히 붙드십시오. 담대하게 은혜의 교리를 붙드십시오. 예수님이 주 되심을 입으로 고백하십시오. 그리스도의 죽으심과 부활을 마음으로 믿으십시오. 여러분이 얻은 구원을 매일 확증하며 감사하십시오.

여러분 안에는 성령이 계십니다. 여러분은 성령의 도우심으로 계속해서 자라갈 것입니다. 그리스도 안에서 성숙한 사람으로 성장해 갈 것입니다. 하나님의 열심히 그렇게 인도해 가고야 말 것입니다.

## 제7장

## 내 생각을 버리고 성경대로 믿기

이 뜻을 좇아
예수 그리스도의 몸을 단번에 드리심으로 말미암아
우리가 거룩함을 얻었노라
제사장마다 매일 서서 섬기며
자주 같은 제사를 드리되
이 제사는 언제든지 죄를 없게 하지 못하거니와
오직 그리스도는 죄를 위하여
한 영원한 제사를 드리시고
하나님 우편에 앉으사 그 후에
자기 원수들로 자기 발등상이 되게 하실 때까지 기다리시나니
저가 한 제물로 거룩하게 된 자들을
영원히 온전케 하셨느니라

(히 10:10-14)

## 1. 옛사람의 사고 습관

　우리가 얻은 구원은 하나님의 은혜입니다. 우리의 구원은 행위와 전혀 관계가 없는 하나님의 선물입니다. 행위에서 난 것이 아니니 자랑할 것이 없다고 했습니다. 성경이 그렇게 말하고 있습니다. 그런데도 그리스도인들이 성경 말씀보다는 자기 생각에 많이 지배를 받고 있습니다. 인간이 죄인이기 때문에 그렇습니다.
　오랫동안 하나님 없이 자기 생각대로 살아온 삶의 방식이 인생을 여전히 지배하는 것입니다. 예수님을 믿은 후에도 이런 옛사람의 습관이 쉽게 사라지지 않는 것입니다. 그러나 내 생각은 타락한 육의 생각입니다. 타락한 육의 생각은 율법주의입니다. 율법주의는 결론이 저주와 심판입니다. 의롭다함을 얻는 유일한 길은 믿음입니다.

> 일하는 자에게는 그 삯이 은혜로 여겨지지 아니하고 보수로 여겨지거니와 일을 아니할지라도 경건하지 아니한 자를 의롭다 하시는 이를 믿는 자에게는 그의 믿음을 의로 여기시나니(롬 4:4-5).

　우리가 일을 아니할지라도 우리의 의는 경건하지 않은 자를 의롭다 하시는 하나님을 믿음으로써 우리의 믿음을 의로 여기신다고 하셨습니다. 즉, 은혜로 말미암은 것입니다. 은혜로 구원을 얻는 육의 지식을 초월한 영의 지식으로만 알 수가 있습니다.
　영의 생각은 육의 생각을 확장하는 것이 아닙니다. 육의 생각을 확장함으로 영의 생각에 이르지 못합니다. 육의 생각을 아예 죽여야 합니다. 영의 생각으로 다시 태어나야 합니다.

예수님을 믿은 후에도 여전히 육의 생각에 사로잡혀 있으면 행위구원에 빠지게 됩니다. 선한 행실과 도덕이라는 것은 육의 생각과 너무나 잘 어울리기 때문입니다. 그래서 멸망인 것입니다. 육의 결론은 멸망이기 때문입니다. 내 생각을 버리고 성경대로 생각하는 훈련을 해야 합니다. 그래야 영의 세계로 깊이 들어갈 수 있습니다.

## 2. 문둥병자 나아만

열왕기하 5장에 나오는 문둥병자 나아만 이야기는 육의 생각과 영의 생각을 대비해서 보여 주는 생생한 사건입니다. 하나님께 나와서도 자기 생각을 버리지 못하는 한 어리석은 인간의 모습을 보여 주고 있습니다. 사람이 자기 생각을 버린다는 것이 얼마나 어려운지 보세요.

나아만은 아람의 큰 군대 장관이었습니다. 전쟁에서 큰 공을 세우고 훈장을 주렁주렁 달고 다니는 영웅이었습니다. 왕 앞에서도 가장 크게 인정을 받는 사람입니다. 그가 행차를 할 때에 뒤에 많은 신하가 따라다니고 백성들은 그를 보면 고개를 숙였습니다. 나아만은 아람 왕에 버금가는 자였습니다.

그러나 나아만에게는 사람들에게 보여줄 수 없는 절망이 하나 있었으니 그는 문둥병자였습니다. 집에 들어가 군복을 벗고 홀로 있을 때면 온몸이 문둥병에 걸려서 썩어가는 자기 몸을 직면해야 합니다. 그는 죽음을 향하여 가고 있는 인생이었습니다. 나아만의 상태는 모든 인간의 실존을 그려낸 실화입니다.

인생이 이런 것입니다. 사람들은 학식의 훈장, 지식의 훈장, 부의 훈장, 도덕의 훈장, 성공의 훈장, 존경의 훈장, 명예의 훈장, 권력의 훈장들을 주렁주렁 달고 다니지만, 이것들을 다 벗어내고 하나님 앞에 서면 인간은 모두 죄의 문둥병으로, 지옥으로 가고 있는 저주받은 운명이라는 것입니다.

인간은 절망적인 존재입니다. 이것이 인간의 진짜 모습입니다. 사람 앞에서 보이는 모습은 진짜가 아닙니다. 모든 인간은 자신의 본질을 겉옷으로 감추고 위장하며 사는 나아만 같은 존재입니다.

나아만의 진짜 모습은 집에 들어와서 벌거벗었을 때 드러났습니다. 그는 문둥병자였습니다. 그는 죽음으로 향해 가는 절망적인 존재였습니다. 그러나 다행스럽게도 나아만 집에는 이스라엘에서 포로로 잡혀 온 여종이 하나 있었는데 그 여종이 자기 여주인을 통해 나아만에게 자기 나라에 가면 선지자가 있으니 그 선지자에게 보이면 병 고침을 받을 수 있을 것이라고 말합니다.

나아만이 그 이야기를 자기 왕에게 말하자, 왕은 기뻐하며 금은보화를 가지고 다녀오라고 합니다. 나아만은 왕이 준 금은보화를 잔뜩 싣고 큰 행렬을 지어 치료를 받으러 떠납니다. 이스라엘 왕에게 도착해서 말합니다.

"나를 치료해 주시오."

그러자 이스라엘 왕이 펄쩍 뛰며 놀랍니다.

"내가 하나님도 아니고 어떻게 문둥병을 치료할 수 있단 말인가?"

그리고는 벌벌 떨며 말합니다.

"이것은 필시 아람 왕이 이 문제를 빌미로 잡아서 우리나라를 공격하려고 하는 것이다."

그때 엘리사가 소식을 듣고 나아만을 자기에게 보내라고 말합니다. 나아만의 화려하고 거대한 행렬이 선지자의 초라한 집에 도착했습니다. 나아만이 선지자의 집으로 가면서 자기는 아람의 큰 군대장관이니 선지자가 달려와서 큰절을 하며 융숭하게 대접을 할 것이라고 생각했을 것입니다. 그렇지만 엘리사는 나오지도 않고 대신 사환 게하시를 시켜서 요단강에 가서 일곱 번 목욕을 하라고 합니다.

> 나아만이 이에 말들과 병거들을 거느리고 이르러 엘리사의 집 문에 서니 엘리사가 사자를 그에게 보내 이르되 너는 가서 요단강에 몸을 일곱 번 씻으라 네 살이 회복되어 깨끗하리라 하는지라(왕하 5:9-10).

## 3. 나아만의 허상과 우리의 착각

이 말에 나아만의 분노가 폭발합니다. '위대한 장군 나아만'이 무시당했다고 생각한 것입니다. 나아만은 큰 착각을 하고 있었습니다. 자기 존재를 착각한 것입니다. 그는 지금 아람 나라의 장군이 아니라 문둥병자 신세로 선지자를 찾아온 것입니다. 죽음의 병을 고치려고 선지자를 찾아왔습니다. 죽어가는 문둥병자이면서도 아직 장군인줄 착각하고 있습니다. 하나님 앞에서 나아만은 문둥병자일 뿐입니다.

이것이 모든 인간의 착각이 아닙니까?

하나님 앞에 나와서도 주제 파악을 하지 못하는 사람들이 얼마나 많습니까?

세상 신분이 자기 본질인줄 알고 착각하는 것입니다. 나아만처럼 착각하고 교회에 오는 것입니다. 자기는 세상에서 특별하기 때문에 교회에서도 특별 대접을 받아야 한다고 착각합니다. 이것은 정말 순전한 착각입니다. 하나님 앞에서 당신은 그냥 죄인일 뿐입니다. 그 어떤 것도 아닙니다.

우리는 주님의 긍휼과 은혜가 아니면 살 수 없는 추악하고 더러운 죄인일 뿐입니다. 이것을 잊으면 안 됩니다. 나아만처럼 착각에 빠지지 마십시오. 나아만의 착각을 보세요. 엘리사가 직접 나와서 영접하지 않고 종을 시켜서 요단강에 일곱 번 몸을 담그라고 하니 나아만 장군이 불같이 화를 냈습니다.

"내가 누구인줄 알고 이렇게 대하느냐, 당연히 엘리사가 직접 나와서 큰 절을 하고 나를 맞아야 할 것 아니냐?"

나아만이 대노를 했습니다. 나아만은 자기의 권력과 따르는 신하들, 많은 부, 그리고 백성들의 칭송에 싸여서 이제까지 살았습니다. 그 속에서 그는 허상에 빠진 인생을 살아왔습니다. 허상 속에서 살아오는 동안 나아만은 진실을 보는 눈조차 소경이 되었습니다.

그의 본질은 장군이 아닙니다. 그의 본질은 문둥병자입니다. 나아만의 본질은 문둥병에 걸려 죽어가는 절망적인 존재입니다. 문둥병자가 나아만의 본질입니다. 그가 아람 나라의 이인자요, 권력자요, 위대한 장군이라는 것은 그의 본질이 아닙니다. 그것은 허상입니다.

그 모든 것의 힘을 모아도 나아만의 생명을 구해 주지 못합니다. 그런 것들은 껍데기에 불과한 것입니다. 그런데 불쌍한 나아만은 선지자 앞에 나와서도 여전히 허상에 매여 있습니다. 자기의 본질은 보지 못한 채 껍데기에 매여서 착각 속에서 분노하는 것입니다.

우리는 다를까요?

　다르다는 생각 자체가 착각입니다. 다 허상에 속아서 사는 것입니다. 인간의 본질은 죄와 허물로 죽은 자입니다. 화려한 겉옷을 벗고 하나님 앞에 단독자로 서면 모든 인간은 죄라는 문둥병에 걸려 죽음과 심판으로 달려가는 비극적인 존재입니다. 죄의 문둥병에 걸려 죽어가면서도 나아만처럼 허상에 매여 사는 것이 인간입니다.

## 4. 내 생각의 허상

　화가 난 나아만은 부하들에게 자기 나라로 돌아가자고 말합니다.
　"우리나라에는 강이 없느냐?
　다메섹강 아바나와 바르발은 이스라엘 모든 강물보다 낫지 아니하냐?
　내가 거기서 씻을 것이다."
　크게 화를 내며 떠나려고 합니다. 자존심이 상했기 때문입니다.
　왜 자존심이 상했을까요?
　자기를 무시한다고 생각했기 때문입니다. 엘리사가 나와서 융숭하게 대접을 한 후에 뭔가 거창한 의식을 행할 것이라고 생각했는데 완전히 자기 생각이 빗나갔습니다. 거기에서 나아만이 화가 난 것입니다. 게다가 자기 생각에 요단강은 형편 없어 보였습니다. 그 강에 몸을 담근다고 문둥병이 치료될 수 있을 것 같지 않았습니다.
　그뿐만 아니라 아람 나라에 있는 큰 강이 훨씬 좋아 보였습니다. 그는 이스라엘의 모든 강물보다 다메섹강이 낫다고 생각했습니다.

> 나아만이 노하여 물러가며 이르되 내 생각에는 그가 내게로 나와 서서 그의 하나님 여호와의 이름을 부르고 그에 손을 그 부위 위에 흔들어 나병을 고칠까 하였도다(왕하 5:11).

이 구절의 핵심은 "내 생각"이라는 것입니다. 나아만은 "내 생각에는"이라고 했습니다. 나아만은 선지자에게 나와서도 자기 생각을 버리지 못했습니다. 엘리사의 처방과 자기 생각이 달랐습니다. 자기 생각을 포기해야 하는데 뭐든지 자기 뜻대로 행했던 것이 습관이 된 나아만은 이것을 하지 못합니다. 이제까지 전부 자기 생각대로 살았기 때문입니다. 이것이 인간의 공통적인 저주의 길입니다.

하나님을 떠난 인간은 자아가 하나님입니다. 자기가 하나님이 되어서 자기 옳은 대로 판단하고 살고 있습니다.

최초의 인간이 자기 생각대로 판단하고 싶어서 선악과를 따 먹지 않았습니까?

타락한 인간은 언제나 자기 생각이 기준입니다. 자기 생각의 노예가 되어 살아갑니다. 이것이 하나님을 떠난 모든 인간의 삶의 방식입니다. 하나님께 나올 때 가장 큰 장애물은 자기 생각입니다. 하나님 앞에 나올 때는 내 생각을 십자가에 못 박아야 합니다. 하나님께 나오는 이유는 하나님의 말씀을 듣기 위해서입니다.

하나님의 말씀을 들으려면 내 생각을 죽여야 합니다. 내 생각을 죽여야 하나님의 말씀을 순종할 수 있습니다. 말씀 앞에서 가장 큰 장애물은 자기 생각입니다. 나아만이 지금 자기 생각에 빠져 있습니다. 자기 생각을 가지고 하나님의 말씀을 판단하는 큰 잘못을 범하는 것입니다.

## 5. 육신의 생각과 영의 생각

 내 생각은 육신의 생각입니다. 육신의 생각은 죽음입니다. 하나님의 말씀은 영의 생각입니다. 영의 생각은 생명과 평안입니다.

> 육신의 생각은 사망이요 영의 생각은 생명과 평안이니라(롬 8:6).

 하나님 앞에 나올 때는 내 생각을 버려야 합니다. 하나님 말씀이 내 생각과 다를 때 하나님의 말씀을 붙들어야 합니다. 내 생각에 요단강이 초라하고 보잘 것 없어 보여도 하나님의 말씀대로 요단강에 몸을 일곱 번 담그면 낫는 것입니다. 내 생각에 다메섹에 있는 강들이 아무리 좋아 보여도 그것은 육신의 생각이기 때문에 거기에서는 치유가 일어나지 않습니다.

 나아만은 엘리사가 직접 나와서 자기를 융숭히 대접해 줄 것이라고 생각했습니다. 자기가 생각한 대로 굉장한 치료 의식을 행할 것이라고 생각했습니다. 그러나 엘리야의 치료법은 나아만의 생각과 전혀 달랐습니다. 그래서 자기 나라로 돌아가자고 화가 나서 외친 것입니다.

 여러분, 구원을 받으려면 내 생각을 죽여야 합니다. 내 생각에 매여 있으면 구원을 얻을 수 없습니다. 내 생각은 육신의 생각이고 육신의 생각은 사망입니다. 영의 생각은 하나님 말씀이고 하나님 말씀은 생명과 평안입니다.

 구원은 하나님의 말씀을 그대로 받아들일 때 일어납니다. 예수밖에 구원의 길이 없다고 하면 말씀대로 믿어야 합니다. 예수님을 믿음으로 모든 죄를 용서 받는다고 하면 그대로 믿어야 합니다. 사람이 죽으면 심판이 있고 지옥에 간다는 말씀을 그대로 믿어야 합니다. 심판을 이기는 길은 그리스도의 속죄의 은혜 밖에 없다는 말씀을 그대로 믿어야 합니다.

그러나 내 생각은 항상 하나님의 말씀에 반항합니다.

"어떻게 예수만 유일한 구원의 길이야?"
"어떻게 믿기만 한다고 구원을 받을 수 있어?"
"그럼, 사람이 마음대로 살아도 된다는 말인가?"

이렇게 반항적인 질문을 하는 것은 전부 육의 생각입니다. 성경은 누구든지 예수님을 믿으면 영생을 얻고 심판에 이르지 않는다고 말씀하고 있습니다. 하나님의 말씀이 그렇다면 그런 것입니다.

## 6. 하나님 말씀에서 말하는 나

> 내가 진실로 너에게 이르노니 내 말을 듣고 나 보내신 이를 믿는 자는 영생을 얻었고, 심판에 이르지 아니하나니 사망에서 생명으로 옮겼느니라 (요 5:24).

예수님을 믿는 자는 영생을 가진 자라고 했습니다. 시제를 주목해 보세요. '영생을 얻었고', '생명으로 옮겼느니라' 시제가 전부 과거형입니다.

여기에 행위가 온전한 자라고 토가 붙었습니까?
여기에 도덕적인 자라는 토가 붙었습니까?
여기에 남들보다 착한 자라는 토가 붙었습니까?
여기에 열심히 말씀을 지키고 행한 한 자라는 토가 붙었습니까?
여기에 성경 열 번 이상 필사한 자라는 토가 붙었습니까?
여기에 선을 행하는 자라는 토가 붙었습니까?

다른 아무 조건이 없습니다. '믿는 자는 영생을 얻었고 사망에서 생명으로 옮겼느니라' 이것이 전부입니다. 믿는 자는 영생을 얻었습니다. 믿는 자는 사망에서 생명으로 옮겼습니다. 이것이 성경이 말하는 구원을 받는 조건의 전부입니다.

거기에 내 생각을 왜 붙입니까?

지금부터 '내 생각에는'이라는 말은 싹 지워 버리세요. 하나님의 말씀이 그렇다면 그런 것입니다.

내가 뭐예요?
내가 하나님보다 높아요?
내 생각이 하나님 말씀보다 진리입니까?

하나님 말씀에서 천하 인간에게 예수 외에는 구원자가 없다면 없는 것입니다. 누구든지 예수 믿으면 구원을 얻는다고 했으면 믿어서 구원을 얻는 것입니다. 하나님 말씀에 믿는 자는 영생을 얻었다고 말하면 믿는 자는 영생을 얻은 것입니다. 하나님 말씀에 믿으면 사망에서 생명으로 옮겼다고 하면 믿는 자는 사망에서 생명으로 옮겨진 것입니다.

하나님이 말씀하신 그대로 믿으시기를 바랍니다.

## 7. 나아만의 문둥병이 낫다

하나님의 말씀이 내 생각과 다르다면 내 생각이 틀린 것입니다. 육신의 생각은 사망이요 영의 생각은 생명과 평안입니다.

> 육신을 따르는 자는 육신의 일을 영을 따르는 자는 영의 일을 생각하나니 육신의 생각은 사망이고 영의 생각은 생명과 평안이니라 육신의 생각은 하나님과 원수가 되나니 이는 하나님 법에 굴복하지 아니할 뿐 아니라 할 수도 없음이라 육신에 있는 자는 하나님을 기쁘게 할 수 없느니라(롬 8:5-8).

육신의 생각은 하나님을 기쁘시게 할 수 없습니다. 육신의 생각은 하나님과 원수가 된다고 했습니다. 나아만의 생각은 육신의 생각이었습니다. 나아만은 육의 생각에 매여 화가 나서 돌아가려고 했습니다. 그대로 돌아가면 문둥병으로 인해 죽임을 당하는 것입니다. 그때 부하 중 하나가 말렸습니다.

"내 아버지여, 선지자가 이것보다 더 어려운 일을 하라고 해도 했을 것인데 어찌 돌아가려 하십니까?"

그 말에 나아만이 마음을 누그러뜨리고 엘리사의 말대로 순종을 합니다. 나아만이 자기 생각을 죽입니다. 자기 생각을 죽이는 것이 영의 생각입니다. 하나님의 말씀을 그대로 믿는 것이 영의 생각입니다. 육의 생각을 죽이고 영의 생각에 순종할 때 생명과 평안이 임하게 됩니다.

나아만이 선지자의 말에 순종하자 생명의 길이 열렸습니다. 나아만은 엘리사의 말에 순종해서 초라하고 작은 요단강에 가서 일곱 번 몸을 담급니다. 엘리사의 말대로 요단강에 몸을 일곱 번 담그고 나왔더니 피부가 어린아이의 피부와 같이 되었습니다.

> 나아만이 이에 내려가서 하나님의 사람의 말대로 요단강에 일곱 번 몸을 잠그니 그의 살이 어린 아이의 살 같이 회복되어 깨끗하게 되었더라 (왕하 5:14).

이 말씀의 핵심은 "하나님의 사람의 말대로"입니다. 나아만은 자기 생각을 죽이고 하나님의 사람의 말대로 순종했더니 기적이 일어났습니다. 자기 생각을 죽이고 하나님의 사람의 말대로 순종을 했더니 죽음이 사라지고 생명이 임하게 된 것입니다. 그때서야 나아만은 자기가 틀렸다는 것을 깨달았습니다. 자기 생각이 옳은 줄 알았지만, 자기 생각이 틀렸습니다.

여러분의 생각과 하나님의 말씀이 부딪힐 때 여러분의 생각이 틀린 것입니다. 내가 틀렸다고 인정하고 하나님의 말씀에 순종하면 기적이 일어납니다. 죄 사함을 받습니다. 영생을 얻습니다. 사망에서 생명으로 옮겨집니다. 지옥에서 건짐 받아 천국에 들어갑니다.

영의 생각을 따르면 생명과 평안이 임합니다. 영의 생각은 하나님의 말씀입니다. 여러분이 하나님의 말씀을 온전히 믿고 따를 때 생명과 평안의 복이 주어집니다. 나아만처럼 기적도 경험하는 것입니다.

## 8. 류마티즘 관절염이 낫다

　잠깐 제 간증하는 것을 이해해 주시기 바랍니다. 저는 모태 신앙으로 교회를 철저하게 다닌 사람이었습니다. 그러나 예수님을 인격적으로 만난 경험 없이 교회 생활만 열심이었습니다. 그러면서 시간이 지나고 머리가 커지니까 성경이 안 믿어졌습니다. 나의 이성으로 용납이 되는 것은 믿어졌지만, 내 이성이 용납하지 못하는 것은 불신했습니다.

　특히, 성경에 나오는 치료와 기적은 전부 미신이라고 공공연하게 말을 했습니다. 그것은 아직 사람들의 세계관이 미개하고, 의학이 발달하지 않은 시절에 사람들이 종교를 미신적으로 사용할 때의 일이라고 치부했습니다. 성경에 치유와 기적이 그렇게 많이 나와도 제 마음에는 한 번도 와 닿지가 않았습니다.

　그런데 문제는 은혜를 체험하고 난 후에도 치유를 믿지 않았다는 것입니다. 십자가를 경험하고 하나님의 한량없는 은혜 속에 살면서 성경을 많이 읽을 때였지만, 병 고침을 받은 이야기나 기적 이야기가 나오면 그냥 지나쳤습니다.

　의학이 발달하고 과학이 첨단을 달리는 이 시대에는 필요 없는 말씀이라고 생각하며 성경에 나오는 기적을 믿지 않았습니다. 저는 제가 그랬기 때문에 잘 압니다. 십자가를 경험하고 그리스도인으로 거듭난 사람들 중에도 성경을 자기 입맛대로 골라서 믿는 사람이 있다는 것을 압니다.

　그들은 나아만처럼 자기 생각에 사로잡혀 선별적으로 성경을 믿습니다. 거듭났음에도 불구하고 자기 생각에 잡혀 성경을 자기 입맛대로 재단하는 사람이 많다는 것을 압니다. 제가 은혜받은 후에도 똑같이 그랬기 때문입니다.

그러다가 몸에서 이상한 증세가 나타났습니다. 당시 20대 중반의 건강한 몸이었고, 한 번도 아프거나 몸이 약해서 병원에 간적도 없는 완전히 건강하고 튼튼한 몸이었는데 어느 날부터 관절이 아프기 시작했습니다. 손가락의 모든 관절, 팔목, 팔꿈치, 발목, 무릎, 발가락까지. 허리와 어깨 그리고 목 이렇게 세 곳을 빼고 모든 관절이 아프기 시작하더니 점점 통증이 심해졌습니다.

급기야 모든 관절이 퉁퉁 부었고, 무릎 아래 정강이에는 혹 같은 뼈가 튀어나왔습니다. 혹처럼 생겼지만, 물렁하지 않고 만져 보면 뼈가 튀어나와 기형이 된 것이 만져졌습니다. 그때는 너무너무 큰 주님의 은혜를 받고 주님을 만난 첫사랑에 감격하여 주님과 함께 많은 시간을 보내는 때라 기도도 많이 하고 성경도 많이 읽으며 주님과 교제했습니다.

그런데 성경을 읽으면서 그렇게 많이 치유와 기적에 대한 말씀이 있어도 하나도 눈에 들어오지 않았습니다. 내 생각에 사로잡혀 '이것은 미신이야'라고 취급을 해 놓고 성경을 읽으니 아무리 많은 증거가 있어도 나와는 상관이 없었습니다. 결국, 두어 달이 지나자 온 몸이 무서운 통증과 함께 몸의 모든 관절이 나무젓가락처럼 굳어 버렸습니다.

걸어 다닐 때도 나무젓가락처럼 뻣뻣한 몸으로 걸었습니다. 관절을 굽힐 때면 1~2분 정도 통증을 억지로 참아가면서 굽혀야 겨우 관절을 굽힐 수가 있었습니다. 통증 때문에 병원에 다녔는데 병원에서는 류마티즘 관절염이라고 진단을 내리고 못 고친다고 했습니다. 이것은 면역 체계 이상으로 생긴 병이기 때문에 불치병으로 평생 고통을 안고 살아야 한다는 진단을 받았습니다.

너무 고통스러워서 병원에서 주는 알약을 매번 거의 열 알씩 먹었습니다. 그러면 통증이 사라지는데 약 기운에 취해서 정신도 몽롱해지고, 그때는 볼을 꼬집고 때려도 통증을 느끼지 못했습니다. 그렇게 지옥 같은 시간을 보냈습니다.

그래도 어떻게 된 일인지 성경에 나오는 병을 고치시는 예수님이 믿어지지 않았습니다. 여러분, '내 생각'이 이렇게 무서운 것입니다. 잘못된 '내 생각'에 사로잡히면 성경에 기록이 되어 있어도 안 믿어지는 것입니다. 수없는 치유의 증거가 성경에 기록이 되어 있는데 저는 그것을 눈으로 읽으면서도 안 믿어졌습니다. 그러다가 6개월 정도 지났을 때 너무 고통스러워서 하나님께 처음으로 기도했습니다.

"하나님, 너무 고통스럽습니다. 저 좀 고쳐 주세요."

통증이 시작된 지 거의 6개월 만에 저는 처음으로 하나님께 저의 병을 두고 기도를 했습니다. 그때 어떤 부흥회 소식을 듣게 되었고 아픈 몸을 이끌고 집회에 참석하게 되었습니다. 강사로 오신 목사님이 강단에 오르자 말씀하셨습니다.

"함께 성경을 보겠습니다. 마태복음 8장 17절을 찾으세요."

저는 그때까지 그 구절이 어떤 말씀인지도 몰랐습니다.

> 이는 선지자 이사야를 통하여 하신 말씀에 우리의 연약한 것을 친히 담당하시고 병을 짊어지셨도다 함을 이루려 하심이더라(롬 8:17).

목사님이 그 구절을 읽고는 첫 마디를 하는데 깜짝 놀랐습니다.

"예수님은 여러분의 병을 고치시는 분입니다."

이것이 설교의 첫 말씀이었습니다. 첫 말씀이 들리는데 마치 그 말씀이 배고픈 자의 입속에서 맛있는 음식이 넘어가듯 제 목구멍에 꿀떡 하고 넘어왔습니다. 정말 말 그대로 꿀떡 하고 넘어와 버렸습니다. 순식간에 그 말씀이 그대로 믿어졌습니다.

'그렇다면 나는 나았다!'

저는 순식간에 제 생각을 버리고 말씀을 붙잡았습니다. 이제까지 내 생각에 매여 말씀을 선별적으로 믿었던 것을 싹 버리고 성경 말씀을 그대로 믿었습니다. 집으로 돌아와서 약도 싹 버렸습니다. 하나님이 나를 고치셨으니 이제부터 나았다. 그러므로 나는 더 이상 약을 먹지 않아도 된다. 누가 강요한 것이 아닙니다. 제 마음에 그런 믿음이 생겨서 제 스스로 그렇게 결정하고 약을 싹 버렸습니다.

그리고 저녁에 잠이 들었는데 한밤중에 비명을 지르며 일어났습니다. 약을 버리니 통증이 시작이 되었고 몸부림을 치다가 관절을 굽히니 극심한 통증에 잠이 깬 것입니다.

다음날 교회에 가서 이렇게 기도했습니다.

"하나님, 예수님이 저를 고쳤다고 하지 않았습니까?

그런데 왜 낫지 않습니까?"

그러면서 치유의 말씀을 고백하며 다시 믿음 위에 섰습니다. 하루 종일 통증에 시달렸습니다. 이튿날 잠을 자다가 다시 비명을 지르며 깨었습니다. 또 교회에 가서 기도를 했습니다.

"성경 말씀에 예수님이 우리의 연약한 것을 친히 담당하시고 질병을 짊어지셨다고 했는데 왜 나는 아직 낫지 않습니까?"

그리고는 말씀을 붙들고 기도했습니다. 사흘째도 또 비명을 지르며 깨어났습니다. 또 교회에 가서 똑같은 기도를 했습니다. 나흘째도, 닷

새째도, 엿새째도 똑같은 고통과 똑같은 기도의 반복이었습니다. 너무 통증이 심해서 하루하루가 지옥 같았습니다.

일곱째 날은 새로운 기도를 한 것 같습니다. 밤마다 너무 고통스러우니 "하나님 제발 오늘밤은 통증에 깨지 않고 자게해 주세요"라고 기도하고 잠이 들었습니다. 그리고 눈을 떴습니다. 기분이 이상했습니다. 몸이 가뿐한 느낌이 들었습니다.

'어, 어제 밤은 왜 안 깼지?'

이런 생각이 바람처럼 스쳐 지나감과 동시에 자리에서 벌떡 일어났습니다. 통증이 사라졌습니다. 앉았다가 일어서기를 반복했지만, 통증이 없습니다. 퉁퉁 부었던 손가락과 관절이 정상이 되었습니다. 정강이에 무섭게 튀어나왔던 뼈를 만져보니 흔적도 없이 사라졌습니다.

앉았다 일어서 보고, 걸어 보고, 뛰어 보고, 손가락을 굽혔다가 폈다가 하면서 뒤틀어 보기도 했지만 어떠한 통증도 없었습니다. 모든 병의 증세와 흔적이 사라진 것입니다. 하나님이 깨끗하게 고쳐 주셨습니다. 하나님이 말씀에 약속한 그대로 제게 행하셨습니다. 말씀을 그대로 믿었더니 말씀 그대로 이루어 주셨습니다. 그때부터 지금까지 어떠한 재발도 없이 건강하게 지내고 있습니다.

## 9. 새로운 피조물

여러분, 하나님은 말씀대로 행하시는 분이십니다. 말씀은 하나님의 약속이고 하나님은 약속에 매이는 분이시니까 말씀을 믿으면 하나님이 말씀대로 이루십니다. 그리스도인은 내 생각이 아니라 하나님의 말씀에 귀를 기울여야 합니다. 하나님 말씀을 그대로 믿으면 그대로 이루어집니다.

내 생각은 중요하지 않습니다. 내 생각은 아무런 능력도 없습니다. 내 생각은 육신의 생각입니다. 육신의 생각은 결론이 사망입니다. 중요한 것은 하나님의 말씀입니다. 하나님의 말씀이 어떻게 말씀하시는지가 중요합니다.

성경은 우리가 예수님을 믿을 때 새로운 피조물이 된다고 했습니다. 새로운 피조물이라는 것은 옛것과는 완전히 다른 새로운 존재로 창조되는 것을 말합니다. 옛것이 개선되는 것이 아닙니다. 옛것이 죽고 새것으로 다시 태어나는 것이 새로운 피조물입니다.

> 그런즉 누구든지 그리스도 안에 있으면 새로운 피조물이라. 이전 것은 지나갔으니 보라 새것이 되었도다(고후 5:17).

성경은 그리스도인을 향해 새로운 피조물이라고 했습니다. 이전 것은 지나갔다고 했습니다. 지나간 것은 다시 잡을 수 없습니다. 죄와 허물로 죽었던 나의 과거는 지나갔습니다. 그리스도 안에 있는 나는 다시 죄인 될 수 없습니다. 영생을 잃거나 다시 사망 가운데 놓일 수 없습니다. 다시 심판을 받을 수 없습니다. 다시 멸망당할 수 없습니다.

나의 과거는 이미 지나갔습니다. 하나님께서 이전 것은 지나갔다고 선포했기 때문입니다. 죄인의 신분도 지나갔고, 심판 받아야 할 신분도 지나갔습니다.

"보라! 새것이 되었도다."

나는 새로운 피조물이 되었습니다. 나는 하나님의 생명인 영생을 가졌습니다. 완전한 하나님의 의를 가졌습니다. 천국에 들어가서 앉아 있는 신분이 되었습니다. 나는 예수 그리스도 안에서 하나님의 의가 되었습니다.

내 안에는 하나님의 의가 들어와 있습니다. 나의 행위와 도덕으로 만들어낸 나의 의가 아닙니다. 내가 율법을 지켜서 얻은 의가 아닙니다. 하나님이 은혜로 주신 의입니다. 예수 그리스도가 율법을 완성하시고 주신 하나님의 완전한 의가 내 속에 들어와 있습니다. 나는 하나님처럼 의로운 사람이 되었습니다. 나는 영생하는 하나님의 자녀가 되었습니다.

너무 엄청난 이야기가 아닙니까?

믿기지 않겠지만, 성경이 그렇다고 말씀하고 있습니다. "보라 새것이 되었도다"라고 성경이 말하고 있습니다.

> 하나님이 죄를 알지도 못하신 이를 우리를 대신하여 죄로 삼으신 것은 우리로 하여금 그 안에서 하나님의 의가 되게 하려 하심이니라(고후 5:21).

이 말씀을 그대로 믿습니까?

그대로 믿는다면 여러분 속에는 하나님의 의가 들어 있는 것입니다. 우리는 예수 안에서 하나님의 의가 되었습니다. 우리는 하나님의 의가 된 사람입니다. 우리의 의가 아닙니다. 오해하지 마십시오. 우리의 행위로 만들어낸 의가 아닙니다. 하나님의 의입니다. 하나님이 그리스도 안에서 완성하신 완전한 의입니다.

이 완전한 하나님의 의가 우리 속에 들어와 있는 것입니다. 이것은 하나님이 우리 영 속에 집어넣으신 의입니다. 하나님이 우리 영 속에 의를 집어 넣으셨으므로 누구도 훼손시킬 수 없습니다.

우리가 행위로 쌓은 의라면 우리가 죄를 지으면 훼손이 됩니다. 그러나 하나님이 우리 영에 심어준 의이기 때문에 육의 행위로는 하나님의 의를 훼손시킬 수 없습니다. 어떤 것으로도 하나님의 의를 훼손시킬 수 없습니다. 이 하나님의 의가 우리 영속에 들어와 있는 것입니다.

나 자신은 내가 지은 죄를 생각할 때 아직도 의로운 것 같지 않다고 생각하지만, 그건 내 생각일 뿐입니다. 내 생각으로 의를 의심하지 마십시오. 내 생각으로 구원을 의심하지 마십시오. 하나님은 완전히 다르게 말씀하십니다. 그리스도 안에 있으면 새로운 피조물이라고 말합니다. "이전 것은 지나갔으니 보라 새것이 되었다"라고 선포하십니다.

그리스도 안에 있는 사람은 하나님의 완전한 의를 가졌습니다. 이것을 구원이라고 말합니다. 구원이 무엇이냐고 누가 물으면 분명하게 대답하십시오.

"구원은 예수 그리스도의 의를 가지는 것이다."

구원은 예수 그리스도의 의를 가진 자가 되는 것입니다. 예수 그리스도의 의가 있으므로 심판도 받지 않고, 지옥에도 가지 않고, 죽어도 다시 살아서 영원한 천국에 들어가게 되는 것입니다.

## 10. 예수님을 믿어도 죽음이 두려운 이유

의에 대한 확신이 없는 사람의 특징이 무엇인지 아십니까?
죽음에 대한 두려움입니다. 예수 믿어도 죽음이 두렵습니다.
"우리는 지금 죽어도 천국입니다."
이렇게 설교하면 믿는 사람은 즐거워합니다. 좋아합니다. "아멘" 합니다. 그러나 교회를 다니면서도 온전한 믿음을 갖지 않은 사람은 그 말을 싫어합니다. 그들에게는 천국이 없으니 죽음만 생각하는 것입니다. 그래서 죽는다는 말을 싫어합니다. 죽음을 두려워합니다. 죽음을 들을 때 천국이 생각나지 않고 두려움만 있다면 당신은 가짜 믿음입니다.

그리스도인에게 죽음은 천국으로 들어가는 문입니다. 그리스도인은 죽어서 천국에 갑니다. 죽음 앞에서도 찬송을 부르는 자가 그리스도인입니다. 그런데도 교회 안에 죽음이라는 말을 싫어하고 회피하는 자들이 많습니다. 지옥에 대한 두려움 때문입니다.

그리스도를 구주로 영접한 사람은 지옥에 가지 않습니다. 걱정하지 마십시오. 절대로 그런 일은 없습니다. 그런데 이상한 것은 그리스도인들 중에서도 지옥의 두려움을 가지고 사는 사람이 많이 있습니다.

"혹시 지금 죽으면 지옥에 가는 것 아닌가?"
막연하게 이런 두려움을 가지고 있습니다. 자기 생각에 사로잡혀서 그런 것입니다. 하나님의 말씀보다 자기 생각을 의지하기 때문에 자기는 여전히 죄를 짓고 사는 죄인으로 보이는 것입니다. 자기 생각에 이렇게 죄를 짓고 사는데 천국에 갈 수 있을까 걱정을 합니다. 이렇게 자기 생각에 사로잡혀서 두려워합니다.

그래서 죽더라도 오늘 당장 죽으면 큰일 난다고, 회개할 시간이 필요하다고 생각합니다. 지은 죄를 다 회개해야 천국에 들어갈 만큼 의로워진다고 생각하기 때문입니다. 죄 짓는 몸이 다시 의로워지려면 회개의 시간이 필요하다고 생각합니다. 지금 당장 죽으면 회개할 시간이 없고 회개 안 하면 지옥 갈지 모른다는 두려움입니다. 이것이 다 내 생각입니다.

성경과 전혀 상관이 없는 내 생각으로 혼자 두려워하는 것입니다. 걱정하지 마십시오. 조금도 걱정하지 마십시오. 그리스도 안에 있는 우리는 오늘 죽어도 좋습니다. 지금 당장 죽어도 좋습니다. 이 시간에 죽어도 평안합니다. 우리 속에 하나님의 의가 있기 때문입니다. 예수 그리스도의 속량으로 죄가 영원히 사라졌습니다. 예수님을 믿는 순간 심판에서 천국으로 옮겨졌기 때문입니다. 그리스도안에 있는 우리는 죄인이 되고 싶어도 죄인이 될 수 없습니다. 지옥에 가고 싶어도 못 갑니다.

> 오직 그리스도는 죄를 위하여 한 영원한 제사를 드리시고 하나님 우편에 앉으사 … 그가 거룩하게 된 자들을 한 번의 제사로 영원히 온전하게 하셨느니라 (히 10:12, 14).

예수님은 한 번의 제사로 우리를 영원히 온전하게 하셨습니다. 몇 시간이 아닙니다. 며칠이 아닙니다. 몇 년이 아닙니다. 죄를 짓지 않고 말씀대로 사는 동안이 아닙니다. 영원히 입니다. 영원히 온전하게 하셨습니다. 예수님은 한 번의 제사로 우리를 영원히 온전하게 만들었습니다. 예수님이 십자가에서 속죄를 영원히 끝내셨습니다. 믿는 자는 영원히 온전하게 된 자입니다. 영원히 말입니다.

그러므로 믿는 자는 죽음이 두렵지 않습니다. 오늘, 지금 당장 죽어도 두려움이 없습니다. 우리는 영원히 온전하게 된 자이기 때문입니다. 우리는 완전한 하나님의 의를 가지고 있기 때문입니다. 우리는 천국에 이미 앉아 있는 신분이기 때문입니다. 이것이 그리스도인의 복입니다.


## 11. 그리스도인의 가장 큰 복

그리스도인으로 가장 큰 복이 무엇입니까?

여러분, 이것을 똑바로 알아야 합니다. 그리스도인의 복은 천국입니다. 천국은 세상의 모든 복을 다 합쳐도 비교조차 할 수 없습니다. 그리스도인에게 가장 큰 복은 천국입니다. 영원히 멸망 받아서 지옥에 가야 할 인생이 천국에 들어가는 것보다 더 큰 복은 없습니다. 사람이 세상에 태어나서 예수 믿고 천국 가는 것보다 더 큰 복은 없습니다.

여러분은 '복' 하면 무엇이 떠오르십니까?

'아브라함의 복' 하면 뭐가 제일 먼저 생각나십니까?

'아브라함이 은금과 수양이 많았더라' 이것이 생각납니까?

교회에서도 '복 받은 사람'이라고 하면 어떤 사람이 떠오릅니까?

부자가 되고 성공한 사람 떠오릅니까?

알게 모르게 전부 내 생각의 노예가 되어서 그렇습니다. 아브라함의 진짜 복은 천국의 복입니다. 아브라함의 복은 구원받아 천국에 들어간 것입니다. 지금 아무리 이것을 복이라고 강조해도 천국이 멀리 있는 것 같아서 현실하고 상관이 없어 보이지만, 조만간 죽고 나면 성경의 이 말씀을 너무 실감나게 뼈에 사무치게 체험할 것입니다.

지금은 천국이 복이라고 해도 귀에 들리지 않습니다. 너무 먼 세상의 이야기 같기 때문입니다. 부자 되고 성공하는 것이 복처럼 보입니다. 천국은 못가도 좋으니 세상에서 돈 많이 벌고 성공하고 잘 살았으면 좋겠다고 생각하는 교인이 너무 많습니다. 육은 가까이 있기 때문입니다. 그러나 이것은 정말 헛된 소망입니다.

예수 믿지 않으면 인생의 끝은 지옥입니다. 지옥은 불타는 곳입니다. 지옥은 고통이 있는 곳입니다. 지옥은 불로 소금 치듯 함을 받는 곳입니다. 지옥은 죽고 싶어도 죽지 못하는 영원한 고통의 장소입니다. 지옥은 고통이 영원히 지속되는 곳입니다. 죽고 싶어도 죽을 수 없는 상태로 영원히 타는 불꽃 가운데서 고통당하는 곳이 지옥입니다. 이것을 진짜 성경 말씀 그대로 믿는다면 생각이 완전히 바뀔 것입니다.

그리스도인 된 여러분은 지옥을 믿습니까?

그렇다면 가장 큰 복이 무엇입니까?

예수 믿고 천국에 들어가는 것입니다. 예수 믿고 천국 가는 것이야말로 세상 그 어떤 복과도 비교할 수 없는 가장 큰 복입니다.

## 12. 영원한 시간의 길이

여러분, 천국에서 영원히 산다, 지옥에서 영원히 고통을 받는다고 할 때, 영원이라는 시간의 길이는 얼마나 될까요?

도대체 영원이라는 시간은 얼마나 긴 시간일까요?

인간의 일생은 길어야 백 년입니다. 살아가면서 당하는 고난의 시간을 보낸다고 해도 그 속에 포함된 시간입니다. 하나님 없이 부와 성공에 집착해서 살아가는 시간은 영원에 비해 너무나 짧은 시간입니다.

그 짧은 쾌락을 위해 영원을 포기한다는 것은 얼마나 어리석은 일입니까?

미국의 제2차 대각성 운동의 주역이었던 찰스 피니는 영원한 시간의 길이를 아주 재미있는 비유를 들어서 말했습니다.

까마귀 한 마리가 지구에서 모래알 한 알을 입에 물었습니다. 천 년을 날아가서 다른 행성에 모래알 한 알을 두었습니다. 그리고 천 년을 날아왔습니다. 이천 년이 걸렸습니다. 다시 모래 한 알을 입에 물고 천 년을 날아가 그 곳에 놓았습니다. 그러고는 다시 돌아왔습니다. 사천 년 걸렸습니다.

또 모래 한 알을 물고 천 년을 날아갔습니다. 그곳에 모래 한 알을 놓고 천 년을 돌아왔습니다. 육천 년의 시간입니다. 또 다시 모래 한 알을 물었습니다. 천 년을 날아갔습니다. 모래 한 알을 두었습니다. 천 년을 날아왔습니다. 팔 천년 지났습니다. 모래 한 알을 집었습니다. 천 년을 날아갔습니다. 모래 한 알을 두었습니다. 천 년을 날아 왔습니다. 이렇게 모래 다섯 알을 옮기는데 일만 년이 걸렸습니다.

여러분, 이 시간이 상상이 되십니까?

실감이 잘 안 나겠지만, 최대한 집중해서 이 시간의 길이를 상상이라도 해보세요.

도대체 이 시간이 얼마나 긴 시간일까요?

실제 만 년은 상상할 수 없는 긴 시간입니다. 길고 길고 긴 시간입니다. 그러나 이마저도 만 년의 시간이 아닙니다. 지구의 모래를 모두 다 옮기는 시간입니다.

도대체 그 시간의 길이가 얼마나 될까요?

상상할 수 있습니까?

찰스 피니는 이렇게 말했습니다.

> 영원은 이렇게 이 지구에 있는 모든 모래알을 그 행성에 갖다 놓고 오는 시간을 다 합해도 영원이라는 시간의 입구에도 들어가지 못한 시간이다.

이것이 영원입니다. 영원의 시간은 흐르고, 흐르고 또 흘러도 끝이 없는 시간입니다. 그래서 성경은 지옥을 무저갱이라고 말합니다. 바닥이 없는 갱도 같은 곳이라는 뜻입니다. 떨어지고 떨어져도 끝이 없는 갱도 같은 곳입니다.

무저갱은 영원을 표현하는 단어입니다. 끝이 없는 시간이라는 의미입니다. 지옥의 고통은 무저갱의 고통입니다. 영원의 시간 속에서 끝없이 고통에 절규하면서 시간을 보내는 장소입니다. 그렇다면 깊이 생각해 보세요.

사람이 세상에 태어나서 한 평생을 살아가면서 과연 무엇을 추구해야 할까요?

인간에게 무엇인 진짜 복일까요?
사람이 살면서 무슨 복을 받아야 할까요?
여러분, 왜 예수님을 믿어야 할까요?
왜 예수님을 전해야 할까요?
왜 예수님을 믿는 것이 최고의 복일까요?
이제 이해가 되십니까?

죽음 후에 천국과 지옥이 있기 때문입니다. 이것은 너무나도 엄숙한 우리 인생의 운명입니다.

너의 생명이 무엇이냐 잠깐 보이다가 사라지는 안개니라(약 4:14).

인생은 안개와 같습니다. 아침에 일어나면 온 천지를 덮고 있는 것 같지만, 해가 뜨면 어느새 있었는지도 모르게 사라지고 마는 것이 안개입니다. 인생이 그런 것입니다. 잠깐 보이다가 사라지는 안개 같은 인생이 지나고 나면 엄숙한 하나님의 심판이 있습니다. 영원한 천국과 지옥의 심판이 기다리고 있습니다.

이 엄숙한 운명 앞에 인생이 도대체 무엇입니까?
영원한 운명에 비하면 안개 같은 인생이 누리는 세상의 부귀, 명예, 권세, 그것이 무슨 의미입니까?
밤의 한 경점 같은 인생에 그것들이 무슨 큰 의미를 지닙니까?

하나님 눈에는 전혀 중요하지 않습니다. 하나님에게는 생명이 중요합니다. 지옥에서 건짐을 받는 것이 중요합니다. 그래서 예수 그리스도를 보내 주시고, 십자가에서 피 흘리심으로 우리의 죄를 용서해 주시고, 죽으시고 사흘 만에 부활하심으로 우리에게 영생을 주신 것입니다.

왜 하나님의 아들이 친히 세상에 와서 죽으셔야 했을까요?

영생이 중요하기 때문입니다. 여러분이 지옥에 가면 안 되기 때문입니다. 인생에서 가장 중요한 복이 천국이기 때문입니다.

## 13. 때로는 채찍으로 때려서라도

여러분, 안개와 같은 이생이 지나고 나면 영원한 시간이 시작됩니다.

영원한 시간을 지옥에서 보내야 한다면 도대체 그 후회를 어떻게 감당하시겠습니까?

이 세상의 삶이 얼마나 후회되겠습니까?

천국은 세상 어떤 것과도 바꿀 수 없는 가장 큰 복이요, 성공이요, 가치요, 보람이요, 행복입니다. 그리스도 안에 있는 여러분은 두려워하지 마십시오. 걱정하지 마십시오. 오늘 죽음이 와도 기뻐하며 맞이하십시오.

하나님은 우리 죄를 다 용서하시고 부르셨습니다. 하나님은 알파와 오메가이십니다. 하나님은 처음과 나중이 되십니다. 하나님은 우리의 처음도 아시고 나중도 다 아십니다. 우리 일생의 모든 행위를 다 아시고 부르셨습니다. 이것이 알파와 오메가의 뜻입니다.

그러나 여러분이 조심할 것은 이것이 죄 짓고 살아도 된다는 면죄부는 아닙니다. 영원한 속죄의 교리를 방종의 면허증으로 사용하지 마십시오. 성경은 분명히 말합니다. 죄 짓는 육체에는 고통이 따를 것이라고 말합니다. 하나님의 채찍과 징계가 있을 것이라고 말합니다. 죄인에게는 하나님의 진노가 쏟아진다고 말합니다.

여러분이 비록 그리스도인이라 해도 죄를 지으면 하나님의 진노가 쏟아질 것입니다. 하나님은 진노하심으로 죄를 심판하십니다. 하나님은 당신의 자녀가 죄 가운데 살도록 결코 버려두지 않습니다. 하나님은 징계의 채찍을 때려서라도 당신의 자녀들이 올바른 길로 돌아오도록 인도하십니다.

> 주께서 그 사랑하시는 자를 징계하시고 그가 받아들이시는 아들마다 채찍질하심이라 하였으니 너희가 참음은 징계를 받기 위함이라 하나님이 아들과 같이 너희를 대우하시나니 어찌 아버지가 징계하지 않는 아들이 있으리요 징계는 다 받는 것이거늘 너희에게 없으면 사생자요 친아들이 아니니라 (히 12:6-8).

우리는 하나님의 자녀입니다. 아버지가 아들을 징계하듯 하나님은 우리를 징계하십니다. 이것은 자식을 옳은 길로 인도하기 위한 아버지의 행동입니다. 하나님의 징계가 임할 때 우리의 육과 삶에는 고통이 임합니다. 하나님의 징계는 결코 가볍지 않습니다. 우리가 하나님의 음성을 들을 때까지 징계하십니다. 회개하고 돌아올 때까지 우리를 놓지 않습니다. 하나님은 자기 백성을 그냥 버려두지 않습니다.

하나님이 징계를 통해서 부르십니다. 징계는 하나님의 사랑입니다. 하나님은 우리 아버지시고 징계는 하나님의 사랑입니다. 하나님은 당신의 자녀들이 하나님과 친밀한 교제를 누리며 풍성한 삶을 살기를 원하십니다.

죄는 하나님과 교제를 끊어지게 하고 풍성한 삶을 망치는 주범입니다. 죄는 우리 인생에 악영향을 끼칩니다. 죄는 하나님이 금하신 악의 길입니다. 하나님은 말씀을 통해서 죄의 길을 가지 말라고 경고해 주셨습니다. 죄의 길을 가면 육체에 고통이 임할 것이라고 경고하셨습니다.

그런데 우리가 내 생각에 빠져 죄의 길로 가면 하나님의 징계가 내리는 것입니다. 우리가 예수님을 믿은 후에 죄를 짓고 하나님의 징계를 받아서 육체의 고통을 당할 때 성경적으로 생각해야 합니다. 내 생각으로 판단해서 하나님을 원망하면 안 됩니다.

"하나님 왜 내게 이런 고통을 주십니까?"

이렇게 원망하면 점점 회복의 길이 멀어집니다. 원망하는 자는 계속 고통 가운데 머물러야 합니다. 하나님의 징계가 임할 때 하나님께로 돌아와야 합니다. 말씀대로 생각을 해야 합니다. 내 생각을 버려야 합니다. 하나님의 말씀을 앞에 놓고 성령의 음성을 들어야 합니다. 말씀대로 생각하면 회복의 길이 열립니다.

하나님의 징계가 임하고 삶의 고난이 올 때 하나님 앞에 겸손한 마음으로 회개해야 합니다. 회개가 살 길입니다. 내 생각을 버리고 철저하게 하나님의 말씀에 복종시켜야 합니다. 하나님의 말씀으로 나를 살피고 비추어서 자복하고 회개하는 것이 회복의 길입니다. 하나님은 우리를 사랑하십니다. 하나님은 징계와 채찍을 통해서 우리를 거룩한 백성으로 성화시켜 가시는 것입니다.

## 14. 새 언약의 약속

> 여호와의 말씀이니라 보라 날이 이르리니 내가 이스라엘 집과 유다 집에 새 언약을 맺으리라 이 언약은 내가 그들의 조상들의 손을 잡고 애굽 땅에서 인도하여 내던 날에 맺은 것과 같지 아니할 것은 내가 그들의 남편이 되었어도 그들이 내 언약을 깨뜨렸음이라 여호와의 말씀이니라 그러나 그날 후에 내가 이스라엘 집과 맺을 언약은 이러하니 곧 내가 나의 법을 그들의 속에 두며 그들의 마음에 기록하여 나는 그들의 하나님이 되고 그들은 내 백성이 될 것이라 여호와의 말씀이니라 그들이 다시는 각기 이웃과 형제를 가리켜 이르기를 너는 여호와를 알라 하지 아니하리니 이는 작은 자로부터 큰 자까지 다 나를 알기 때문이라 내가 그들의 악행을 사하고 다시는 그 죄를 기억하지 아니하리라 여호와의 말씀이니라(렘 31:31-34).

이것이 하나님께서 우리와 맺은 새 언약입니다. 옛 언약은 율법적 관계였습니다. 하나님이 시내산에서 율법을 반포하실 때 그들은 우리가 그것을 다 지키겠다 하며 약속했습니다. 그러나 인간이 하나님의 법을 지키는 것은 애초에 불가능했습니다. 이스라엘은 여지없이 율법을 어겼고 약속을 깨뜨렸습니다. 그때 긍휼이 많으신 하나님이 이스라엘에게는 짐승의 피로 용서받는 길을 열어 주셨습니다.

옛 언약은 죄를 지을 때마다 짐승을 죽여서 피를 가지고 나와야 했습니다. 죄를 지을 때마다 심판을 받아야 하므로 죄를 지을 때마다 짐승의 피를 가지고 제사를 드려야 했습니다. 그렇지 않으면 심판을 받습니다. 그래서 계속 자기 죄를 생각하며 짐승의 피를 가지고 제사를 반복해야 했습니다.

그러나 이제는 예수 그리스도로 말미암아 새 언약의 시대가 열렸습니다. 새 언약은 그리스도의 피로 용서를 받는 언약입니다. 예수 그리스도께서 피 흘리심으로 우리의 모든 죄를 영원히 속죄한 은혜가 새 언약입니다.

"내가 그들의 악행을 사하고 다시는 죄를 기억하지 아니하리라."

이것이 새 언약입니다. 하나님은 우리의 죄를 용서하고 다시는 기억하지 않습니다. 새 언약은 영원한 속죄의 언약입니다.

> 동이 서에서 먼 것 같이 우리의 죄과를 우리에게서 멀리 옮기셨으며 (시 103:12).

> 나 곧 나는 나를 위하여 네 허물을 도말하는 자니 네 죄를 기억하지 아니하리라(사 43:25).

하나님은 우리의 죄를 동이 서에서 먼 것처럼 멀리 옮기셨습니다.

동쪽과 서쪽이 만날 수 있습니까?

절대로 못 만납니다. 우리가 회개한 죄는 절대로 다시 돌아올 수 없습니다. 하나님께서 '네 죄를 다시는 기억하지 아니하리라' 약속을 하셨습니다. 하나님이 멀리 옮기셨다고 하면 옮긴 것이고, 하나님이 기억하지 않는다면 이미 영원히 사라진 것입니다. 하나님의 말씀보다 내 생각을 높이지 마십시오. 내 생각은 육신의 생각입니다. 내 생각은 하나님과 원수입니다. 육신의 느낌, 육신의 생각을 싹 버리십시오.

> 다시 우리를 불쌍히 여기셔서 우리의 죄악을 발로 밟으시고 우리의 모든 죄를 깊은 바다에 던지시리라(미 7:19).

얼마나 놀라운 말씀입니까?

하나님이 우리의 죄악을 발로 밟아 버렸습니다. 깊은 바다에 던져 버렸습니다.

이렇게 분명한 사죄의 복음이 어디에 있습니까?

세상 어디에 이런 은혜가 있습니까?

예를 들면, 여러분이 이미 회개한 죄가 어느 날 갑자기 생각나서 다시 회개를 한다고 합시다. 그때 하나님은 이렇게 대답하실 것입니다.

"애야, 네가 한번 회개한 것은 아무리 회개해도 나는 그것을 기억하지 않는단다."

여러분의 반복된 회개를 들어도 하나님은 기억하지 않으십니다. 우리는 잊었다가도, 잊고 싶어도 다시 생각나지만, 하나님은 잊으셨다고 하시면 잊으신 것입니다. 이것이 하나님의 전능하심입니다.

마귀가 우리의 죄를 계속 생각나게 해서 우리를 참소하지만, 하나님은 절대 기억하지 않으십니다. 왜냐하면, 제단 뿔에 예수님의 피만 보일뿐 다른 것은 보이지 않기 때문입니다. 사탄이 거듭 참소를 해도 하나님께서는 기억하지 않겠다고 하셨습니다. 그런데 사탄이 무지한 그리스도인을 속이는 것입니다. 하나님 앞에서 사라진 죄를 계속 생각나게 하는 것입니다. 내 생각에 집중하면 사탄에게 속습니다.

여러분, 내 생각을 죽이고 성경을 믿으십시오. 하나님은 우리의 모든 죄악을 발로 밟으시고 모든 죄를 깊은 바다에 던져 버렸습니다. 결코 다시 되찾을 수 없습니다. 하나님은 우리의 모든 죄를 영원히 용서하셨습니다. 한 번의 제사로 우리를 영원히 온전하게 하셨습니다.

하나님은 인간처럼 변덕스러운 분이 아닙니다. 그리스도인은 죄를 지어도 구원이 취소되지 않습니다. 하나님은 그리스도인이 말씀을 어긴다고 지옥으로 보내지 않습니다. 죄 지으면 죄인 되었다가 회개하면 다시 의인으로 만들었다가 다시 죄지으면 죄인이 되는 이런 교리는 정말 코미디 같은 것입니다. 사탄이 교회 안에 뿌려 놓은 오물입니다. 완전히 거짓된 교리입니다.

하나님은 변함없으시고 회전하는 그림자도 없으신 분입니다. 하나님은 변덕스러운 인간이 아닙니다. 하나님은 그리스도 안에서 우리의 구원을 다 이루시고 완성하셨습니다.

> 예수께서 신 포도주를 받으신 후에 이르시되 다 이루었다 하시고 머리를 숙이니 영혼이 떠나가시니라 (요 19:30).

얼마나 은혜로운 말씀입니까?

예수님은 십자가에서 구원을 다 이루었습니다. 십자가에서 믿는 자를 영원히 온전하게 하셨습니다. 그러므로 두려워하지 마십시오. 그리스도인은 지금 죽어도 천국에 갑니다. 천국은 그리스도인에게 보장된 곳입니다. 행위로 지은 죄가 여러분을 지옥에 보내지 못합니다.

여러분이 행위로 일생 동안 지을 죄를 예수님이 십자가에서 영원히 모두 속량하셨습니다. 이미 지나갔습니다. 이미 끝내셨습니다. 다시 돌이키지 못합니다. 그리스도 안에 있는 자는 영생을 얻었고 사망에서 생명으로 옮겨졌습니다.

> 이는 너희가 죽었고 너희 생명이 그리스도와 함께 하나님 안에 감추어졌음이라(골 3:3).

우리의 생명은 하나님 안에 감추어져 있습니다. 하나님 안에 감추어져 있는 생명은 영원히 안전합니다. 하나님은 완전한 의가 되심으로 완전한 의만 품으십니다. 우리가 하나님 품 안에 감추어져 있다는 것은 우리가 가진 의가 완전하다는 뜻입니다. 하나님이 우리 생명을 품고 있으므로 우리는 완전한 의인입니다. 완전한 의인의 고향은 천국입니다.

## 15. 말씀을 그대로 믿는 자

여러분, 성경을 말씀대로 믿으십시오. 일점일획도 보태거나 빼지 마시고 말씀 그대로 믿으십시오. 내 생각을 1그램도 섞지 마십시오. 말씀을 순수하게 말씀 그대로 믿으세요.

여러분은 예수 그리스도를 믿습니까?
예수님의 처녀탄생을 믿습니까?
십자가에서 피 흘리시고 죽으신 예수님을 믿습니까?
그리스도의 속죄의 은혜를 믿습니까?

죄 사함을 주시는 피의 속죄를 믿습니까?
예수님의 피가 영원히 온전하게 하셨다는 것을 믿습니까?
사흘 만에 다시 살아나신 예수님을 믿습니까?
승천하시고 다시 오실 예수님을 믿습니까?
천국과 지옥을 믿습니까?
하나님의 말씀이 일점일획도 거짓이 없다는 것을 믿습니까?
예수님의 기적을 믿습니까?
성경에 나오는 치유와 기적을 그대로 믿습니까?
이 모든 질문에 "아멘" 하십니까?

그리스도인은 이 모든 질문에 "아멘" 하는 자입니다.
혹시 어느 것은 "아멘" 하지만 어느 것은 내 생각으로 거절하지는 않습니까?
여기에 내 생각을 섞으면 나아만이 되는 것입니다. 내 생각 때문에 구원을 잃어버릴 수 있습니다. 내 생각 때문에 하나님의 기적을 놓칠 수가 있습니다. 그리스도인은 말씀에다가 조금도 내 생각을 섞으면 안 됩니다. 순수하게 말씀에 기록된 그대로 믿어야 합니다. 그리스도인은 모든 말씀 전부를 말씀 그대로 믿는 자입니다. 하나님의 모든 말씀에 "아멘" 하는 자입니다.
그리스도인은 말씀을 그대로 믿고, 말씀에 그대로 매이고, 말씀 그대로 살아가다가 말씀 그대로 죽고 말씀에 약속한 그대로 천국에 들어가서 말씀 그대로 얼굴과 얼굴을 대면하여 주님을 보며 말씀하신 그대로 주님과 함께 영원한 복락을 누리는 자입니다.

## 제8장

### 그리스도인의 새로운 신분

그러므로 우리가 이제부터는
어떤 사람도 육신을 따라 알지 아니하노라
비록 우리가 그리스도도 육신을 따라 알았으나
이제부터는 그같이 알지 아니하노라
그런즉 누구든지 그리스도 안에 있으면
새로운 피조물이라
이전 것은 지나갔으니
보라 새것이 되었도다

(고후 5:16-17)

## 1. 예수님을 믿는 목적

예수님을 믿는 목적이 무엇일까요?
예수님을 믿는 목적이 단순히 천국에 들어가는 것일까요?
지옥에서 건짐을 받아 천국에 들어가는 것이 예수님을 믿는 목적이라고 한다면 그것은 지극히 초보적인 대답입니다. 예수님을 믿는 목적은 더 높은 곳에 있습니다. 그것은 창조의 목적을 회복하는 것입니다. 하나님이 인간을 창조하신 목적은 피조물인 인간으로 말미암아 영광을 받으시기 위해서입니다.

그러나 최초인간이 하나님을 배반하고 선악과를 따먹으면서 창조의 목적이 빗나갔습니다. 하나님을 찬송하며 살아가야 할 인간이 자신을 섬기며 사는 것으로 목적이 빗나갔습니다. 타락한 인간은 자기 속에 자기라는 하나님을 하나씩 다 가지고 있습니다. 모든 인간은 오로지 자기라는 신을 기쁘게 하기 위해 몸부림을 치고 있습니다. 이것이 죄입니다.

죄라는 단어를 헬라어로 '하말티아'라고 합니다. 빗나갔다는 뜻입니다. 궁수가 화살을 쏘았는데 표적을 빗나간 것을 '하말티아'라고 불렀습니다. 인간이 하나님의 창조 목적을 빗나간 것입니다. 하나님을 부정하는 것이 죄입니다. 하나님을 거부하고 자신을 위해 사는 것이 죄입니다.

하나님이 그리스도를 통하여 우리를 구원하신 것은 창조의 목적을 회복하기 위해서입니다. 우리에게 천국을 주신 이유도 그 천국이 하나님을 기뻐하며 영광스럽게 하는 곳이기 때문입니다.

예수님을 믿는 목적은 하나님을 영화롭게 하고 영원히 그를 즐거워 하는데 있습니다. 이때문에 하나님은 우리의 행위가 아니라 전적인 하나님의 은혜로 우리를 구원하여 주셨습니다. 처음부터 우리를 자랑할 것이 없는 자로 부르신 것입니다.

## 2. 부자 관원이 자기 질문에 걸려 넘어짐

그러나 타락한 인간은 자기 안에 자아라는 신을 가지고 있으므로 끊임없이 자기 자랑을 시도합니다. 대표적인 예가 마가복음 10장에 나오는 부자 관원의 이야기입니다. 부자 관원의 착각이 모든 타락한 인간의 착각입니다. 조금이나마 도덕적이거나 선한 일에 힘쓰는 사람이라면 너나없이 부자 관원이 걸려 넘어졌던 착각에 걸려 넘어집니다.

> 예수께서 길에 나가실새 한 사람이 달려와서 꿇어앉아 묻자오되 선한 선생님이여 내가 무엇을 하여야 영생을 얻으리이까(막 10:17).

여기에 핵심적인 두 단어가 있습니다. "무엇을 하여야"라고 하는 행함의 문제와 "영생을 얻으리이까"라고 하는 영생의 문제입니다. 즉, 이 사람은 자기가 율법을 열심히 지키고 도덕적인 행위를 하게 되면 영생을 얻게 될 것이라고 확신하면서 이 질문을 하고 있습니다.

이에 대해 예수님은 영생은 영의 문제라고 하셨습니다. 니고데모에게 분명히 말씀하시기를 "네가 거듭나야 한다"라고 하셨습니다. 그런데 이 사람은 육의 행위로 영생에 이르는 길을 묻고 있는 것입니다. 이것이 타락한 인간의 한계입니다. 인간은 행동에 집착합니다.

'무엇을 해야 의로운 사람이 될 수 있지?'

'내가 무엇을 해야 영생을 얻을 수 있지?'

모든 타락한 인간의 관심은 행동에 집중되어 있습니다. 이 질문의 바탕에는 스스로 하나님이 되려고 했던 타락한 인간의 본성이 깔려 있습니다. 스스로 하나님이 될 수 있다는 자기 교만 속에서 이 질문을 한 것입니다. 부자 관원의 질문을 받은 예수님은 다음과 같이 십계명의 윤리를 말씀하십니다.

"살인하지 말라. 도둑질하지 말라. 거짓 증언하지 말라. 속여 빼앗지 말라. 네 부모를 공경하라."

그러자 부자 관원은 신이 나서 자랑스럽게 대답합니다.

"그런 것들은 어려서부터 다 지켰습니다."

여기서부터 문제가 시작됩니다.

정말 이 사람은 어려서부터 계명을 다 지켰을까요?

그렇지 않습니다. 불완전한 인간이 완전하신 하나님의 계명을 다 지키는 것은 불가능합니다.

예수님이 산상수훈에서 계명의 근본적인 뜻을 해석해 주시지 않았습니까?

"형제를 미워한 자는 살인한 자니라."

"여자를 보고 음욕을 품은 자는 간음을 한 자니라."

"형제에게 미련한 놈이라고 말한 자는 지옥 불에 들어가게 되리라."

"선을 행하고 자랑한 자는 자기상을 이미 다 받았느니라."

"남에게 보이기 위해 기도하는 자는 위선자니라."

이것을 정말 어려서부터 하나도 어기지 않고 다 지킬 수 있을까요?

인간이 하나님의 율법을 완벽히 지키는 것은 애초에 불가능합니다. 그런데 이 사람은 어려서부터 계명을 다 지켰다고 자랑했습니다. 이 사람이 율법을 지키기 위해 노력한 것은 잘한 것입니다.

예수님도 이 부자 관원이 율법을 잘 지킨 것을 칭찬하면서 "그를 사랑하사"라고 말씀하십니다. 이 사람의 선행은 칭찬을 받을 만했습니다. 선을 행하는 것은 마땅한 것이고 칭찬을 받을 만한 일입니다. 그러나 딱 거기까지입니다. 육의 일은 육에서 끝나야 합니다. 그런데 이 사람은 그것을 확장해서 영의 문제까지 해결하려고 시도를 한 것입니다. 자기의 선행으로 영생을 얻으려고 시도를 한 것입니다. 그것이 잘못입니다.

육의 행위를 구원과 연결시킬 때 저주가 시작됩니다. 예수님은 인간의 행위가 영생에 이르는 것이 얼마나 불가능한지 순식간에 폭로해 버립니다. 인간의 타락한 본성을 폭로하심으로 부자 관원의 헛된 교만을 여지없이 깨뜨렸습니다.

> 예수께서 그를 보시고 사랑하사 이르시되 네게 아직도 한 가지 부족한 것이 있으니 가서 네게 있는 것을 다 팔아 가난한 자들에게 주라 그리하면 하늘에서 보화가 네게 있으리라 그리고 와서 나를 따르라 하시니 그 사람은 재물이 많은 고로 이 말씀으로 인하여 슬픈 기색을 띠고 근심하며 가니라 (막 10:21-22).

부자 관원은 이 말씀을 듣고 큰 충격을 받았습니다. 자기 생각의 범위를 벗어난 말씀이기 때문입니다.

사람의 착각이 무엇인지 아십니까?

사람의 착각은 자기 한계 안에서만 생각한다는 것입니다. 자기가 지킨 율법만 생각하는 것입니다. 자기가 지킬 수 있는 행위만 생각합니다. 자기가 지키지 못한 율법에 대해서는 생각하지 않습니다. 자기 인격으로 감당할 수 없는 수준 높은 선에 대해서는 외면해 버립니다. 예수님께서 그것을 드러내시는 것입니다.

이 사람은 젊은 나이에 부자가 되었습니다. 거기에다 관원까지 되었으니 성공한 인생입니다. 성공한 사람의 특징은 자기의 성공을 보면서 하나님이 자기의 인생을 인정해 준 것이라고 착각하는 것입니다. 자기가 이렇게 성공한 것을 보니 하나님이 분명 자기의 선행과 도덕성을 인정하고 보상해 주신 것이라고 믿는 것입니다. 예수님께서 이것을 뒤집어 버린 것입니다.

"너 보니까 부자구나. 돈이 많구나. 그러면 네가 가진 것을 다 팔아서 가난한 자들에게 나누어 주어라. 그리고 나서 나를 따르라."

이것은 생각지도 못한 말입니다. 부자 관원이 절대 생각하지 못한 이야기입니다. 세상에는 이런 요구가 없습니다. 세상은 적당한 선에서 예의만 차립니다. 그러나 예수님은 한계를 폭로하십니다. 인간 바닥의 내면 깊이 숨어 있는 탐욕을 폭로하신 것입니다.

이 사람은 돈이 많습니다. 가난한 사람을 위해서 몇 푼씩 적선을 했을 것입니다. 얼마간의 돈을 기부를 하면서 자기는 돈에 대한 욕심이 없는 사람이라고 스스로 믿었을 것입니다. 이것이 작은 선으로 자기 인생 전체를 포장하는 인간의 위선입니다.

타락한 인간은 자기의 선행을 크게 확대합니다. 오직 믿음으로만 구원을 얻는다고 하면 펄쩍 뜁니다. 자기는 그런 인간들과 다른 부류라고 자랑하면서 자기의 도덕과 행위를 늘어놓습니다. 얼마나 말씀에 충실하게 순종하며 살아가는지 자랑을 늘어놓습니다. 예수님이 이런 인간의 위선을 폭로하신 것입니다. 가면을 벗겨 버린 것입니다.

주님께서는 부자 관원이 생각하지도 못한 것을 말씀하셨습니다.

"네 가진 모든 것을 팔아 가난한 자에게 나눠주고 나를 따르라."

청천벽력 같은 소리입니다. 속에 감추어 놓은 인간의 위선을 여지없이 드러내신 것입니다. 예수님의 이 말씀 때문에 부자는 절망에 빠졌습니다. 성경은 말합니다.

> 그 사람은 재물이 많은 고로 이 말씀으로 인하여 슬픈 기색을 띠고 근심하며 가니라(마 10:22).

마음속 깊이 감추어 두었던 돈에 대한 집착이 여지없이 드러나자 부자는 슬퍼하며 고민하다가 결국 예수님을 떠나고 말았습니다. 그는 영생을 잃었습니다. 이것이 행위로 영생을 구하는 자들의 결론입니다.

## 3. 세상 모든 종교의 한계

> 사람이 의롭게 되는 것은 율법의 행위로 말미암음이 아니요 오직 예수 그리스도를 믿음으로 말미암는 줄 알므로 우리도 그리스도 예수님을 믿나니 이는 우리가 율법의 행위로써가 아니고 그리스도를 믿음으로써 의롭다 함을 얻으려 함이라 율법의 행위로써는 의롭다 함을 얻을 육체가 없느니라 (갈 2:16).

세상의 모든 종교는 부자 관원의 길을 가르칩니다. "너희들의 선행으로 구원을 받을 수 있다. 금욕과 극기와 도덕과 선행으로 영생을 얻을 수 있다"고 가르칩니다. 그러나 거짓말입니다. 완전히 불가능한 일입니다. 성경은 완전히 다르게 말하고 있습니다. 너희의 선행으로는 구원이 불가능하다고 말씀하십니다.

율법의 요구에는 한계가 없습니다. 여러분이 율법을 행하면 행할수록 더 큰 율법의 요구가 오는 것입니다. 하나를 지키면 다른 하나를 요구합니다. 다른 하나를 지키면 또 다른 하나를 요구합니다. 그렇게 율법은 여러분이 도저히 지킬 수 없는 요구에까지 이르게 될 것입니다.

영화에 보면 나쁜 사람에게 약점을 잡힌 자가 그들의 요구를 들어주기 시작하면 요구의 크기는 점점 늘어나는 것을 보지 않습니까?

그러다가 나중에는 감당하지 못할 요구에 이르게 됩니다. 그때 가서 불가능한 요구 앞에서 절망하게 됩니다. 율법의 요구가 그렇습니다. 인간은 율법의 요구를 절대로 모두 만족시킬 수 없습니다. 세상 모든 종교가 이 한계에 걸려서 넘어지는 것입니다.

## 4. 처음부터 포기하라

제일 좋은 방법은 처음부터 부끄러움을 당하더라도 진실을 솔직하게 털어놓는 것입니다. 그것이 사는 길입니다. 구원도 마찬가지입니다. 행위로 구원을 얻기 위해 율법의 요구를 채우려고 시도하다가는 나중에 부자 관원과 같은 절망에 처하고 맙니다. 율법의 요구는 끝이 없습니다. 가장 좋은 길은 처음부터 육의 행위를 포기하는 것입니다.

처음부터 죄인임을 인정하고 예수님께 항복하는 것입니다.

"무엇을 해야 영생을 얻으리까?"

이 질문 자체를 포기하는 것입니다. 처음부터 불가능을 인정하고 하나님의 은혜 속으로 들어가는 것입니다. 처음부터 죄인 됨을 고백하고 예수님의 피 속으로 들어가는 것입니다. 처음부터 전적인 무능을 인정하고 예수님의 십자가만 붙드는 것입니다.

## 5. 포기하면 새로운 피조물이 된다

우리는 율법의 행위가 아니라 믿음으로 구원을 얻습니다. 구원의 길은 믿음밖에 없습니다. 믿음으로 구원을 얻으려면 육의 시도를 포기해야 합니다. 나의 노력을 포기하면 은혜로 구원이 주어지는 것입니다. 은혜로 구원받은 사람을 성경은 새로운 피조물이라고 부르고 있습니다.

새로운 피조물이라는 것은 착한 사람이 된다는 뜻이 아닙니다. 도덕적으로 발전된 인간이 된다는 뜻도 아닙니다. 새로운 피조물이 된다는 것은 옛사람이 죽고 새사람으로 다시 태어난다는 뜻입니다. 육의 행위를 의지하던 옛사람이 죽고 십자가만 의지하는 새사람으로 태어난 사람을 말합니다. 성경은 그리스도인을 새로운 피조물이라고 부릅니다.

> 그런즉 누구든지 그리스도 안에 있으면 새로운 피조물이라 이전 것은 지나갔으니 보라 새것이 되었도다(고후 5:17).

그리스도인은 새로운 피조물입니다.

왜 새로운 피조물입니까?

완전히 새로 태어났기 때문입니다. 죄와 허물로 이미 죽은 상태로 태어난 우리 옛사람이 죽고 예수님의 영생을 가진 영적인 존재로 다시 태어난 것입니다. 그리스도인은 새로운 피조물이기 때문에 이제부터는 육으로는 판단될 수 없는 존재입니다. 바울은 어떤 사람도 육신으로 판단하지 않는다고 했습니다. 육신의 조건은 판단의 기준이 되지 못합니다. 모든 육신적인 판단은 결국 지옥이기 때문입니다.

그가 얼마나 부자든, 얼마나 지성인이든, 얼마다 선하고 도덕적이든, 얼마나 성품이 좋든 상관없이 육신의 결론은 지옥입니다. 그리스도인은 영적 존재로 다시 태어난 새로운 피조물입니다. 그리스도인은 영적으로 판단되어야 합니다. 완전히 새로운 피조물이기 때문입니다. 새로운 피조물이 되었다는 것을 완전히 새로운 신분이 되었다는 것입니다.

그렇다면 그리스도인의 새로운 신분은 무엇일까요?

지금부터 그리스도인의 새로운 신분 다섯 가지를 말씀드릴텐데 마음에 새기고 항상 고백할 수 있기를 바랍니다. 고백함으로 새로운 신분이 내 안에 정착이 되고 행동에까지 영향을 미치게 할 수 있는 것입니다.

### 1) 완전한 의인

모든 사람이 죄를 범하였으매 하나님의 영광에 이르지 못하더니 그리스도 예수 안에 있는 속량으로 말미암아 하나님의 은혜로 값없이 의롭다 하심을 얻은 자 되었느니라(롬 3:23-24).

예전에 우리는 모두 죄인이었습니다. 하나님의 영광에 이르지 못하는 죄인이었는데 그리스도 안에 있는 속량으로 말미암아 이제는 의롭게 되었습니다.

… 하나님의 은혜로 값없이 의롭다 하심을 얻은 자 되었느니라(롬 3:24).

이런 걸 볼 때 시제를 잘 보아야 합니다. 의롭게 되리라가 아닙니다. "의롭게 되었느니라" 과거형으로 되어 있습니다.

그러므로 우리가 믿음으로 의롭다 하심을 받았으니 우리 주 예수 그리스도로 말미암아 하나님과 화평을 누리자(롬 5:1).

이 말씀도 "믿음으로 의롭다 하심을 받았으니"라고 기록되어 있습니다. 이것도 동일하게 과거형입니다. 우리는 미래에 완전한 의를 가지게 되는 것이 아닙니다. 우리는 그리스도 안에서 이미 완전한 의를 가지고 있는 의인의 신분입니다. 우리는 완전한 의를 가지려고 애쓸 필요가 없습니다. 이미 하나님께서 우리를 의롭다고 인정하셨습니다.

우리가 하나님의 의를 가지고 있다는 것을 분명히 알 때 하나님과 화평을 누릴 수가 있습니다. 사람이 죄책이 있으면 하나님께 가까이 가지 못합니다. 사탄은 계속해서 우리 속에 죄를 생각나게 하고, 우리가 가진 의를 확신하지 못하게 의심을 집어넣습니다. 사탄은 우리가 하나님과 화평을 누리는 것을 지속적으로 방해하는데 그 방법이 마음에 죄책과 의심을 심어 주는 것입니다.

> 너희 중에 이와 같은 자들이 있더니 주 예수 그리스도의 이름과 우리 하나님의 성령 안에서 씻음과 거룩함과 의롭다 하심을 받았느니라(고전 6:11).

이미 받았습니다. 당신이 과거에 어떤 사람이었든지 상관없습니다. 세상은 여전히 당신의 죄를 기억하고 손가락질을 할지도 모릅니다. 오늘도 어쩌면 죄의 오염 속에서 살아갈 수 있습니다. 당신이 당신의 모습에 실망할 수 있습니다.

그러나 그리스도 안에 있는 당신의 신분은 의인입니다. 예수 그리스도의 십자가 피로 죄 씻음을 받은 당신은 그리스도 안에서 의롭다 함을 얻은 자가 되었습니다. 그리스도 안에 있는 당신은 완전한 의인입니다. 사탄의 거짓말에 속지 마십시오. 사탄은 그 이름이 참소하는 자입니다. 하나님의 말씀에 귀를 기울이십시오. 하나님의 말씀은 그리스도 안에 있는 여러분을 향하여 의인이라고 선포하십니다.

### 2) 거룩함을 입은 성자

> 너희는 하나님으로부터 나서 그리스도 예수 안에 있고 예수는 하나님으로부터 나와서 우리에게 지혜와 의로움과 거룩함과 구원함이 되셨으니(고전 1:30).

여기도 동일하게 '거룩함이 되셨으니'라고 과거형을 쓰고 있습니다. 우리는 이미 거룩함을 얻었습니다. 그 거룩함이 우리의 행위에서 난 것이 아니라 예수 그리스도로 말미암은 것이라고 성경은 말씀합니다.

문장을 잘 보세요.

"너희는 하나님으로부터 나서 그리스도 예수 안에 있고"라고 합니다. 그리고 난 후에 "예수님은 우리에게 거룩함이 되셨다"라고 말합니다. 우리가 거룩한 사람이 된 근거는 예수님 때문이라는 것입니다. 우리가 예수 안에 있기 때문에 예수님의 거룩함으로 우리도 거룩한 사람이 되었다는 것입니다. 여러분, 이것을 정확하게 이해해야 합니다. 그렇지 못하면 계속 율법주의와 행위구원이라는 이단적인 복음에 속아 살게 되는 것입니다.

거룩함을 입었다는 것은 성자가 되었다는 뜻입니다. 그리스도 안에 있는 자는 누구든지 그의 신분이 성자입니다. 바울은 로마서 1장 7절에 로마 교회 교인들은 성도(saints)로 부름을 받은 자라고 했습니다. 교회이기 때문에 복수를 썼지만, 그리스도인 개개인은 성자입니다.

이유가 무엇입니까?

예수 그리스도가 우리의 거룩함이 되셨기 때문입니다. 예수님이 우리 안에 계시니 우리는 예수님만큼 거룩하게 된 것입니다. 히브리서 10장 10절에도 "예수 그리스도의 몸을 단번에 드리심으로 말미암아 우리가 거룩함을 얻었다"라고 했습니다. 그리스도인은 거룩해지기 위해서 애쓰는 사람이 아닙니다. 이미 거룩함을 가지고 있는 사람입니다. 거룩하신 예수님이 우리 안에 계심으로 우리가 거룩해진 것입니다.

우리는 예수님을 믿어서 이미 거룩해진 사람들입니다. 그리스도인은 지금 현재로 예수님처럼 거룩한 사람입니다. 이것을 받아들이십시오. 그리스도인 된 나는 지금 현재 내 모습 이대로가 예수 그리스도처럼 거룩한 사람입니다. 바울이 로마 교회에 쓴 편지를 기억하십시오.

로마 교회에 있는 성자들은 여러 가지 문제와 죄, 갈등과 분쟁으로 다툼이 있었습니다. 그러나 그들은 그리스도 안에 있었기 때문에 성자였습니다. 성자의 조건은 한 가지뿐입니다. 그리스도 안에 있는 자는 누구든지 성자입니다. 그리스도 안에서 새로운 피조물이 된 나의 신분은 성자입니다.

### 3) 영생을 얻은 자

> 모세가 광야에서 뱀을 든 것 같이 인자도 들려야 하리니 이는 그를 믿는 자마다 영생을 얻게 하려 하심이니라 하나님이 세상을 이처럼 사랑하사 독생자를 주셨으니 이는 그를 믿는 자마다 멸망하지 않고 영생을 얻게 하려 하심이라 (요 3:14-16).

> 또 증거는 이것이니 하나님이 우리에게 영생을 주신 것과 이 생명이 그의 아들 안에 있는 그것이니라 아들이 있는 자에게는 생명이 있고 하나님의 아들이 없는 자에게는 생명이 없느니라 내가 하나님의 아들의 이름을 믿는 너희에게 이것을 쓰는 것은 너희로 하여금 너희에게 영생이 있음을 알게 하려 함이라 (요일 5:11-13).

영생의 기준은 예수 그리스도입니다. 예수님을 믿으면 영생이 있고 믿지 않으면 영생이 없습니다. 하나님의 아들이 기준입니다.

> … 그를 믿는 자마다 멸망하지 않고 영생을 얻게 하려 하심이라 (요 3:16).

> 내가 하나님의 아들의 이름을 믿는 너희에게 이것을 쓰는 것은 너희로 하여금 너희에게 영생이 있음을 알게 하려 함이라(요일 5:13).

여러분, 다른 것을 붙잡지 마십시오. 영생의 기준은 예수 그리스도 뿐입니다. 예수님을 믿는다는 건 예수님이 우리 속에 들어오시는 것입니다. 영생이신 예수님이 우리 영 속에 들어오는 것입니다. 영생이신 예수님이 우리 영에 들어오면 우리도 영생을 얻습니다. 우리 영 속에 들어온 영생은 부활하신 예수님의 생명이기 때문에 소멸되지 않습니다. 사라지지 않습니다. 취소되지도 않습니다. 우리 육이 죽는다 해도 영생은 죽지 않습니다.

그래서 우리 육은 죽지만 마지막 날에 다시 부활해서 주님과 함께 영원히 살게 되는 것입니다. 우리가 가진 영생은 어떤 권력도, 권세도 빼앗을 수 없는 부활하신 예수 그리스도의 생명입니다. 우리가 얻은 영생은 천국까지 이르는 영원한 생명입니다.

우리의 영생은 예수님이 붙들고 계시므로 아무도 빼앗지 못합니다. 죄를 짓는다고 영생을 잃지 않습니다. 죄 때문에 영생이 취소된다면 그것은 처음부터 영생이 아닙니다. 예수님을 믿어도 죄 지으면 영생을 잃어버린다고 말하는 사람들이 있는데 그런 것은 애초부터 영생이 아닙니다.

> 내가 그들에게 영생을 주노니 영원히 멸망하지 아니할 것이요 그들을 내 손에서 빼앗을 자가 없느니라(요 10:28).

### 4) 하나님의 자녀

> 영접하는 자 곧 그 이름을 믿는 자들에게는 하나님의 자녀가 되는 권세를 주셨으니(요 1:12).

하나님의 자녀라는 것은 단순한 칭호가 아닙니다. 이것은 우리가 하나님의 DNA를 가졌다는 뜻입니다. 사람이 자식을 낳으면 부모의 DNA가 자식에게 들어갑니다. 아버지의 DNA가 유전되어 아버지와 똑같은 유전자를 가지게 됩니다.

우리가 그리스도인이 될 때 하나님의 DNA가 들어왔습니다. 하나님의 DNA가 들어왔으므로 우리는 하나님과 똑같은 유전자를 가지게 되었습니다. 우리가 그리스도인이 될 때 영 속에 그리스도의 생명이 들어와서 우리가 예수님의 생명과 똑같은 생명이 되어버린 것입니다. 그리스도인은 하나님의 영을 가지고 있는 하나님의 자녀입니다. 자녀는 아버지의 유전자를 그대로 가지고 있습니다.

우리는 하나님 아버지의 유전자를 그대로 가진 하나님의 자녀입니다. 그래서 하나님을 아버지라고 부르는 것입니다. 그리스도인은 하나님을 그냥 하나님이라고 부르지 않습니다. 하나님을 아버지라고 부릅니다. 하나님을 아버지라고 부르는 자가 그리스도인입니다.

> 무릇 하나님의 영으로 인도함을 받는 사람은 곧 하나님의 아들이라 너희는 다시 무서워하는 종의 영을 받지 아니하고 양자의 영을 받았으므로 우리가 아빠 아버지라고 부르짖느니라(롬 8:14-15).

> 너희가 아들이므로 하나님이 그 아들의 영을 우리 마음 가운데 보내사 아빠 아버지라 부르게 하셨느니라(갈 4:6).

### 5) 하늘나라 시민권자

> 긍휼이 풍성하신 하나님이 우리를 사랑하신 그 큰 사랑을 인하여 허물로 죽은 우리를 그리스도와 함께 살리셨고(너희는 은혜로 구원을 받은 것이라) 또 함께 일으키사 그리스도 예수 안에서 함께 하늘에 앉히시니(엡 2:4-6).

그리스도인은 예수 그리스도 안에서 하늘에 함께 앉아 있다고 말씀합니다. 하나님께서는 우리를 예수님과 함께 하늘에 앉혀 놓았습니다. 우리의 육의 몸은 지금 여기에 있지만, 하나님은 우리가 이미 천국에 앉아 있는 모습을 보시고 계신 것입니다.

여러분, 이것을 기억하십시오. 우리는 죽어서 장차 천국에 갈 것입니다. 그러나 하나님은 이미 우리가 천국에 앉아 있다고 선포하셨습니다. 그리스도인의 운명은 이미 결정되었습니다. 그리스도 안에서 우리는 이미 하늘에 들어갔습니다. 하나님의 보좌 앞에 이미 앉아 있습니다. 바울은 이것을 천국 시민권이라고 말하고 있습니다.

> 그러나 우리의 시민권은 하늘에 있는지라 거기로부터 구원하는 자 곧 주 예수 그리스도를 기다리노니(빌 3:20).

저는 한국 국적을 가지고 있습니다. 한국 국적을 가지고 있기 때문에 세계 어디를 다니든 한국 사람입니다. 외국에 나가 있어도 저는 한국 사람입니다. 외국에서 죽어도 한국에서 사망 처리를 할 것입니다. 한국 호적에 기록이 될 것입니다. 성경은 그리스도인을 보고 하늘나라 시민권자라고 말합니다. 지금 육을 가지고 세상에 살고 있어도 우리는 천국 시민입니다.

우리는 지금 당장 죽어도 천국에 갑니다. 오래 살다가 나중에 죽어도 천국에 갑니다. 우리는 살든지 죽든지 천국 시민권자입니다. 우리는 지금 세상에 살고 있지만, 우리의 신분은 천국에 앉아 있는 하나님 나라의 시민입니다.

우리는 이 세상 국적자가 아닙니다. 이 세상은 우리가 잠시 머물다 가는 나그네 길입니다. 잠시 나그네로 와서 살다가 본향인 천국으로 갈 것입니다. 그리스도인은 하늘나라 시민권자로 이 땅을 나그네처럼 살다가 죽어서 본향인 천국에 들어가는 자입니다.

## 6. 은혜로 얻은 선물

제가 지금 다섯 가지 그리스도인의 새로운 신분을 말했습니다. 이것은 전부 예수 그리스도 안에서 하나님이 주신 선물입니다. 우리의 행위로 얻은 것이 아니라 하나님이 은혜로 주신 선물입니다. 오직 믿음입니다. 하나님이 이 놀라운 선물을 주신 통로가 오직 믿음입니다. 우리는 믿음으로 새로운 피조물이 되었습니다. 믿음으로 새로운 신분을 얻었습니다. 믿음으로 우리가 이 모든 것을 얻었습니다.

그럼, 사람들이 이런 질문을 합니다.

"행위는 소용이 없는 것이냐?"

"성경에 행하라는 말이 얼마나 많은데 그 많은 말씀이 무용지물이 되는 것이냐?"

그렇지 않습니다. 행위는 중요합니다. 부자 관원에게서도 보았지만, 예수님께서도 계명을 지키고 사는 삶을 칭찬하셨습니다. 그것은 칭찬을 받을 만한 아름다운 일입니다. 그러나 선을 넘지 말라는 것입니다. 딱 거기까지입니다. 그런데 사람들은 항상 선을 넘어섭니다.

인간은 무엇인가 자랑할 것이 있으면 참지 못합니다. 행위가 중요하다고 하면 그것을 영생의 문제까지 연결시켜 버립니다. 그것을 영생과 연결시켜서 무엇인가 유리한 것을 얻어 내려고 시도하는 것입니다. 이것이 어리석음이고 착각인데 사람들은 너무나 쉽게 여기에 걸려 넘어지는 것입니다.

## 7. 마음에서 시작된 순종

너희가 나를 사랑하면 나의 계명을 지키리라(요 14:15).

문장을 잘 보세요. 나의 계명을 지키면 너희가 구원을 얻으리라고 하지 않았습니다. 전제가 "너희가 나를 사랑하면"이라고 되어 있습니다. 이것은 이미 그리스도인 된 자들에게 주신 말씀입니다. 너희가 나를 사랑하면입니다. 이미 그리스도인이 된 자들입니다. 그들에게 하시는 말씀입니다. 이 말씀은 이런 뜻입니다.

"너희가 나를 사랑한다는 것을 무엇으로 증명할 수 있느냐?

그것은 나의 계명을 지키는 것이다."

계명을 지키는 것은 하나님을 사랑하는 것에 대한 증거입니다. 이것은 구원을 받는 조건이 아니라 하나님을 사랑하는 증거입니다. 그리스도인의 행위는 언제나 마음에서 출발합니다. 그리스도인은 행위로 바로 나가면 안 됩니다. 그 행위가 그리스도를 사랑하는 마음에서 난 것이 아니라면 아무 쓸모가 없습니다. 하나님을 사랑하는 것이 우선입니다.

그래서 교회는 계명을 지키라고 강요하는 곳이 아닙니다. 그리스도의 사랑을 증거 하는 곳입니다. 그리스도를 사랑하는 마음에서 출발하지 않은 행위는 율법주의로 타락합니다. 하나님을 사랑하는 것이 언제나 앞에 있습니다. 주님을 사랑하는 마음 때문에 계명을 즐겁게 지키는 것입니다. 이것이 그리스도인의 행위의 본질입니다. 그리스도인의 행위는 언제나 하나님의 사랑이라는 뿌리에서 열리는 열매입니다.

## 8. 잘못된 해석을 반박하는 세 가지 논증

그런데도 불구하고 행위를 통해 구원에 이를 수 있다고 주장하는 자들이 있으니 이들이 즐겨 사용하는 말씀이 이것입니다. 여러분이 이런 말씀을 정확하게 이해해야 거짓 복음의 속임수에 오염되지 않을 수 있습니다.

> 그러나 악인이 만일 그가 행한 모든 죄에서 돌이켜 떠나 내 모든 율례를 지키고 정의와 공의를 행하면 반드시 살고 죽지 아니할 것이라 그 범죄한 것이 하나도 기억함이 되지 아니하리니 그가 행한 공의로 살리라 … 만일 의인이 돌

이켜 그 공의에서 떠나 범죄하고 악인이 행하는 모든 가증한 일대로 행하면 살겠느냐 그가 행한 공의로운 일은 하나도 기억함이 되지 아니하리니 그가 그 범한 허물과 그 지은 죄로 죽으리라(겔 18:21-22, 24).

행위구원을 주장하는 자들은 이 말씀을 근거로 이렇게 말합니다.
"성경을 봐라. 너희가 선을 행하더라도 나중에 악을 행하면 전에 지은 선이 기억되지 아니하고 악으로 말미암아 죽으리라고 하지 않았느냐?
그러므로 구원을 받아도 나중에 죄를 지으면 구원이 취소될 수 있는 것이다."
생각 없이 들으면 그럴듯한 논리 같지만, 이 주장에는 세 가지 큰 논리적인 오류가 있는 것을 발견하게 됩니다.

**첫째**, 이 말 속에는 무서운 자기기만이 들어있습니다. 그들의 주장 속에는 그 말을 전하는 자기들은 율법을 항상 모든 것을 완벽히 지켰다는 전제가 들어있습니다. 자기는 그렇게 산다는 가정하에 다른 사람들에게 말하는 것입니다.

그렇지 않다면 이 말씀이 먼저 자기를 정죄해서 자기 자신을 먼저 지옥에 보내야 하지 않겠습니까?
무슨 근거로 자기는 충분한 선을 행하고 있다고 자만하는 걸까요?
이런 주장을 하는 자들이 정말 율법을 다 지켰을까요?
모든 율법을 항상 죽을 때까지 다 지켜야 의롭다 인정을 받는다고 했는데 정말 그렇게 했을까요?

부자 관원과 같은 착각에 빠져 있는 것은 아닙니까?

**둘째**, 논리적으로 맞지 않습니다. 만약 선을 행해서 구원을 받은 것이라면 악을 행할 때 구원이 취소될 수 있습니다. 그러나 성경은 구원이 선을 행해서 받은 게 아니라고 말합니다. 에베소서 2장 8절에는 '너희가 그 은혜를 인하여 믿음으로 말미암아 구원을 받았다'라고 말씀하고 있습니다.

우리가 받은 구원은 '하나님의 선물이니 행위에서 난 것이 아니라'고 했습니다. 구원 자체가 행위에서 난 것이 아닙니다. 구원은 행위로 얻은 것이 아니기 때문에 행위로 취소시킬 수 없습니다. 그런데 이 말씀은 '선을 행하다가 악을 행하면 전에 행한 선이 기억되지 않고 악으로 말미암아 멸망하리라'라고 했습니다. 이는 원인과 결과가 모두 행위에 있습니다.

의로운 행위를 통해 의롭다 함을 얻은 결과가 나온 것입니다. 그렇기 때문에 의로움의 원인이 된 행위가 다시 죄악으로 바뀌면 결과가 자연히 바뀌는 것입니다. 원인과 결과의 중심에 행위가 있습니다. 그러나 우리가 받은 구원은 행위로 받은 게 아닙니다. 우리의 구원은 은혜로 받은 것입니다. 은혜로 받은 구원이기 때문에 행위가 결과를 바꾸지 못합니다. 그러므로 이들의 주장은 논리적으로 전혀 맞지 않습니다.

**셋째**, 이들은 계시의 발전성을 간과하고 있습니다. 성경을 해석할 때 해석의 핵심이 계시의 발전성입니다. 하나님의 계시는 발전합니다. 구약에서 신약으로 계시는 발전해 왔습니다. 구약은 계시가 완성된 시대가 아닙니다. 구약은 그림자의 시대입니다. 신약을 알려 주는 책입니다. 신약에 예수 그리스도가 오셨습니다. 예수 그리스도가 죽으셨습니다. 예수 그리스도가 부활 승천하셨습니다.

그러나 그때까지도 아직 계시는 완성되지 않았습니다. 왜냐하면, 제자들이 예수님의 십자가 의미를 전혀 몰랐기 때문입니다. 오순절에 성령이 오심으로 비로소 계시가 완성되었습니다. 성령이 오심으로 예수 그리스도의 십자가 의미를 제자들이 제대로 이해하게 되었기 때문입니다.

그리고 바울이라는 사람에게 성령을 주시고, 하나님은 바울이라는 사람을 택해서 예수 그리스도와 그가 십자가에 못 박하신 구원의 복음을 전하게 하셨습니다. 이런 이유 때문에 바울은 '내가 전한 복음 외에 다른 복음을 전하면 저주를 받을 것이라'고 담대하게 말한 것입니다.

구약은 완성의 책이 아닙니다. 예수 그리스도가 실체입니다. 예수 그리스도가 구원을 완성하셨습니다. 성령이 오심으로 구원의 복음을 제자들에게 이해시켜 주셨습니다. 이것이 계시의 발전성입니다. 지금 행위구원을 주장하는 자들은 구약의 율법 속에서 허우적거리고 있는 것입니다.

## 9. 속죄소를 덮고 피를 뿌려라

> 내가 하나님의 은혜를 폐하지 아니하노니 만일 의롭게 되는 것이 율법으로 말미암으면 그리스도께서 헛되이 죽으셨느니라(갈 2:21).

> 사람이 의롭게 되는 것은 율법의 행위로 말미암음이 아니요 오직 예수 그리스도를 믿음으로 말미암은 줄 알므로 우리도 그리스도 예수님을 믿나니 이는 우리가 율법의 행위로써가 아니고 그리스도를 믿음으로써 의롭다 함을 얻으려 함이라 율법의 행위로써는 의롭다 함을 얻을 육체가 없느니라(갈 2:16).

성경은 계속해서 율법으로는 불가능하다고 강조합니다. 율법으로 불가능하다는 것은 행위로 안된다는 뜻입니다. 사람의 행위로는 율법의 요구를 만족시킬 수 없습니다. 율법으로는 하나님 앞에서 의롭다 함을 얻을 육체가 없습니다. 믿음의 길 뿐입니다. 하나님께서 예수 그리스도 안에서 완성하신 속죄의 사역을 믿음으로 의롭게 되는 하나의 길 뿐입니다.

그렇다고 여러분, 율법을 오해하지는 마십시오. 율법은 아무런 잘못이 없습니다. 율법은 하나님의 법이므로 완전합니다. 율법은 죄가 없습니다. 다만, 타락한 인간이 율법을 완전히 지키지 못한다는 것이 문제입니다. 그것이 인간에게 저주가 되고 심판이 되는 것입니다.

이런 인간의 연약함을 아시는 자비하신 하나님께서 인간이 율법을 지키지 못할 것을 이미 아시고 일찍이 피의 속죄를 예비해 주셨습니다. 성전에서 피를 가지고 제사를 지내면 하나님이 용서해 주겠다고 하신 것입니다. 그래서 성전을 지은 것입니다.

성전은 피의 제사를 드리는 곳입니다. 성전은 성소와 지성소로 구분이 되어 있고 지성소에는 하나님의 법궤가 있었습니다. 대제사장이 일 년에 한 번 짐승의 피를 가지고 지성소에 들어가서 뿌림으로 모든 이스라엘의 죄가 속죄를 받았습니다. 법궤는 반드시 속죄소로 항상 덮어 놓아야 했습니다. 속죄소가 열려 있으면 법궤 안에 있는 계명이 그대로 드러나 모든 이스라엘을 심판하기 때문입니다. 속죄소 뚜껑이 열려 있으면 율법의 저주가 모든 이스라엘 사람에게 임합니다.

그래서 하나님은 율법 위에 속죄소를 덮고 피를 뿌리라고 했습니다. 법궤를 속죄소로 덮고 피를 뿌리는 것이 복음입니다. 피가 없으면 율법의 심판이 그냥 드러나기 때문입니다. 율법이 그냥 백성들에게 미치면 율법의 심판 아래 모든 백성이 저주를 받습니다. 피가 율법의 심판으로부터 이스라엘을 지켜 주었습니다.

> 그는 또 수송아지의 피를 가져다가 손가락으로 속죄소 동쪽에 뿌리고 또 손가락으로 그 피를 속죄소 앞에 일곱 번 뿌릴 것이며 또 백성을 위한 속죄제 염소를 잡아 그 피를 가지고 휘장 안에 들어가서 그 수송아지 피로 행함 같이 그 피로 행하여 속죄소 위와 속죄소 앞에 뿌릴지니 (레 16:14-15).

율법이 든 법궤 위에 속죄소를 덮어놓고 피를 뿌려야 합니다. 짐승의 피가 뿌려져야 율법의 저주로부터 자유를 얻습니다. 그러나 짐승의 피는 일시적인 효과밖에 없음으로 대제사장이 일 년에 한 번씩 지성소에 들어가 계속 피를 뿌려야 했습니다. 이렇게 계속 피를 뿌림으로 이스라엘은 계속 율법의 저주로부터 보호를 받을 수 있었습니다. 이것은 너무나 중요한 예수 그리스도의 속죄에 대한 모형입니다.

신약에 와서 예수님이 십자가에서 피 흘리고 죽으셨습니다. 피를 흘려 죽으심으로 그 피가 인류의 모든 죄를 용서하셨습니다. 예수님이 십자가에 달리시면서 피 흘리고 죽으신 한 번의 제사로 영원한 속죄를 이루셨습니다.

예수 그리스도의 피가 율법의 모든 저주를 속량하신 것입니다. 율법은 피로 덮여 있어야 율법의 저주가 사라진다고 했습니다. 율법의 저주와 심판은 육의 행위로 제거되지 않습니다. 율법의 저주와 심판은 예수님의 피로 제거하는 것입니다.

이제 말씀을 지켜야 구원을 받는다는 말이 얼마나 무서운 저주인지 아시겠습니까?

말씀을 지켜야 구원을 얻는다는 것은 피 없이 율법의 저주 아래로 그냥 들어가겠다는 것입니다. 핵폭탄이 터진 후에 방사능이 쏟아지는 장소에 그냥 맨몸으로 들어가는 것과 같습니다. 맨몸으로 방사능 안으로 들어가면 방사능에 피폭되어 죽습니다. 육의 행위를 구원의 조건으로 내세우는 것은 율법의 방사능 안에 맨몸으로 그냥 들어가는 것과 같습니다. 그냥 율법의 심판을 받아 지옥에 들어가는 길입니다.

모든 인간은 예수 그리스도의 피 안에 있을 때 안전합니다. 예수님의 피가 율법의 저주를 덮었습니다. 예수님의 피로 우리를 속량하셨습니다. 예수 그리스도의 피 아래 있는 자는 누구도 정죄할 수 없습니다.

> 그러므로 이제 그리스도 예수 안에 있는 자에게는 결코 정죄함이 없나니 이는 그리스도 예수 안에 있는 생명의 성령의 법이 죄와 사망의 법에서 너를 해방하였음이라(롬 8:1-2).

하나님은 예수 그리스도의 피로 죄와 사망의 법에서 우리를 해방하셨습니다. 율법은 그리스도의 피가 없는 곳에서만 정죄를 합니다. 율법은 예수 그리스도의 피가 없는 곳에서만 권세를 나타냅니다. 예수 그리스도의 피가 있는 곳에서의 율법은 아무 의미가 없습니다.

그리스도인은 예수 그리스도의 피 속에 있는 자들입니다. 그리스도인은 생명의 성령의 법이 주장하는 자들입니다. 어떤 권세도 그리스도 안에 있는 우리를 정죄할 수 없습니다. 사탄은 고소하지 못합니다. 율법도 고소하지 못합니다. 옛사람의 본성도 고소하지 못합니다. 세상 어떤 것들도 우리를 고소하지 못합니다.

"결코 정죄할 수 없느니라."

그렇습니다. 결코 정죄할 수 없습니다. 성경은 이 진리를 매우 강조하고 있습니다. 그러니 여러분은 구원을 받으려고 애쓰지 마십시오. 믿는 자는 이미 완전한 구원을 가지고 있습니다. 여러분이 구원을 완성하기 위해 해야 할 일은 하나도 없습니다.

## 10. 신분에 대한 자긍심이 성화를 가져 온다

여러분은 그리스도 안에서 새사람이 되었습니다!
여러분은 그리스도 안에서 새로운 신분을 가지고 있습니다!
여러분은 완전한 의인입니다!
여러분은 거룩함을 입은 성자입니다!
여러분은 하나님의 자녀입니다!
여러분은 영생을 얻은 자입니다!

여러분은 천국 시민권자입니다!

이것이 그리스도 안에 있는 여러분의 새로운 신분입니다. 여러분은 그리스도안에 있는 새로운 신분을 한 시도 잊으면 안 됩니다. 자주 자주 묵상하십시오. 그리스도 안에 있는 새 신분을 자주 생각하시고 입으로 시인하십시오.

우리가 어떻게 세상을 이깁니까?

우리가 어떻게 거룩한 길을 걸어갑니까?

해답이 여기에 있습니다. 여러분이 얻은 새 신분을 기억하는 것입니다. 그리스도 안에 있는 여러분의 새 신분을 항상 기억하고 자주자주 고백하는 것입니다. 항상 기억하는 것입니다.

아침에 일어나서 고백하십시오. 직장에 출근해서 고백하십시오. 직장에서도 고백하십시오. 가정생활에서도 고백하십시오. 죄가 유혹할 때 그리스도 안에 있는 새 신분을 고백하십시오. 바벨론의 화려한 도성이 유혹의 손짓을 할 때 그리스도 안에서 얻은 새 신분을 고백하십시오. 밤에 잠자리에 들 때 새 신분을 고백하십시오.

이것을 자주 묵상하십시오. 자주 고백하십시오. 하나님의 말씀 앞에서 여러분이 어떠한 신분의 사람인지 묵상하십시오. 여러분이 그리스도 안에서 어떠한 신분을 가졌는지 주목하십시오. 그리스도 안에 있는 여러분의 새 신분을 고백하십시오.

사탄이 여러분의 정체성을 흐리도록 틈을 주지 마십시오. 여러분의 행위가 여러분을 정의하지 못하게 하십시오. 여러분의 죄가 여러분의 정체성을 결정하지 못하게 하십시오. 여러분의 새로운 신분을 기억하고, 묵상하고, 고백하십시오. 가능하면 자주 그렇게 하십시오. 이것이 죄를 이기는 길입니다. 이것이 세속으로부터 자기를 지키는 길입니다. 이것이 거룩해 지는 길입니다.

　사람은 신분에 맞는 행동하기를 원합니다. 신분에 자긍심을 가질수록 더욱 신분에 맞는 행동을 하려고 노력합니다. 그리스도안에 있는 여러분의 신분이 여러분의 자긍심이 되게 하십시오. 신분에 대한 자긍심은 신분에 맞지 않는 일은 거절하도록 지켜 줍니다. 신분에 대한 자긍심은 신분에 맞는 일을 하도록 격려합니다.

　여러분이 그리스도 안에 있는 신분을 확고하게 알고, 깨닫고, 인식함으로써 여러분은 새로운 신분에 맞는 사람으로 날마다 자라가게 될 것입니다.

# 제9장

## 끊을 수 없는 하나님의 사랑

그러나 이 모든 일에
우리를 사랑하시는 이로 말미암아
우리가 넉넉히 이기느니라
내가 확신하노니
사망이나 생명이나 천사들이나 권세자들이나
현재 일이나 장래 일이나 능력이나 높음이나 깊음이나
다른 아무 피조물이라도
우리를 우리 주 그리스도 예수 안에 있는
하나님의 사랑에서 끊을 수 없으리라

(롬 8:37-39)

## 1. 하나님의 선택과 예정

하나님이 왜 나를 구원하셨을까요?
나보다 성품도 좋고 도덕적으로 우월한 사람이 많은데 왜 나를 구원하셨을까요?
나보다 훨씬 나은 사람들을 두고 나를 구원하신 이유가 무엇일까요?

이유는 한 가지입니다. 하나님이 나를 선택하셨기 때문입니다. 사람들이 이 교리를 좋아하건, 싫어하건 상관없이 성경은 선택을 명확하게 말합니다.

> 곧 창세전에 그리스도 안에서 우리를 택하사 우리로 사랑 안에서 그 앞에 거룩하고 흠이 없게 하시려고 그 기쁘신 뜻대로 우리를 예정하사 예수 그리스도로 말미암아 자기의 아들들이 되게 하셨으니(엡 1:4-5).

영원하신 하나님이, 우리의 처음과 끝을 다 아시는 하나님이, 전지하시고 전능하신 하나님이 창세전에 나를 예정하시고 선택하셨습니다.

이유가 무엇입니까?
왜 나에게 이런 은혜를 베푸신 것입니까?
나보다 도덕적으로 훌륭한 사람이 많은데 왜 나를 구원하신 것입니까?

아무리 생각해도 이해가 되지 않습니다.

어떻게 나 같은 죄인을 구원하셨을까!
어찌하여 나 같은 인간을!
이 벌레만도 못한 죄인을 주님이 어떻게 이렇게 사랑하셨습니까!

그래서 선택의 교리를 깊이 알면 알수록 감격과 눈물이 나오는 것입니다. 그 은혜와 사랑에 감격하여 인생을 주님께 드릴 수밖에 없습니다. 바울이 바로 그런 사람이었습니다.

바울은 스데반을 죽이는 데 동참을 했고, 그리스도인들을 잡아서 옥에 가두는 데 혈안이 되었던 사람이었습니다. 하나님을 대적하는데 심히 열심인 사람이었습니다. 그런 바울에게 하나님이 찾아오시고 다메섹 도상에서 만나주셨습니다. 예수님을 믿게 하시고 전도자로 삼아주셨습니다.

바울이 성경을 연구하면서 깊이 진리를 탐구하다 보니 이것이 모두 하나님의 예정 속에서 이루어진 것이라는 것을 깨닫게 된 것입니다. 자신이 구원받은 것이 전적인 하나님의 은혜임을 깨달았습니다. 이미 창세전에 예정된 은혜라는 것을 깨달았습니다. 그는 놀랐고, 감격했고, 한량없는 그 은혜에 보답하기 위해서 일생을 주님께 헌신한 거룩한 사도가 되었습니다.

하나님의 선택 교리는 사람을 이렇게 변화시키는 능력이 있습니다. 바울뿐이 아닙니다. 우리의 구원도 동일합니다. 하나님이 창세전에 우리를 선택하시고, 구원하시기로 예정하시고, 아들 예수 그리스도를 세상에 보내셔서 우리 죄를 대신 지시고 십자가에서 피 흘려 죽게 하시고, 부활하게 하심으로 우리의 죄를 용서해 주시고 우리를 구원해 주신 것입니다.

> 너희가 알거니와 너희 조상이 물려준 헛된 행실에서 대속함을 받은 것은 은이나 금 같이 없어질 것으로 된 것이 아니요 오직 흠 없고 점도 없는 어린양 같은 그리스도의 보배로운 피로 된 것이니라(벧전 1:18-19).

우리는 예수 그리스도의 보배로운 피로 구원을 받았습니다. 세상 사람들에게 그리스도의 피를 말해 보세요. 비웃습니다. 조롱합니다. 말 같지도 않은 소리를 하지 말라고 할 것입니다.

여러분은 어떻습니까?
그대로 믿어지지 않습니까?
감격과 감사가 터져 나오지 않습니까?
속에서 뜨거운 무엇이 차오르지 않습니까?
왜 이런 차이가 납니까?

여러분은 하나님의 선택받은 자녀이기 때문입니다. 하나님은 선택받은 백성들에게 믿어지는 은혜를 주십니다. 이성적으로 생각하면 말 같지도 않은 소리인데 그대로 믿어지는 것입니다. 이상하게 전부 믿어집니다. 이것이 바로 선택받았다는 증거입니다.

## 2. 인간이 자기 힘으로 믿지 못하는 이유

사람들이 오해하는 것이 있는데 내가 중립적인 존재로 착각하는 것입니다. 내가 중립적인 존재로 있다가 내가 선택해서 믿으면 천국에 가고 거부하면 지옥에 간다고 생각합니다. 그렇지 않습니다. 우리는 중립적인 존재가 아닙니다. 아담이 선악과를 먹고 타락했을 때부터 모든 인류는 태어날 때부터 죄와 허물로 죽은 상태로 태어났습니다.

모든 인간은 죄인으로 태어납니다. 이미 심판 아래서 태어났습니다. 사망 가운데서 태어났습니다. 인간은 태어날 때부터 원래가 심판 아래 놓여 있습니다. 그냥 두면 살다가 심판받아서 지옥에 들어가는 것이 타락한 인간의 자연스러운 운명입니다.

> 그는 허물과 죄로 죽었던 너희를 살리셨도다 그 때에 너희는 그 가운데서 행하여 이 세상 풍조를 따르고 공중의 권세 잡은 자를 따랐으니 곧 지금 불순종의 아들들 가운데서 역사하는 영이라 전에는 우리도 다 그 가운데서 우리 육체의 욕심을 따라 지내며 육체와 마음의 원하는 것을 하여 다른 이들과 같이 본질상 진노의 자녀이었더니(엡 2:1-4).

인간은 본질상 진노의 자녀입니다. 모두 죄와 허물로 죽은 상태로 태어나서 하는 일이라고는 공중권세를 잡은 사탄을 따라서 하나님께 불순종하며 사는 게 전부였습니다. 육체의 욕심을 따라 마음이 원하는 것을 하며 살았습니다. 인생 어디에도 하나님은 없습니다. 하나님에게 관심도 없습니다. 세상의 풍속을 쫓아 사는 것이 전부였습니다.

안 믿는 사람들은 이런 타락한 본성을 따라서 하나님을 거부했습니다. 누가 시킨 것이 아니라 자기의 본성에 따라 스스로 십자가를 조롱하며 하나님을 거부하는 인생을 사는 것입니다. 그것은 그들의 본성에 따른 그들의 선택입니다. 그렇게 살다가 죽어서 지옥에 가는 것입니다. 이것이 세상에 태어나는 모든 인간의 본래 모습이고 운명입니다.

> 또 범죄와 육체의 무할례로 죽었던 너희를 하나님이 그와 함께 살리시고 우리의 모든 죄를 사하시고 우리를 거스르고 불리하게 하는 법조문으로 쓴 증서를 지우시고 제하여 버리사 십자가에 못 박으시고 통치자들과 권세들을 무력화하여 드러내어 구경거리로 삼으시고 십자가로 그들을 이기셨느니라 (골 2:13-15).

성경을 잘 보세요. 인간은 태어날 때부터 범죄와 육체의 무할례로 죽은 상태라는 것입니다. 원래가 죽은 상태로 태어났습니다. 이것이 인간의 본래적 운명입니다. 인간이 중립 상태에 있지 않습니다. 스스로 선택하여 예수님을 믿고 예수님을 거절하는 것이 아닙니다. 그들은 본성상 예수님을 선택할 수 없는 영이 죽은 자들입니다. 인간에게는 예수님을 선택할 능력 자체가 없습니다. 모두 죽은 자로 태어났습니다.

그런데 하나님이 우리를 선택해 주신 것입니다. 우리를 구원하시기로 선택하시고 성령을 주셔서 죽은 영을 살려 주신 것입니다. 죽은 영이 살아나니 영이신 하나님을 인식하게 된 것입니다. 영이신 하나님의 말씀이 깨달아지는 것입니다. 말씀이 깨달아진다는 것은 성령이 임한 증거입니다. 성령이 없는 사람은 죽어도 못 깨닫습니다. 그 영이 죽었기 때문에 지식이 아무리 뛰어나도 모릅니다.

세계적인 지성인들이 영의 세계에 대해서 완전히 무식한 이유는 그들의 영이 죽었기 때문입니다. 영이 살아나야 말씀을 깨닫습니다. 어린아이도 영이 살아나면 하나님의 말씀을 다 깨닫습니다.

우리가 그리스도인이 되는 것은 성령께서 우리 영을 살려 주시고 살아난 영으로 하나님의 말씀을 깨닫고 믿게 하심으로 우리가 거듭나게 되는 것입니다. 그래서 성경은 하나님이 우리를 낳으셨다고 말씀을 하고 있습니다. 구원은 하나님이 십자가에서 우리를 영의 존재로 거듭난 새로운 피조물로 낳으신 사건입니다.

## 3. 하나님이 십자가에서 우리를 낳으심

> 그가 그 피조물 중에 우리로 한 첫 열매가 되게 하시려고 자기의 뜻을 따라 진리의 말씀으로 우리를 낳으셨느니라(약 1:18).

낳는 것은 어머니의 몫입니다. 아이가 노력해서 태어나지 않습니다. 아이가 도덕과 윤리를 행해서 사람이 되는 것이 아닙니다. 전부 어머니의 몫입니다. 생명이 태어나는 것은 백 퍼센트 어머니의 몫입니다. 우리의 거듭남도 마찬가지입니다. 하나님이 진리의 말씀으로 우리를 낳으셨습니다. 우리의 거듭남은 전적인 하나님의 은혜입니다. 영적으로 새로 태어나는데 우리가 한 일은 아무것도 없습니다.

그리스도인을 왜 거듭난 자라고 부르는지 아십니까?

어머니의 뱃속에서 육체의 생명이 태어납니다. 이것이 태어남입니다. 그리고 우리는 하나님의 말씀으로 영적인 존재로 다시 태어납니다. 그래서 거듭남인 것입니다. 다시 태어난 생명이라는 것입니다. 생명이 태어나는 방식은 똑같습니다. 하나님이 진리의 말씀으로 우리를 낳으셨기 때문에 우리는 하나님을 아버지로 부릅니다.

하나님과 우리는 단순히 종교적인 관계가 아닙니다. 생명의 관계입니다. 기독교는 종교가 아닙니다. 현대 신학자들이 말하는 것처럼 하나님은 절대타자가 아닙니다. 궁극적 존재가 아닙니다. 하나님은 초월해 계시는 신이 아닙니다. 이런 말은 전부 헛소리입니다. 하나님은 우리의 아버지입니다. 하나님과 우리는 아버지와 자식의 관계입니다. 하나님과 우리는 생명으로 연결되어 있습니다.

예수께서 그리스도이심을 믿는 자마다 하나님께로부터 난 자니(요일 5:1).

예수 그리스도를 믿는 자는 하나님의 자식입니다.
부모가 자식을 버릴 수 있습니까?
육신의 부모도 그렇게 하지 않는데 하물며 하나님이 그렇게 하시겠습니까?
이것은 도덕이나 행위의 문제가 아닙니다. 이것은 피의 문제입니다. 혈통의 문제입니다. 생명의 문제입니다. 아버지가 자녀를 사랑하는 데는 이유가 없습니다. 그냥 내 자식이기 때문에 사랑하는 것입니다.
하나님이 우리를 사랑하시는 이유는 우리가 하나님의 자녀이기 때문입니다. 자식이 아버지에게 잘못하면 꾸중을 듣고 매질을 당합니다. 징계가 임합니다. 우리도 마찬가지입니다. 우리가 죄를 지으면 말씀과 성령으로 꾸지람을 내리십니다. 그래도 안 들으면 육체에 징계가 임합니다. 이것은 심판이 아닙니다. 아버지의 사랑입니다. 징계를 통해 부르시는 사랑입니다. 자식을 향한 아버지의 사랑은 결코 끊을 수 없는 사랑입니다.

> 너희는 너희 아비 마귀에게서 났으니 너희 아비의 욕심대로 너희도 행하고자 하느니라 그는 처음부터 살인한 자요 진리가 그 속에 없으므로 진리에 서지 못하고 거짓을 말할 때마다 제 것으로 말하나니 이는 그가 거짓말쟁이요 거짓의 아비가 되었음이라 (요 8:44).

하나님 아버지뿐만 아니라 거짓의 아비도 있다고 성경은 말씀합니다. 모든 타락한 인간은 태어날 때부터 마귀의 자식으로 태어납니다. 이것은 최초의 인간 아담이 타락함으로 인류에게 미친 저주입니다. 타락의 교리는 듣기 좋거나 싫은 문제가 아닙니다. 성경이 그렇게 말씀하고 있습니다. 예수님을 모르는 사람은 누구든지 마귀의 자식입니다. 사탄이 저들의 아비입니다. 마귀가 주인 노릇하는 인생입니다.

## 4. 영의 주인이 바뀜

구원은 마귀가 지배하는 영의 세계에서 일어나는 사건입니다. 마귀가 지배하는 영에 예수님이 들어오시는 순간 마귀가 쫓겨납니다. 사람의 영에 예수님이 들어오시면 마귀가 쫓겨나고 예수님이 주인이 되는 새사람이 되는 것입니다. 예수님의 영이 거하는 새로운 피조물이 되는 것입니다. 마귀의 자식에서 하나님의 자녀로 거듭나게 되는 것입니다.

이것은 영에서 일어나는 사건입니다. 마귀는 예수님이 오실 때 쫓겨날 수밖에 없습니다. 마귀는 십자가에서 철저하게 패배했기 예수님에게 복종할 수밖에 없습니다. 마귀가 인간을 사로잡는 무기는 '죄'입니다. 그러나 예수님이 십자가에서 피 흘리심으로 죄를 완전히 청산하셨습니다. 마귀의 지배권을 깨뜨리셨습니다. 죄가 마귀의 지배권인데 마귀가 더 이상 지배권을 행사할 수 없게 되었습니다. 그러니 예수님이 계신 곳에서 마귀는 쫓겨나지 않을 수 없는 것입니다.

그리스도인의 영에는 예수님이 주인 되어 살고 계십니다. 이 진리를 제대로 알지 못하면 계속 마귀에게 속임을 당해야 합니다. 마귀는 여전히 자기가 지배권을 가지고 있는 것처럼 그리스도인을 속입니다. 우리 안에는 예수님이 사시므로 마귀를 이길 권세가 있습니다. 마귀를 쫓아내 달라고 기도할 필요가 없습니다. 우리 안에 있는 주 예수 그리스도의 권세를 사용하기만 하면 됩니다. 예수님의 이름으로 마귀를 쫓아버리면 되는 것입니다.

마귀를 대적하라 그리하면 너희를 피하리라(약 4:7).

이것은 영적인 신비입니다. 영적 세계에서는 실제로 이런 일이 일어납니다. 마귀가 쫓겨나면 질병이 낫기도 합니다. 마귀가 쫓겨나면 두렵던 마음에 평안이 몰려옵니다. 마귀가 쫓겨나면 분쟁이 사라지고 화평이 옵니다. 마귀는 인간의 마음과 육체와 생활 전반에 관여해서 더러운 일을 행하는 존재입니다. 그리스도인은 우리의 영 안에 마귀보다 크신 예수 그리스도가 계시다는 것을 반드시 명심해야 합니다.

그리스도인은 마귀를 대적함으로 마귀의 지배권을 깨뜨릴 수 있습니다. 예수님의 이름으로 마귀를 대적하면 마귀는 쫓겨납니다. 바울은 이런 영적 세계를 깨달은 사람입니다. 영적 세계를 깨달은 후로는 "이제부터는 어떤 사람도 육신을 따라 알지 아니하노라"(고후5:16)라고 단호하게 말했던 것입니다.

## 5. 영이 죽은 바보들

바울조차도 과거에는 심지어 그리스도도 육신으로 알았다고 했습니다. 그는 최고의 지성인이었지만, 그리스도를 몰랐습니다. 최고의 학부에서 최고의 스승 밑에서 배운 최고의 지성인이었는데도 예수님의 겉모양밖에 몰랐습니다. 진짜 예수님을 몰랐습니다. 영의 세계에는 소경이었습니다. 영적 세계에는 바보였다는 것입니다.

현대 신학자들도 똑같습니다. 그들이 굉장히 똑똑하고 철학과 사회학과 심리학을 섞어서 신학이라고 떠들지만, 알고 보면 종교철학에 불과합니다. 하는 말들이 전부 육신의 말입니다. 영의 세계에 대해서는 바보입니다. 그들은 영이 죽었습니다. 영의 세계에 대해서는 아무것도 모릅니다. 바울이 과거에 그랬다는 것입니다.

오늘날 한국에서도 교회에 대해서 신학에 대해서 이러쿵저러쿵 아는 것처럼 말하는 자들이 전부 이렇다는 것입니다. 그들 모두가 영이 죽어 있는 바보들이라는 것입니다.

## 6. 영이 살아난 후에

그런데 영이 살아난 후로는 그같이 알지 아니한다고 단호하게 말을 했습니다.

> 그러므로 우리가 이제부터는 어떤 사람도 육신을 따라 알지 아니하노라 비록 우리가 그리스도도 육신을 따라 알았으나 이제부터는 그같이 알지 아니하노라(고후 5:16).

바울이 영적인 세계 밖에 있을 때 그리스도를 육신으로 알았습니다. 인생의 선생으로 알았습니다. 선행과 도덕의 표상으로 알았습니다. 인류의 큰 스승으로 알았습니다. 정확하게는 바울의 말에 따르면 이단의 괴수로 알았습니다. 그러나 영이 살아난 후로는 육적인 지식을 싹 버렸습니다. 그리스도도 사람도 더 이상 사람을 육신으로 판단하지 않겠다고 선언하는 것입니다.

그러므로 여러분도 육신으로 판단하지 마십시오.
"예수님은 인류의 스승이다."
"예수님은 우리가 따라야할 도덕적 모범이다."
이런 말을 하지 말라는 것입니다.
"이 사람은 예수님은 믿지 않아도 선하고 도덕적이니 천국 갈 것이다."
"저 사람은 예수님을 믿기는 하지만 육신의 행실이 바르지 못하니 천국에 못 갈 것이다."
이렇게 육적으로 판단하지 말라는 것입니다.

"예수를 믿기만 무슨 소용이 있나, 사람이 바르게 살아야지. 죄를 지으면 지옥에 가는 건 당연한 것 아냐?"

이런 말은 육신으로 사람을 판단하는 것입니다. 이 모든 것이 타락한 육적인 지식입니다. 죄로 타락해서 영이 죽어버린, 육이 합당하게 받아들일 만한 타락한 진리입니다. 육신의 지식에 갇힌 자들은 예수님을 믿어야 구원을 얻는다는 말을 조롱합니다.

"예수님의 피가 여러분의 죄를 대속했습니다."

"예수님의 죽으심과 부활을 믿으면 구원을 얻습니다."

이런 말은 육신이 듣기에 얼마나 헛소리처럼 들립니까?

그러나 이것은 진리입니다. 영이 살아난 사람이 아니면 절대로 받아들이지 못합니다. 그리스도안에 있는 여러분은 영이 살아난 자들입니다. 그러므로 이제부터 어떤 사람도 육신으로 알지 마십시오. 영적인 세계는 영의 사람만이 알 수 있습니다. 지성인도 모릅니다. 박사도 모릅니다. 철학자도 모릅니다. 사상가도 모릅니다. 도덕군자도 모릅니다. 노인도 모릅니다. 젊은이도 모릅니다. 신학이라는 이름을 붙여서 떠들고 있는 종교철학자들은 더더욱 모릅니다.

그러므로 소위 지성인이라고 자랑하는 자들이 하나님에 대해서 뭐라고 말하든 신경 쓰지 마십시오. 과학자들이 "성경이 맞다, 틀렸다", "신이 있다, 없다" 하는 소리는 들을 가치가 없는 헛소리입니다. 그들은 영이 죽은 자들입니다. 그들은 영의 세계에서는 완전한 무식쟁이입니다. 그들의 말이나 논평 자체가 하등의 가치가 없는 말입니다.

성경은 영이 살아난 거듭난 그리스도인만이 알 수가 있습니다. 신학이라는 것도 영이 살아난 거듭난 그리스도인이 하는 것이라야 신학이 되는 것입니다. 속지 마십시오. 현대 신학은 신학이 아니라 종교철학입니다.

거기에는 생명이 없습니다. 하나님의 아버지 되심도 없습니다. 인격적인 교제도 없습니다. 전혀 생명도 없고, 하나님의 아버지 되심도 없고, 인격적인 교제도 없는 철학적인 사변만 존재합니다. 그것들은 쓰레기입니다. 신학의 탈을 쓰고 교회에 들어온 종교철학입니다.

그것들이 교회와 신앙을 파괴하는 것입니다. 신기하다고 따라가지 마십시오. 새로운 이론이라고 유혹당하지 마십시오. 그것들에는 어떤 성경적인 진리도 없습니다. 에덴동산에 들어와서 아담과 하와를 유혹했던 것과 동일한 사악한 거짓말밖에는 없습니다. 그것을 따라가는 순간 아담처럼 비참한 운명에 빠지게 되는 것입니다.

## 7. 십자가에 달리신 예수님

유대 나라의 유명한 지성인이었던 니고데모가 예수님을 찾아왔습니다. 니고데모는 유대 랍비요, 산헤드린 공회의원이요, 유대 나라에서 특출나게 뛰어난 지성인이었습니다. 그가 어느 날 저녁 예수님을 찾아왔습니다. 예수님께 와서 특이한 인사를 했습니다.

"당신이 행하신 기적을 보니 당신은 하나님으로부터 온 사람인 것이 분명 합니다."

그 말을 듣자마자 예수님께서 단도직입적으로 니고데모에게 말씀을 하셨습니다. 좀 무례하다 하실 정도로 직설적으로 말씀을 하셨습니다.

예수께 대답하여 이르시되 진실로 진실로 네게 이르노니 사람이 거듭나지 아니하면 하나님 나라를 볼 수 없느니라(요 3:3).

니고데모는 이 말씀을 듣고 멍해졌습니다. 그리고 겨우 이렇게 묻습니다.
"내가 늙었는데 어떻게 다시 태어날 수 있습니까?
 내가 어머니 뱃속에 다시 들어갔다가 나와야 합니까?"
예수님의 말씀을 전혀 이해하지 못한 것입니다. 율법은 문자적으로 이해를 했는데 영이신 예수님의 말씀을 이해하지 못한 것입니다. 눈 먼 자가 색깔을 이해하지 못하는 것과 같습니다. 니고데모가 전혀 이해하지 못하자, 예수님이 이스라엘 역사에 있었던 사건 하나를 예로 들어 거듭남을 설명을 합니다.

모세가 광야에서 뱀을 든 것 같이 인자도 들려야 하리니 이는 그를 믿는 자마다 영생을 얻게 하려 하심이니라(요 3:14-15).

출애굽을 한 이스라엘 백성이 길을 가다가 길이 험하므로 원망을 합니다. 성경에는 하나님이 불뱀들을 백성 중에 보내어 물게 했다고 기록되어 있습니다. 광야에 있던 불뱀이 와서 그들을 물자, 전부 죽게 되었습니다. 불뱀은 독이 강한 뱀으로 물리면 모두 죽습니다. 민수기 21장 6절에는 불뱀에 물려 죽은 자가 많았다고 했습니다. 이로 인해 백성들이 아우성을 치자, 모세가 하나님께 나가서 살려달라고 부르짖었습니다. 그러자 하나님께서 모세에게 말씀하십니다.

> 여호와께서 모세에게 이르시되 불뱀을 만들어 장대 위에 매달아라 물린 자마다 그것을 보면 살리라 모세가 놋뱀을 만들어 장대 위에 다니 뱀에게 물린 자가 놋뱀을 쳐다본즉 모두 살더라(민 21:8-9).

모세가 하나님의 말씀대로 놋으로 불뱀을 만들어 장대에 높이 달았습니다. 그것을 진 중앙에 세워 놓고 불뱀을 쳐다보면 살 것이라는 하나님의 말씀을 그대로 전했습니다. 모세의 말을 듣고 불뱀을 쳐다본 자는 살아났습니다. 모세의 말을 비웃고 쳐다보지 않은 자는 다 죽었습니다.

이것은 십자가에 대한 이야기 그대로입니다. 불뱀에 물린 사람은 죄와 허물로 죽은 인간입니다. 놋뱀은 예수 그리스도입니다. 놋뱀이 장대에 달린 것은 예수님이 십자가에 달리신 것입니다. 놋뱀을 바라보는 것은 십자가에 달린 예수님을 바라보는 것입니다. 예수님은 이것을 이야기하시면서 장대에 달린 놋뱀을 자신에게 적용해서 니고데모에게 영적인 깨우침을 주신 것입니다.

> 모세가 광야에서 뱀을 든 것 같이 인자도 들려야 하리니 그를 믿는 자마다 영생을 얻게 하려 함이라(요 3:14-15).

성경은 거듭남에 대해서 명확하게 말합니다. 십자가에 달리신 예수님을 믿으면 영생을 얻는다는 것입니다. 이것이 성경의 일관된 선포입니다. 여러분을 그리스도인 되게 하는 것은 도덕과 행위가 아닙니다. 교회를 열심히 다닌다고 구원받는 것이 아닙니다.

여러분을 그리스도인이 되게 하고 구원을 얻게 하는 능력은 예수 그리스도의 속죄와 십자가와 부활을 믿는 것입니다. 그러므로 도덕과 선행을 자랑하지 마시고 믿음을 점검하십시오. 교회 열심히 다니는 것 자랑하지 마시고 십자가의 복음을 점검 하십시오. 율법을 지키는 것을 자랑하시 마시고 속죄의 피를 점검하십시오. 예수 그리스도의 십자가만이 구원의 능력입니다.

십자가의 구원은 율법과 관계가 없습니다. 행위와 관계가 없습니다. 여러분의 성품과도 관계가 없습니다. 십자가의 구원은 누구든지 믿는 자에게 차별 없이 주시는 하나님의 사랑입니다.

## 8. 차별이 없는 사랑을 주신 이유

> 이제는 율법 외에 하나님의 한 의가 나타났으니 율법과 선지자들에게 증거를 받은 것이라 곧 예수 그리스도를 믿음으로 말미암아 모든 믿는 자에게 미치는 하나님의 의니 차별이 없느니라(롬 3:21-22).

왜 하나님의 의는 차별이 없을까요?

하나님이 은혜로 주신 것이기 때문입니다. 우리가 행위나 도덕으로 의를 얻었다면 차별이 존재할 것입니다. 그러나 하나님이 은혜로 주신 의에는 차별이 없습니다. 그러니 자랑할 것이 없습니다. 영적 세계는 모든 그리스도인에게 평등합니다. 누구에게 더 많은 의를 주고 누구에게 더 적은 의를 주는 법이 없습니다.

모든 사람에게 예수 그리스도의 공평한 의가 있습니다. 그의 육신의 조건과 상관없이 하나님의 의는 공평합니다. 차별이 없습니다. 그러므로 그리스도인은 자기 의를 자랑하지 않습니다. 하나님이 선물로 똑같이 주신 의이기 때문입니다. 자랑하는 자는 아직도 은혜가 뭔지 도무지 모르는 자입니다.

> 형제들아 너희를 부르심을 보라 육체를 따라 지혜로운 자가 많지 아니하며 능한 자가 많지 아니하며 문벌 좋은 자가 많지 아니하도다 그러나 하나님께서 세상의 미련한 것들을 택하사 지혜 있는 자들을 부끄럽게 하려 하시고 세상의 약한 것들을 택하사 강한 것들을 부끄럽게 하려 하시며 하나님께서 세상의 천한 것들과 멸시받는 것들과 없는 것들을 택하사 있는 것들을 폐하려 하시나니 이는 아무 육체도 하나님 앞에서 자랑하지 못하게 하려 하심이라 (고전 1:26-29).

하나님이 제일 싫어하는 것이 자기 자랑입니다. 자랑하는 것이 듣기 싫어서 자랑할 것이 있는 자들은 구원에서 제외시켰다고 하셨습니다. 사람들은 자랑이 뭐 그렇게 나쁜 것이냐고 반문하겠지만, 자기 자랑은 우상 숭배입니다. 자기에게 집중하여 자랑하는 것은 자기 우상화입니다.

여러분, 타락한 인간의 본성이 뭐라고 했습니까?

스스로 하나님이 되려는 것입니다. 스스로 하나님이 되려고 시도하는 것이 자기 자랑입니다. 이것은 무서운 우상 숭배입니다.

하나님이 오직 은혜로 우리를 구원하신 이유가 무엇입니까?

자랑하지 말라는 것입니다. 하나님만 자랑하고 하나님만 높이라는 것입니다. 창조의 본래 목적에 맞게 살도록 은혜로 구원하신 것입니다. 창조의 목적은 하나님을 자랑하고 하나님을 찬송하는 것입니다.

> 이 백성은 내가 나를 위하여 지었나니 나를 찬송하게 하려 함이니라 (사 43:21).

하나님이 예수 그리스도 안에서 우리를 구원하신 이유는 창조의 본래 목적대로 우리를 회복시키기 위해서입니다. 하나님을 찬송하는 자로 회복시키려는 목적입니다. 그리스도인은 창조의 목적이 회복된 자입니다.

> 그 기쁘신 뜻대로 우리를 예정하사 예수 그리스도로 말미암아 자기의 아들들이 되게 하셨으니 이는 그가 사랑하시는 자 안에서 우리에게 거저 주시는 바 그의 은혜의 영광을 찬송하게 하려는 것이라(엡 1:5-6).

성경은 구원의 목적을 정확하게 말합니다. 그의 은혜의 영광을 찬송하게 하려는 것이다. 하나님이 우리를 구원하신 목적은 하나님의 영광을 찬송하는 것입니다. 하나님은 우리가 그냥 불쌍해서 구원하신 것이 아닙니다. 구원의 목적은 창조의 목적을 회복시키는 것이었습니다. 하나님의 영광을 찬송하는 삶을 살도록 하는 것이었습니다.

그러므로 그리스도인은 자기 자랑을 하지 않습니다. 그리스도인의 자기 자랑은 가장 큰 타락입니다. 그들은 자기 자랑을 하면서 자아라는 우상을 숭배하고 있기 때문입니다. 자기 자랑을 함으로 여러분은 예수 그리스도가 아니라 자신을 주인으로 섬기고 있는 것입니다.

자기의 행위나 도덕이나 성품이나 무엇이든지 자랑하는 순간 자기라는 우상 숭배에 빠지는 것입니다. 말세가 되면 사람들이 자기 자랑에 몰두합니다. 말세가 가까워 오고 세상에 불신앙이 가득할수록 사람들은 자기를 사랑하고 자기를 자랑하는데 집착합니다.

> 너는 이것을 알라 말세에 고통하는 때가 이르러 사람들이 자기를 사랑하며 돈을 사랑하며 자랑하며 (딤후 3:1-2).

## 9. 교회에서 잘못 가르친 교훈

이런 사람들이 십자가에 관심이 있을까요?
예수님의 피 복음에 관심을 기울일까요?
믿음이라는 것은 예수님을 내 인생의 주인으로 모셔 들이는 것인데 이 사람들이 과연 예수님을 자기 인생의 주인으로 모시고 순종할까요?
못합니다. 이 사람들은 인생의 주인 자리를 절대 예수님에게 내드릴 생각이 없습니다. 교회를 다니기는 해도 주인 노릇은 자기가 해야 하는 사람들입니다. 주인 노릇 하는 방식이 자기 자랑입니다. 예수님 믿고 성품이 많이 바뀌었다고 자기 자랑을 합니다. 자기가 행한 선행을 떠벌이며 자기 자랑을 합니다. 자기가 참여하는 봉사 단체를 열거하면서 자기 자랑을 합니다.
스캔들이 터진 그리스도인들을 비난하며 그들과 비교하여 자기 자랑을 합니다. 한국 교회가 썩었느니, 타락했느니 하면서 자신은 예외

인양 자기 자랑을 합니다. 이런 자들이 자기 자랑을 하는 방식은 참으로 다양하고도 많습니다. 그런데 물어봅시다.

이들에게 주님은 어디에 있습니까?

이들은 예수님 자체에는 관심이 없습니다. 예수 이름을 말하고 예수님 뜻을 말하기는 하지만 내심은 예수님을 빙자하여 자기 자랑을 하는 것에 관심이 있습니다. 관심이 자기 자신에게 있습니다.

이런 자들은 예수 이야기로 문을 연 후에 자기 자랑으로 이야기를 가득 채웁니다. 성품이니, 선행이니, 도덕이니, 세상의 빛과 소금이니, 예수 믿고 변화되었다느니, 한국 교회에 문제가 많다느니, 주의 종이 타락했다느니, 이런 말을 하는 사람들의 말을 들어보면 결론이 항상 자기 자랑입니다. 자기는 예외고, 자기는 깨끗하고, 자기만은 예수 믿고 변화되었다는 착각에 빠져 있습니다.

이렇게 자기 자랑에 빠진 자들이 즐겨 하는 말이 무엇인지 아십니까?

세상을 바꾸자는 말입니다. 우리가 똑바로 살면 세상이 우리를 좋아할 것이라는 환상입니다. 우리가 착하고 도덕적으로 살면 세상은 우리를 좋아하고 교회는 확장되고 이 땅에 천국이 이루어진다는 착각을 하는 것입니다.

여러분, 그리스도인이 정말 바르게 살면 세상이 바뀔까요?

아니요. 정 반대입니다. 우리가 진짜 그리스도의 제자가 되면 박해가 옵니다. 정말 우리가 그리스도 안에서 경건하게 살 때 세상은 우리를 반대하고 대적할 것입니다. 사탄은 도덕을 싫어하지 않습니다. 사탄은 윤리를 싫어하지 않습니다. 거기에는 구원이 없기 때문입니다. 거기에는 사탄의 정체를 드러내고 사탄을 쫓아내는 어떤 영적인 능력도 없기 때문입니다.

그래서 세상은 도덕과 윤리를 설교하는 교회를 좋아하고 칭찬합니다. 그러나 십자가를 전해 보세요. 사탄이 발악을 합니다. 대속의 피를 전해 보세요. 사탄을 교회를 무섭게 공격합니다. 구원하시는 그리스도를 전해 보세요. 그리스도인을 핍박할 것입니다. 교회가 그리스도 안에서 진짜 십자가 신앙을 가지면 세상은 교회를 극심히 박해할 것입니다.

성경은 그리스도인이 십자가만 자랑하고, 예수 그리스도의 말씀대로만 살면 핍박을 받을 것이라고 분명하게 말씀했습니다.

> 무릇 그리스도 예수 안에서 경건하게 살고자 하는 자는 박해를 받으리라 (딤후 3:12).

성경의 인물을 보세요. 사도들이 박해를 받았습니다. 초대 교회 성도들이 박해를 받았습니다. 바울도 박해를 받았습니다. 무엇보다 가장 진실하시고, 가장 선하시고, 가장 이타적이시고, 가장 복음적이셨던 예수 그리스도께서 박해를 받았습니다.

여러분, 똑바로 아셔야 합니다. 세상은 복음을 환영하지 않습니다. 사탄이 지배하는 세상은 언제나 그리스도인을 핍박했습니다. 세상은 어둠의 영이 지배하고 있습니다. 예수님이 세상에 오셨을 때 세상이 어두움인 고로 예수님을 거절했다고 했습니다.

> 그 정죄는 이것이니 곧 빛이 세상에 왔으되 사람들이 자기 행위가 악하므로 빛보다 어두움을 더 사랑한 것이니라(요 3:19).

이것이 세상의 실상입니다. 그리스도인이 영적 지식이 없으니까 이런 것을 모릅니다. 이런 진리를 모르기 때문에 우리가 도덕적으로 바르게 살면 세상이 변할 것이라는 착각을 하는 것입니다. 예수님은 세상에 빛이시고, 소금이시고, 가장 선하시고, 바른 성품을 가진 분이셨습니다.

그러나 사람들은 도리어 예수님을 박해하고 십자가에 못 박아 죽였습니다. 이것이 세상의 실상이라는 것에 눈을 뜨십시오. 세상은 착하지 않습니다. 세상은 그리스도인을 환영하지 않습니다. 세상은 근본적으로 복음을 싫어합니다. 사탄이 제일 싫어하는 것이 예수 그리스도의 피 복음입니다.

그래서 하나님은 세상을 변화시켜서 새롭게 하는 것이 아니라 세상을 멸하시고 새 하늘과 새 땅을 주시겠다고 약속하신 것입니다. 인간도 도덕적으로 개선시키는 것이 아니라 육을 죽이고 영으로 거듭나게 하십니다. 이 진리를 바르게 깨달아야 합니다.

우리의 목적은 세상을 변화시키는 것이 아닙니다. 우리의 목적은 세상에서 그리스도인의 구별성을 나타내는 것입니다. 세상에서 떳떳하게 하나님을 섬기는 삶을 보여 주는 것입니다. 세상에서 하나님을 영광스럽게 하며 영원히 하나님을 즐거워하는 삶을 사는 것입니다.

## 10. 세상은 십자가 피 복음을 싫어함

세상은 이것을 싫어합니다. 세상은 하나님을 싫어합니다. 말세가 될수록 세상은 그리스도인을 더 싫어할 것입니다. 더 박해하고 죽일 것입니다. 이것이 성경의 예언입니다.

> 그 때에 사람들이 너희를 환난에 넘겨주겠으며 너희를 죽이리니 너희가 내 이름 때문에 모든 민족에게 미움을 받으리라 그 때에 많은 사람이 실족하게 되어 서로 잡아 주고 서로 미워하겠으며 거짓 선지자가 많이 일어나 많은 사람을 미혹하겠으며 불법이 성하므로 많은 사람의 사랑이 식어지리라 (마 23:9-12).

예수님이 재림하실 때가 가까울수록 예수님을 믿는 사람은 미움을 당하고 죽임을 당할 것입니다. 세상이 그리스도인을 미워해서 환난에 넘겨주고 죽이는 일이 벌어질 것입니다. 재림의 때가 가까워지면 세상은 점점 더 어두워지고 사람들은 교회를 싫어하고 핍박할 것입니다. 예수님의 피와 십자가와 부활의 진리를 전하는 교회를 조롱할 것입니다. 도덕과 윤리를 전하는 교회를 칭찬할 것입니다.

"메시지가 도덕적이다."

"교회가 사회적 책임을 다한다."

"이런 교회라면 환영한다."

당연하지요. 거기에는 십자가의 피 복음이 없으니까요. 피 복음이 없는 교회는 하나님과 관계가 없습니다. 그건 그냥 교회라는 이름을 가진 사회 단체일 뿐입니다. 그런 교회를 세상은 계속 칭찬할 것입니다. 좋은 교회라는 감투를 씌워 계속 거짓 복음을 전하도록 장려할 것입니다.

사탄은 영적으로 무지한 교회를 이용해서 이 일을 열심히 할 것입니다. 교회가 열심히 윤리와 도덕을 전하는 것을 보고 사탄을 즐거워할 것입니다. 윤리와 도덕에는 아무런 구원의 능력이 없기 때문입니다.

윤리와 도덕을 전하는 교회를 세상이 왜 거부합니까?

예수님의 피가 빠져 버린 설교를 사탄이 왜 거부합니까?

피가 없으면 죄 사함도 없고 구원도 없습니다. 이것이 사탄이 노리는 것입니다. 구원의 능력은 예수님의 피에 있습니다. 교회가 십자가 피 복음을 전하면 세상은 교회를 미워합니다. 사탄은 예수님의 십자가와 보혈을 견디지 못합니다. 그것은 곧 사탄의 패배를 증거하기 때문입니다.

그러므로 교회가 피 복음을 전할 때 세상으로부터 박해를 받는 것은 당연합니다. 세상은 교회를 향해 온갖 비난을 쏟아 낼 것입니다. 온갖 비난으로 교회를 압박할 것입니다. 이것을 무서워하면 안 됩니다. 교회는 오직 예수 그리스도의 십자가 복음만 전해야 합니다. 세상이 교회를 비난할수록 더욱 그래야 합니다. 세상이 교회를 비난하는 것은 사탄이 발악을 하는 것이기 때문입니다. 사탄이 발악한다는 것은 교회가 바른 복음을 전하고 있다는 증거입니다.

말세가 되면 예수님을 믿는 사람은 미움받을 것입니다. 사랑이 식어지며, 거짓 선지자가 나타나며, 불법이 성행할 것입니다. 교회가 확장되고 교회가 세력을 얻는 것이 아니라 관심조차 받지 못할 것입니다. 세상은 도덕적으로 더 어둡게 타락합니다.

사람들은 모두 세속적인 일에만 몰두하며 어른이든, 어린아이든 가정에서, 사회에서 모든 이야기와 관심거리가 세속적인 것이 될 것입니다. 영적인 이야기는 어디에서도 듣지 못합니다. 부부간에 대화라곤 세상 이야기뿐입니다. 자녀를 가르치는 교훈이 오로지 세상에서 성공하는 법칙뿐일 것입니다. 오로지 그것뿐입니다.

깊은 밤처럼 모든 사람이 영적인 어둠 가운데 잠들어 버립니다. 세상은 더욱 세속적인 일에만 몰두할 것입니다. 교회조차 세속적인 관심에 빠져 버릴 것입니다. 진실한 교회와 구원의 위대한 교리를 가르치는 교회는 눈을 씻고 찾아보아도 찾을 수 없게 될 것입니다. 주님의 재림이 가까워질수록 세상은 더욱 그러할 것입니다.

## 11. 주님의 재림이 가까울수록

예수님은 말세의 징조를 노아의 홍수 때를 빗대어 말씀하셨습니다.

> 노아의 때와 같이 인자의 임함도 그러하리라 홍수 전에 노아가 방주에 들어가던 날까지 사람들이 먹고 마시고 장가들고 시집가고 있으면서 홍수가 나서 그들을 다 멸하기까지 깨닫지 못하였으니 인자의 임함도 이와 같으리라 … 그러므로 깨어 있으라 어느 날에 너희 주가 임할는지 너희가 알지 못함이니라 (마 24:37-39, 42).

말세의 모습이 어떻습니까?

하나님에게는 관심조차 없다는 것입니다. 그들은 세상이 전부라고 믿고 오로지 세상에만 빠져 있습니다. 모든 관심이 세상일에 있습니다. 그것 외에는 어떤 관심도 없습니다.

예수님이 뭐라고 말씀합니까?

그때 주님이 오신다는 것입니다. 사람들이 하나님에게 일말의 관심조차 없을 때 모든 사람이 먹고 마시고 시집가고 장가가며 오로지 세상일에만 몰두하고 있을 때, 그때 예수님이 재림하신다는 것입니다. 그때 홀연히 오십니다. 세상은 영적으로 완전히 어두워지고, 교회조차 세상 풍조를 따르고 있을 영적인 어둠의 때에, 그때에 예수님이 오신다는 것입니다.

예수님의 재림은 교회가 확장될 때가 아닙니다. 교회가 세상의 관심 받을 때가 아닙니다. 교회가 큰소리를 외치고 사람들이 귀를 기울일 때가 아닙니다. 교회가 세상의 주도권을 쥐고 있을 때가 아닙니다. 모든 사람이 잠든 순간, 아무도 깨닫지 못할 때, 누구도 알지 못할 때, 모든 사람이 세속적인 관심에만 몰두하고 있을 때, 눈을 씻고 찾아봐도 그리스도인을 찾기 어려운 영적인 어둠의 시간에 예수님이 재림하시는 것입니다.

## 12. 도둑같이 오시리라

> 형제들아 때와 시기에 관하여는 너희에게 쓸 것이 없음은 주의 날이 밤에 도둑같이 이를 줄을 너희 자신이 자세히 알기 때문이라 그들이 평안하다 안전하다 할 그대에 임신한 여자에게 해산의 고통이 이름과 같이 멸망이 갑자기 그들에게 이르리니 결코 피하리 못하리라(살전 5:1-3).

도둑은 모든 사람이 잠든 가장 깊은 밤에 옵니다. 이것은 온 세상이 영적으로 어둠에 빠졌을 때를 말합니다. 세상에서 복음 진리가 조롱을 당할 때를 말합니다. 교회가 그리스도의 피 복음을 망각해 버린 그때를 말합니다. 교회가 세상에 있기는 하지만 예수님의 피 복음에는 전혀 관심이 없을 때, 그때 오십니다. 교회가 윤리와 도덕을 전하고 사회적 이슈나 강조하는 설교가 범람할 때, 그때 오신다는 것입니다.

예수님이 도둑같이 오신다는 것은 세상이 영적으로 모두 잠들어 있을 때, 그때 오신다는 뜻입니다.

> 그러나 주의 날이 도둑같이 오리니 그날에는 하늘이 큰 소리로 떠나가고 물질이 뜨거운 불에 풀어지고 땅과 그중에 있는 일이 드러나리로다 이 모든 것이 이렇게 풀어지리니 너희가 어떠한 사람이 되어야 마땅하냐 거룩한 행실과 경건함으로 하나님의 날이 임하기를 바라보고 간절히 사모하라 그날에 하늘이 불에 타서 풀어지고 물질이 뜨거운 불에 녹아지려니와 우리는 그의 약속대로 의가 있는 곳인 새 하늘과 새 땅을 바라보는도다(벧후 3:10-13).

> 또 내가 새 하늘과 새 땅을 보니 처음 하늘과 처음 땅이 없어졌고 바다도 다시 있지 않더라 또 내가 보매 거룩한 성 새 예루살렘이 하나님께로부터 하늘에서 내려오니 그 준비한 것이 신부가 남편을 위하여 단장한 것 같더라(계 21:1-2).

우리는 이날을 바라보고 살아갑니다. 이날에 구원을 받는 자는 예수님의 피 복음을 굳세게 믿는 자들입니다. 예수 그리스도의 처녀 탄생과 십자가의 죽으심과 피의 속죄와 육체로 부활하신 것과 주님의 재림을 성경 그대로 믿는 자만이 구원을 얻을 것입니다.

세상이 아무리 어두워도, 모든 사람이 세상일에 빠져 있어도, 자유주의신학 설교가 강단에 넘쳐나도 우리는 여전히 예수님의 피 복음을 믿으면서 주님의 재림을 바라볼 것입니다.

## 13. 홀연히 변화되어

> 보라 내가 너희에게 비밀을 말하노니 우리가 다 잠잘 것이 아니요 마지막 나팔에 순식간에 홀연히 다 변화되리니 나팔 소리가 나매 죽은 자들이 썩지 아니할 것으로 다시 살아나고 우리도 변화되리라 (고전 15:51-52).

우리는 마지막 날에 홀연히 변화할 것입니다. 천사처럼 변화된 몸으로 새 하늘과 새 땅에 들어갑니다. 지금 우리의 이 육의 모습으로 천국에 가는 게 아닙니다. 홀연히 변화될 것입니다. 순식간에 홀연히 변화됩니다. 지금 우리가 입고 있던 죄가 역사하는 육의 모습은 완전히 사라집니다. 육체는 부활합니다. 그러나 죄 된 성품이 사라지고 천사처럼 될 것입니다. 마지막 나팔에 순식간에 홀연히 변화된다고 했습니다.

> 예수께서 이르시되 너희가 성경도 하나님의 능력도 알지 못하므로 오해함이 아니냐 사람이 죽은 자 가운데서 살아날 때에는 장가도 아니 가고 시집도 아니 가고 하늘에 있는 천사들과 같으니라 (마 2:24-25).

어떤 사람이 예수님께 질문을 했습니다.
"집에 일곱 형제가 있었는데 첫째 형제가 부인을 맞아들이고 죽었습니다. 그래서 그 부인은 둘째 형제에게 다시 시집갔는데 둘째도 죽었습니다. 그렇게 셋째, 넷째, 다섯째, 여섯째 마지막 일곱째 형제에게까지 차례대로 시집을 갔지만 모두 죽었습니다.
그러면 이 여자는 천국에 가면 누구의 아내가 되는 것입니까?"

예수님께서 이 질문에 대한 대답을 통해서 부활의 몸이 어떤 상태가 될 것인지를 설명해 주십니다. 우리가 부활할 때는 천사처럼 변화한다는 것입니다. 어떤 사람은 천국 가면 아빠, 엄마, 부인 등 세상의 관계를 다 알아본다고 하는데 그렇지 않습니다.

우리는 성경에 없는 것을 내 생각으로 말하면 안 됩니다. 성경은 우리가 천사처럼 변하리라고 했습니다.

여러분이 천국에서 이 세상 육의 감정을 가지고 산다면 그게 천국이겠어요?
천국에서 자기와 원수졌던 사람 만날 때 어떻게 되겠어요?
천국에 가서 지옥에 간 가족을 보면서 괴로워한다면 그게 어떻게 천국이겠습니까?

그러니 오해하지 마십시오. 여러분이 가지고 있는 천국에 대한 생각은 다 육의 생각입니다. 물질 세상인 지구는 없어집니다. 우리의 혈연의 관계도 사라집니다. 우리의 육의 모든 기억도 사라집니다. 우리가 가진 육의 모습은 순식간에 변화될 것입니다. 우리는 모두 천사처럼 변화할 것입니다.

우리는 홀연히 천사처럼 변화되어 새 하늘과 새 땅인 천국에 들어가는 것입니다. 주님이 예비한 새 하늘과 새 땅에 들어가는 조건은 한 가지밖에 없습니다. 예수 그리스도의 대속의 은혜뿐입니다.

## 14. 왕의 예복을 입은 자

마태복음 22장에 왕의 잔치 비유가 나옵니다. 예수님은 이 비유를 통해서 구원의 진리를 너무나 명확하게 설명해 주셨습니다.

> 네거리 길에 가서 사람들을 만나는 대로 혼인 잔치에 청하여 오라 한대 종들이 길에 나가 악한 자나 선한 자나 만나는 대로 모두 데려오니 혼인 잔치에 손님들이 가득한지라(마 22:9-10).

한 임금이 잔치를 열었습니다. 성경에 보면 초대한 손님이 오지 않아서 길가와 산, 들로 가서 만나는 대로 혼인 잔치에 데려오라고 합니다. 그러자 종들이 가서 악한 자나 선한 자나 상관없이 다 데려왔다고 했습니다. 악한 자나 선한 자나 모두 데리고 왔습니다.

왕의 잔치는 악한 자나 선한 자나 누구나 다 올 수 있습니다. 교회에는 악한 자나 선한 자나 다 올 수 있습니다. 교회는 사람을 구별하지 않습니다. 차별하지도 않습니다. 누구나 올 수 있습니다. 교회에 와서 실망하지 마십시오. 교회는 선한 자만 있는 곳이 아닙니다. 악한 자도 함께 있습니다.

왕의 잔치에 초대되는 조건에 윤리와 도덕 같은 것은 없습니다. 그 사람의 성품이나 사람됨은 관심 없습니다. 가문도, 지식도, 부와 가난도, 인종도 상관없습니다. 선한 자나 악한 자나 누구나 다 초대했습니다. 세상 사람들은 교회가 왜 이렇게 악한 자들 투성이냐고 불평합니다. 교회가 뭔지 모르기 때문에 불평하는 것입니다.

교회는 선한 자뿐만 아니라 악한 자도 나오는 곳입니다. 그렇기 때문에 실망스러운 일들이 일어나는 것입니다. 왕은 사환에게 명령하기를 악한 자든 선한 자든 만나는 대로 데리고 오라고 합니다.

많은 사람이 와서 잔치에 들어가는데 임금이 준비한 예복을 줍니다. 어떤 옷이든 자기 옷을 입고는 잔치에 못 들어갑니다. 반드시 왕이 준 예복을 입어야 들어갈 수 있습니다. 거기에는 일하다가 온 사람도 있을 것이고, 장사하다가 온 사람도 있을 것이고, 아니면 멋진 옷을 입고 특별한 자리에 가던 사람도 있었을 것입니다.

그러나 그가 어떤 옷을 입었든 상관없이 잔치에 들어가려면 왕이 준 예복을 입어야 합니다. 임금은 그들에게 왕의 예복을 줍니다. 왕의 잔치에 들어가려면 반드시 왕의 예복을 입어야 합니다. 상상해 보세요. 자기 옷이 더럽고 누추한 사람은 왕이 예복을 나누어 주었을 때 얼른 받아서 입었을 것입니다. 왕의 예복이 자기의 더러움을 감춰주기 때문입니다.

그러나 자기 나름에는 아주 명품 옷을 차려입고 잔치에 온 사람은 왕이 예복을 주었을 때 못마땅했을 것입니다. 자기 옷이 임금의 예복보다 낫다고 생각하기 때문입니다. 비싸고 좋은 옷을 입은 사람은 자기 옷을 자랑하려고 자기 옷을 그대로 입고 앉아 있는 사람도 있었을 것입니다.

왕은 왕의 예복을 거절하고 자기 옷을 입고 뽐내며 앉아 있는 사람을 보자 대로하며 소리쳤습니다.

"이 자를 내어 쫓으라. 바깥 어두운 데서 슬피 울며 이를 갈 것이다."

이 이야기를 마치시고 예수님은 엄청난 영적 진리를 말씀하셨습니다.

"청함을 받은 사람은 많지만, 택함을 받은 자는 적으니라."

그렇습니다. 많은 사람이 교회로 청함을 받아서 옵니다. 악한 자나 선한 자나 다 청함을 받습니다. 교회는 선한 자만 오는 곳이 아닙니다. 하나님은 악한 자도 부르십니다. 하나님은 선한 자와 악한 자를 구별하지 않습니다. 하나님의 구원은 도덕과 아무 상관이 없습니다. 중요한 것은 왕이 준 예복을 입었느냐 입니다.

청함을 받은 자 중에는 왕이 준 예복 입기를 거절한 자가 있었다는 것입니다. 화려한 자기 옷을 뽐내고 싶은 자기 자랑에 빠진 자들입니다. 교회 안에 이런 자들이 있다는 것입니다. 교회를 아무리 오래 다녀도 예수님의 피 복음을 거절하는 자들이 있습니다.

종교적 언어를 사용하고 교회 활동을 열심히 하는 것 같지만, 마음 중심에 예수님의 피 복음이 없습니다. 내 속에 자아라는 우상이 있습니다. 자기의 성품이나 선행이나 지성을 절대 포기하지 않는 자들이 있습니다. 그리스도의 대속의 피보다 자기의 행위를 더 의지하는 자들입니다. 이런 자들이 '청함을 받았지만, 택함을 받지 못한 자'입니다. 이런 자들이 교회 안에 있는 불신자들입니다. 십자가가 없는 버림받은 자들입니다.

이들이 입고 있는 외적인 옷이 너무 화려하고 아름다워서 사람들은 당연히 속습니다.

저렇게 선한 사람이, 저렇게 성품이 좋은 사람이, 저렇게 지성적인 사람이, 저렇게 예의 바른 사람이 지옥에 갈까?

그러나 조심하십시오. 아무리 자기 옷이 화려하고 값비싸고 좋아도 왕의 예복을 입지 않으면 쫓겨나서 이를 갈며 슬퍼해야 합니다.

## 15. 오직 예수님의 피

> 우리는 그리스도 안에서 그의 은혜의 풍성함을 따라 그의 피로 말미암아 속량 곧 죄 사함을 받았느니라(엡 1:7).

왕의 잔치에 들어가는 길은 오직 예수님의 피 외에는 없습니다. 예수님의 피로 속량, 곧 죄 사함을 받는 것입니다. 이것을 기억하십시오. 예수님의 피가 복음의 핵심입니다. 성경 전체에서 피의 속죄를 말하고 있습니다. 그러나 불신자들은 이 진리를 거부합니다. 예수님의 피를 거부합니다. 피의 속죄를 혐오합니다. 교회 밖에 있는 불신자들은 말할 것도 없거니와 문제는 교회가 피의 속죄를 거부한다는 것입니다.

현대 교회는 피의 복음을 싫어합니다. 교회 안에 있는 다수의 불신자가 그것을 거부합니다. 적극적으로 거부함으로 그런 설교를 하지 못하게 합니다. 이것은 심각한 사탄의 도전입니다. 목사는 교인을 잃을까봐 담대하게 설교하지 못합니다. 사탄이 이것을 이용해서 대속의 복음을 전하지 못하도록 수작을 부리는 것입니다.

교회 안에 있는 불신자들은 속죄의 피를 거부하고 그 자리에 율법과 행위로 대체합니다. 율법과 행위를 계속해서 주장합니다. 그들은 지옥에 들어가는 그 순간까지 예수님의 피 복음을 거부할 것입니다. 자기의 옷을 자랑할 것입니다. 자기의 행위와 도덕을 자랑할 것입니다.

그렇다면 당신은 어떻습니까?
당신은 그리스도의 피 복음을 믿습니까?
당신은 피의 속죄를 믿습니까?

예수 그리스도 대속의 피를 인격 중심에서 받아들였습니까?
그리스도의 피가 복음의 핵심이라는 것을 인정하십니까?

그가 어떤 사람인지 묻지 맙시다. 교회를 얼마나 오래 다녔는지, 목사인지, 장로인지도 묻지 맙시다. 예수님의 피 복음을 거절하는 자는 버림받은 자입니다. 그리스도의 피가 없는 자는 하나님에게서 쫓겨나 지옥에서 이를 갈게 될 것입니다.

누가 천국에 들어갑니까?

예수 그리스도의 피 복음을 믿는 자입니다. 예수님의 피로 속량 받은 자입니다. 피의 대속 안에서 의로움을 입은 자입니다. 하나님은 그리스도의 피로 우리의 죄를 영원히 속량하셨습니다. 예수 그리스도의 피로 우리를 영원히 온전케 하셨습니다.

그리스도의 피로 속량 받은 우리는 하나님의 의를 가진 자들입니다. 천사도 정죄하지 못합니다. 사탄도 정죄할 수 없습니다. 나도 나를 정죄할 수 없습니다. 하늘과 땅의 어떤 것도 정죄하지 못합니다. 그리스도의 피로 속량 받은 우리는 하나님의 의를 가진 하나님의 자녀이기 때문입니다.

하나님은 자녀된 우리를 결코 포기하지 않습니다. 창세전에 미리 아시고, 정하시고, 부르시고, 의롭다 하시고, 영화롭게 하시는 분은 하나님이십니다.

> 내가 확신 하노니 사망이나 생명이나 천사들이나 권세자들이나 현재 일이나 장래 일이나 능력이나 높음이나 깊음이나 다른 아무 피조물이라도 우리를 우리 주 그리스도 예수 안에 있는 하나님의 사랑에서 끊을 수 없으리라 (롬 8:38-39).

하나님의 사랑에서 우리를 끊을 수 없는 이유는 우리의 구원이 하나님께서 창세 전에 예정하신 선택 속에서 이루어진 것이기 때문입니다. 하나님은 악한 자나 선한 자나 가리지 않고 부르십니다. 하나님이 선택하고 부르신 자가 구원을 얻는 것입니다. 이것은 도덕과 윤리와는 전혀 상관 없는 하나님의 행위입니다.

어떤 아버지가 부모자식관계를 윤리로 규정합니까?

부모자식관계는 피로 맺어진 관계입니다. 하나님과 우리의 관계도 피로 맺어진 관계입니다. 그 무엇으로도 끊어지지 않습니다. 하나님과 우리의 관계는 결코 끊을 수 없습니다. 사망도, 생명도, 천사도, 권세도, 현재 일도, 장래 일도, 높음도, 깊음도, 다른 아무 피조물이라도 그리스도 예수 안에 있는 하나님의 사랑에서 우리를 끊을 수 없습니다.

할렐루야!
이것이 복음입니다.

## 제10장

### 가짜 믿음의 속임수들

너희는 믿음 안에 있는가 너희 자신을 시험하고
너희 자신을 확증하라
예수 그리스도께서 너희 안에 계신 줄을
너희가 스스로 알지 못하느냐
그렇지 않으면
너희는 버림받은 자니라

(고후 13:5)

## 1. 믿음은 예수라는 인격을 믿는 것

우리는 계속해서 구원의 위대한 교리를 배우고 있습니다. 구원의 지식을 배움에 있어 조심해야 할 것이 있습니다. 기독교를 지식 체계로 오해하는 일입니다.

"나는 예수님의 보혈로 구원을 얻었다. 나는 무슨 일이 있어도 영원히 구원받은 사람이다."

믿음을 이렇게 지식으로 끝내 버리는 것입니다. 은혜의 복음을 지식 체계 안에 가두어 버리는 것입니다. 정확한 지식을 가지고 있는 것을 내가 예수님을 믿는 것이라고 오해하는 것입니다. 기독교는 지식 체계요, 논리 체계라고 생각하고 그 안에서 복음을 가두어 버리고 신앙을 관념화시키는 것입니다. 이것은 현대 교회에 널리 퍼져 있는 경향입니다.

저는 여러분이 이런 잘못에 빠질까 두려운 마음에 이 문제를 반드시 다루어야 할 필요를 느낍니다. 분명히 알아야 할 것은 신앙은 실제라는 것입니다. 신앙은 인격입니다. 믿음은 인격입니다. 믿음은 완전히 실제적인 것입니다. 우리는 지식이나 논리 체계를 믿는 것이 아니라 예수라는 인격을 믿습니다.

> 예수께서 이르시되 내가 곧 길이요 진리요 생명이니 나로 말미암지 않고는 아버지께로 올 자가 없느니라(요 14:6).

성경은 구원을 예수님 자신이라고 했습니다. 예수님의 인격이 믿음의 대상입니다. 지식이 아닙니다. 논리와 철학이 아닙니다. 길과 진리와 생명이 되는 분은 인격이신 예수 그리스도입니다. 신앙이라는 것은 인격과 관련된 것이요. 실제적인 것이란 것을 항상 기억해야 합니다. 성경과 신학 지식을 쌓으면서 그것이 곧 믿음이라고 오해를 하면서 그 속에 갇혀 버리면 안 됩니다. 교회는 역사 속에서 이런 잘못을 많이 범해 왔습니다. 성경 시대부터 이미 그런 것이 있어 왔습니다.

> 내가 마게도냐로 갈 때에 너를 권하여 에베소에 머물라 한 것은 어떤 사람들을 명하여 다른 교훈을 가르치지 말며(딤전 1:3).

예수님이 부활 승천하신 지 반세기도 되지 않아서 교회 안에 이런 일들이 일어났습니다. 다른 교훈을 가르치는 자들이 등장했습니다. 바울이 디모데를 에베소에 머물게 한 것은 '어떤 사람들을 명하여 다른 교훈을 가르치지 말며'라고 했습니다. 바울 시대부터 교회 안에 다른 복음이 들어왔습니다. 다른 복음이 무슨 일을 하는지 한번 보시기 바랍니다.

> 신화와 끝없는 족보에 몰두하지 말게 하려 함이라 이런 것은 믿음 안에 있는 하나님의 경륜을 이룸보다 도리어 변론을 내는 것이라(딤전 1:4).

여기에 변론이라는 말이 등장합니다. 다른 복음은 변론을 가져옵니다. 변론은 말장난입니다. 초대 교회부터 이런 사탄의 속임수와 장난들이 교회에 들어왔다는 것입니다. 이미 신약 시대부터 사탄은 교회에 오물을 뿌렸습니다. 이후로 교회는 계속해서 이런 가짜 믿음의 속임수가 들어왔습니다.

## 2. 가짜 믿음의 속임수(1)

　가짜 믿음의 속임수가 무엇일까요?
　그것은 하나님 말씀을 가지고 변론하는 것입니다. 자기 믿음을 변론과 언변으로 우월하다는 식의 증거로 삼는 것입니다. 풍부한 지식에서 난 유창한 변론을 믿음의 증거라고 착각하는 것입니다. 바울은 이런 헛된 일들을 단호하게 멈추라고 합니다. 디모데는 아버지가 헬라 사람이고, 어머니가 유대 사람입니다.
　디모데는 여러분이 잘 아는 그리스 신화의 배경에서 자랐습니다. 예수님과 사도들이 활동했던 시대가 바로 헬라 문화가 온 세계를 점령했던 그런 시기입니다. 사람들은 끊임없이 신화 이야기를 하던 시대입니다.
　또 유대인들은 족보에 대해서 이야기를 합니다. 우리는 정통 히브리인이다. 우리는 바리새파다. 나는 베냐민 족속이다. 나는 유대 족속이다. 나는 요셉 족속이다. 이렇게 족보를 들먹이면서 끊임없이 정통 다툼을 하고 있었다는 것입니다.
　헬라인들은 교회 안에서 그리스 신화를 가지고 와서 여호와 신앙과 비교해서 철학을 논했고, 유대인들은 족보를 가지고 와서 자기들이 정통 신앙이라고 논쟁하며 변론을 벌였습니다. 이런 일은 과거에 있었고, 지금도 있습니다.
　분명하게 말씀드리지만, 여러분은 이런 것에 추호도 관심을 갖지 마시기 바랍니다. 특별히 현대 신학을 경계하십시오. 현대 신학은 성경에다가 철학과 인본주의를 혼합해서 만들어낸 말장난입니다. 저는 그것을 신학이 아니라 종교철학이라고 부릅니다. 거기에는 인격이신 하나님이 없습니다.

그들은 개념을 가지고 변론과 논쟁을 합니다. 그것은 종교철학입니다. 이런 것들은 처음 들으면 재밌습니다. 신기합니다. 처음 들어보는 색다른 이론에 쏙 빠져 들어갑니다. 현란한 이론체계와 논리들이 마음을 사로잡습니다.

그러나 거기에 빠져들어 가면 영혼이 죽습니다. 영혼이 완전히 피폐해지고 나중에는 영혼이 메말라 죽게 됩니다. 거기에는 어떤 생명도 없습니다. 아무런 구원의 능력이 없습니다. 그곳에는 오로지 변론과 논쟁뿐입니다. 이런 것들을 삼가십시오. 대단히 조심하지 않으면 속아 넘어갑니다.

바울은 디모데에게 편지를 쓰면서 이런 것들을 삼가라고 했습니다. 그 당시는 신화와 족보 이야기였습니다. 교회 안에 이런 것들을 가지고 들어와 논쟁을 벌였습니다. 이런 교회 상황 속에서 바울은 디모데에게 다른 교훈에는 관심도 기울이지 말라고 경고한 것입니다.

변론과 논쟁이라는 것은 스스로 믿음이 있다고 오해하도록 만든 사탄의 기가 막힌 술수입니다. 변론과 논쟁을 이끌어낼 수 있는 자기의 지식을 믿음이라고 착각하는 것입니다. 정말 착각입니다.

마가복음 9장에는 예수님께서 변화산에 올라가서 변화되신 놀라운 사건과 그 아래에서 일어난 이야기들을 기록하고 있습니다. 예수님이 산 아래로 내려와 보니까 어떤 아버지가 귀신 들린 자기 아들을 데리고 왔는데 제자들이 아무리 애를 써도 고치지 못하는 것입니다. 사람들이 모여서 소란스럽게 떠들어 댑니다. 그 상황에서 예수님이 묻는 것입니다.

> 이에 그들이 제자들에게 와서 보니 큰 무리가 그들을 둘러싸고 서기관들이 그들과 더불어 변론하고 있더라 온 무리가 곧 예수님을 보고 매우 놀라며 달려와 문안하거늘 예수께서 물으시되 너희가 무엇을 그들과 변론하느냐 (막 9:14-16).

여기에 변론이라는 말이 두 번이나 나옵니다. 무리가 떠들다가 예수님을 보고 달려와서 문안을 하니 예수님이 묻습니다.
"너희가 무엇을 그와 변론하느냐?"
제자들은 귀신들린 아이를 앞에 두고 이렇게도 해보고 저렇게도 해보고 별수단과 방법을 다해봅니다. 그런데 안 고쳐집니다. 그러니까 사람들이 그 방법이 '옳다, 틀렸다, 네가 잘못되었다, 이런 방법으로 해 봐라' 이렇게 서로 떠들어 내는 것입니다. 서로 자기 방법이 '옳다, 틀렸다' 하며 다툼하고 있습니다. 이것이 변론입니다.

변론은 무능의 상징입니다. 변론은 생명 없음의 상징입니다. 무능과 생명 없는 자들의 말장난이 변론입니다. 가짜 믿음의 제일 속임수가 변론입니다.

## 1) 진짜와 가짜를 구별하는 방법

> 예수께서 무리가 달려와 모이는 것을 보시고 그 더러운 귀신을 꾸짖어 이르시되 말 못하고 못 듣는 귀신아 내가 네게 명하노니 그 아이에게서 나오고 다시 들어가지 말라 하시매 귀신이 소리 지르며 아이로 심히 경련을 일으키게 하고 나가니 그 아이가 죽은 것 같이 되어 많은 사람이 말하기를 죽었다 하나 예수께서 그 손을 잡아 일으키시니 이에 일어서니라(막 9:25-27).

예수님은 더러운 귀신을 꾸짖어 즉시로 쫓아내셨습니다. 귀신이 즉시 나갔습니다. 이것이 기독교입니다. 기독교는 능력입니다. 믿음이 무엇인지에 대해 생생하게 현장 교육을 하신 것입니다.

제자들이 깜짝 놀라서 물었습니다.

"주님, 어떻게 이런 일이 일어납니까?"

예수님은 믿음의 본질에 대해서 중요한 가르침을 주십니다.

> 집에 들어가시매 제자들이 조용히 묻자오되 우리는 어찌하여 능히 그 귀신을 쫓아내지 못하였나이까 이르시되 기도 외에 다른 것으로는 이런 종류가 나갈 수 없느니라 하시니라 (막 9:28-29).

여러분의 믿음이 죽은 믿음인지 산 믿음인지를 시험하는 중요한 시금석이 이것입니다. 여러분의 지식이 기도의 무릎을 꿇게 하느냐는 것입니다. 여러분이 하는 성경 공부가 기도에 무릎을 꿇게 하느냐는 것입니다. 여러분의 그 많은 신학 공부가 기도의 무릎을 꿇게 하느냐 입니다. 여러분이 읽는 책들이 기도의 무릎을 꿇게 하느냐 입니다. 이것은 중요한 시금석입니다.

기도의 무릎을 꿇게 하지 않는 것이라면 여러분은 속고 있는 것입니다. 사탄의 장난에 속고 있는 것입니다. 그것이 무엇이든 기도의 무릎으로 인도하지 않는 지식은 믿음이 아닙니다. 여러분의 신학도 여러분을 속이는 것이고, 여러분의 독서도 여러분을 속이는 것입니다. 지식만 쌓고 변론과 논쟁만 만들어 내는 것은 가짜 믿음입니다. 진짜 믿음은 여러분을 기도로 인도합니다. 변론과 논쟁에 속지 마십시오. 바울은 변론과 논쟁에 빠지지 않도록 디모데에게 귀중한 교훈을 줍니다.

## 2) 믿음의 말씀과 좋은 교훈

> 네가 이것으로 형제를 깨우치면 그리스도 예수의 좋은 일꾼이 되어 믿음의 말씀과 네가 따르는 좋은 교훈으로 양육을 받으리라 망령되고 허탄한 신화를 버리고 경건에 이르도록 네 자신을 연단하라(딤전 4:6-7).

'믿음의 말씀과 좋은 교훈으로 양육을 받으라!'
이것이 변론과 논쟁으로부터 믿음을 지키는 바울의 처방입니다. 세상에는 믿음의 말씀이 아닌 것이 많습니다. 세상에는 나쁜 교훈이 많습니다. 오염된 교훈이 많습니다. 더러운 교훈이 많습니다. 그런 것들을 삼가십시오. 그런 것에는 관심도 가지지 마십시오.

믿음의 말씀과 좋은 교훈으로 양육을 받으십시오. 믿음의 말씀을 떠난 다른 복음을 버리십시오. 율법주의와 행위구원이 다른 복음입니다. 현대주의 신학은 나쁜 교훈입니다. 신학이라는 이름은 가졌지만 철학과 인본주의와 결합한 종교철학들은 가까이도 하지 마십시오.

그것들은 신학의 탈을 쓴 종교철학일 뿐 성경을 완전히 떠난 사탄의 오물입니다. 그런 신학들을 버리십시오. 쓰레기 같은 그런 이론들에 관심을 가지지 마십시오. 그건 여러분의 지성만 계속 자극합니다. 도파민에 중독이 되듯 여러분의 지성을 중독을 시켜서 변론과 논쟁의 늪에 빠져 버리도록 만듭니다.

그들이 하는 일이라고는 변론과 논쟁 외에는 아무것도 없습니다. 오로지 말장난뿐입니다. 이것들을 분별하고, 경계하고, 가까이 가지도 마십시오. 여러분의 영혼이 메말라 죽게 됩니다. 믿음의 말씀과 좋은 교훈으로 양육을 받으십시오 믿음의 말씀과 좋은 교훈으로 양육을 받으라고 했는데 그럼 그것이 믿음의 말씀인지, 좋은 교훈인지 어떻게 알 수 있습니까?

믿음의 교훈과 좋은 말씀을 분별하는 기준은 기도입니다. 다시 기도로 돌아왔습니다. 기도는 언제나 시금석입니다. 그것이 기도의 무릎을 꿇게 만든다면 영혼에 유익한 것입니다. 믿음의 교훈과 좋은 말씀은 우리를 기도하도록 합니다. 기도는 우리 삶을 경건에 이르도록 인도해 줍니다. 이것을 시금석으로 삼으십시오.

여러분은 성경 말씀을 읽을 때 기도하게 되지 않습니까?
여러분이 경건한 책을 읽을 때 기도의 무릎을 꿇게 되지 않습니까?
여러분이 은혜로운 예배를 드릴 때 기도의 열정이 깊어지지 않습니까?

이것이 기준입니다. 여러분을 기도하도록 하는 것들을 가까이하십시오. 여러분을 기도하도록 만드는 믿음의 말씀과 좋은 교훈을 가까이 하십시오.

## 3. 가짜 믿음의 속임수(2)

가짜 믿음의 속임수가 또 하나가 있는데 비판과 판단입니다. 그것에 대해서는 로마서 2장에 자세하게 알려 주고 있습니다. 로마서는 바울이 로마 교회에 하나님의 위대한 구원의 교리를 설명한 책입니다. 먼저 1장에서 세상 사람들의 죄가 얼마나 더러운지 지적합니다.

> 창세로부터 그의 보이지 아니하는 것들 곧 그의 영원하신 능력과 신성이 그가 만드신 만물에 분명히 보여 알려졌나니 그러므로 그들이 핑계하지 못할지니라 (롬 1:20).

하나님은 이 천지 만물에 하나님의 신성을 보여 주셨습니다. 그런데도 사람들이 하나님을 섬기지 아니하고 그 하나님의 영광을 땅에 버러지와 우상의 형상으로 바꿔 버렸습니다.

> 하나님을 알되 하나님을 영화롭게도 아니하며 감사하지도 아니하고 오히려 그 생각이 허망하여지며 미련한 마음이 어두워졌나니 스스로 지혜 있다 하나 어리석게 되어 썩어지지 아니하는 하나님의 영광을 썩어질 사람과 새와 짐승과 기어 다니는 동물 모양의 우상으로 바꾸었느니라(롬 1:21-23).

인간이 하나님을 버린 후 세상의 행태를 보세요. 24절부터는 인간의 죄악에 대해서 기록해 놓았습니다. 남자가 남자와 더불어, 여자가 여자와 더불어 더러운 일을 행합니다. 또 불의, 추악, 탐욕, 시기, 살인, 분쟁, 사기, 악독 그 외에도 여러 가지 죄에 대해서 지적했습니다. 이것이 하나님을 버린 인간이 행하는 일들이라는 것입니다. 바울이 이것을 지적하자, 이 여러 가지 죄를 지적하는 것을 듣고 한 부류에서 흐뭇한 미소를 지으면서 '그렇지. 저런 죄인들이 심판을 받아야지' 하며 편안하게 의자에 기대앉아서 조롱하는 사람들이 있었다는 것입니다.

그래서 바울이 2장 1절을 "남을 판단하는 사람아"라고 시작하는 것입니다.

"이 사람들아, 너희들은 지금 내 말을 잘못 이해하고 있는 거야. 저 사람들의 죄를 지적할 때 너희들은 그들과는 다른 부류라고 생각하고 있지만, 실상 나는 그들과 똑같은 짓을 너희들도 같이 하고 있다고 지적하는 거야."

지금 이렇게 책망하는 것입니다.

> 그러므로 남을 판단하는 사람아, 누구를 막론하고 네가 핑계하지 못할 것은 남을 판단하는 것으로 네가 너를 정죄함이니 판단하는 네가 같은 일을 행함이니라(롬 2:1).

바울의 책망을 잘 보세요.

"남을 판단하는 사람아,"

이렇게 나옵니다. 바울은 남을 판단하고 비판하는 사람들에게 말하는 것입니다. 바울이 이렇게 지적한 대상이 유대인입니다. 꼭 유대인이 아니더라도 어떤 부류에 속했든지 이 죄로부터 나는 예외라고 생각하면서 '저 사람들은 하나님의 심판을 받아도 마땅한 사람들이야' 라고 판단하고 비판하는 사람이라면 바울의 책망에 공통적으로 해당합니다.

앞에서 가짜 믿음의 첫 번째 속임수가 변론과 논쟁이라고 했습니다. 우리는 여기서 가짜 믿음의 두 번째 모습을 직면하게 됩니다. 자기는 항상 예외라고 생각하고 타인을 향해 비판과 판단을 하는 것입니다. 이것이 가짜 믿음의 두 번째 속임수입니다. 유대인은 율법을 가졌습니다. 지성을 가졌습니다. 그런데 그것을 자기에게 적용하는 대신에 비판과 판단에 사용하였습니다. 바로 이런 부류입니다. 모든 비판과 판단이 밖을 향해 있습니다.

어떤 사건이 터졌다고 해 보세요. 이 사람은 여기저기에서 사건에 대해 떠듭니다. 마치 나는 예외인 것처럼 벌떼처럼 일어나서 비판을 하고 판단합니다. 요즘은 이런 일들이 비일비재하게 일어납니다. 이렇게 자기를 예외시하고 남을 냉철하게 비판하는 사람을 두고 예수님은 이렇게 정죄하고 있습니다.

> 비판을 받지 아니하려거든 비판하지 말라 너희가 비판하는 그 비판으로 너희가 비판을 받을 것이요 너희가 헤아리는 그 헤아림으로 너희가 헤아림을 받을 것이니라(마 7:1-2).

'남을 판단하는 사람아, 그 죄가 너의 것이다.'

"너희가 비판하는 그 비판으로 너희가 비판을 받을 것이요, 너희가 헤아리는 그 헤아림으로 너희가 헤아림을 받을 것이니라."

얼마나 놀랍습니까?

예수님이 하신 말씀과 로마서 2장 말씀이 완전히 똑같습니다.

"나는 다른 사람이야. 나는 의로운 사람이야. 나는 굉장히 종교적인 사람이야. 나는 경건한 사람이야."

이렇게 자기 자신을 예외시 하는 사람에게 정신 차리라는 것입니다. 너희가 판단하는 바로 그 판단으로 너희가 판단을 받을 것이라는 것입니다.

> 어찌하여 형제의 눈 속에 있는 티는 보고 네 눈 속에 있는 들보는 깨닫지 못하느냐 보라 네 눈 속에 들보가 있는데 어찌하여 형제에게 말하기를 나

로 네 눈 속에 있는 티를 빼게 하라 하겠느냐 외식하는 자여 먼저 네 눈 속에서 들보를 빼어라 그 후에야 밝히 보고 형제의 눈 속에서 티를 빼리라 (마 7:3-5).

도덕적인 사람이 빠지는 늪이 바로 이 자리입니다. 조금 경건하게 산다고 자신하는 사람은 예외 없이 이 늪에 빠져 버립니다. 그들의 말을 들어보세요. 전부 비판입니다. 한국 교회가 썩었다. 목사가 썩었다. 교인들이 썩었다. 사회가 썩었다. 정치가 썩었다. 회사도 썩었다. 그런데 어떻게 자기는 그렇게 깨끗한지 모르겠습니다. 자기는 절대적으로 예외입니다. 자기 비판이 없습니다.

율법주의자들과 행위구원자들이 계속해서 빠지는 늪이 바로 이 자리입니다. 비판하는 사람은 상대방에게 들보가 있다고 생각하지만, 예수님은 실상 상대방에게 있는 것은 티에 불과하다는 것입니다. 비판하는 너에게 들보가 있다는 것입니다. 상대방을 비판하는 너에게 있는 들보를 보라는 것입니다.

### 1) 돼지 앞에 있는 진주

그렇지만 여러분, 이것은 진짜 은혜를 받지 않으면 절대 고쳐지지 않습니다.

왜 안 되는지 아십니까?

이런 자들은 근본적으로 십자가의 은혜라는 걸 경험해 본 적이 없기 때문입니다. 그러기에 자기의 실상을 모릅니다. 교회 나와서 종교적인 언어를 쓰고, 직분도 받고, 점점 교회에서 권력 행세도 하고, 그렇게 겉모양은 그럴듯해도 근본적으로 십자가 앞에서 자기의 죄를 적나라하게 본 경험이 없기 때문에 자기가 얼마나 더러운 인간인지 모릅니다. 그러니까 안 고쳐지는 것입니다. 예수님의 말씀도 똑같습니다.

> 거룩한 것을 개에게 주지 말며 너희 진주를 돼지 앞에 던지지 말라 그들이 그것을 발로 밟고 돌이켜 너희를 찢어 상하게 할까 염려하라(마 7:6).

안 고쳐진다는 것입니다. 이들에게 책망을 해봐도 모른다는 것입니다. 이들은 오히려 책망하는 예수님을 십자가에 죽였습니다. 그렇게 강퍅하다는 것입니다. 예수님은 진주를 돼지에게 던지는 것과 같다고 했습니다.

돼지가 진주의 가치를 압니까?

그냥 발로 밟아버립니다. 주님의 말씀이 적용이 안 된다는 것입니다. 백번 말해도 안 되고 가르쳐도 깨닫지 못합니다. 이것은 성령이 아니고는 하실 수 없는 일입니다. 십자가를 경험한 적이 없으니 성령의 역사를 모릅니다. 종교적으로만 훈련이 되어서 바리새인과 어찌 그리 닮았는지 똑같이 합니다. 겉모양은 정말 흠이 없습니다. 그런데 속사람은 사탄이 역사하는 불신자입니다.

## 2) 십자가를 경험하라

도대체 어떻게 치유를 받을 수 있습니까?

비판과 판단이라는 가짜 믿음의 속임수를 벗어나는 방법은 없을까요?

있습니다. 십자가를 경험하는 것입니다. 십자가 앞에서 자기의 실상을 보는 것입니다. 혹시 비판과 판단이라는 가짜 믿음으로부터 벗어나기를 원하시는 분이 있다면 하나님의 거룩함 앞에서 자기의 실상을 보게 해 달라고 기도하십시오. 십자가를 경험하게 해 달라고 기도하십시오. 십자가를 경험해야 자기의 실상을 깨닫습니다.

여러분, 교회 다니면서 반드시 십자가를 경험해야 합니다. 하나님 앞에서 나의 실체를 적나라하게 봐야 합니다. 홀로 하나님과 대면하여 자기의 더러운 죄를 보는 영적인 경험을 하셔야 합니다. 아람 군대 장관이었던 나아만처럼 자기의 모든 훈장과 권력으로 장식한 옷을 벗어 버리고 문둥병 걸려서 죽어 가는 적나라한 자기의 모습을 보아야 합니다.

내가 하나님의 거룩함 앞에서 얼마나 죄인이고, 얼마나 더럽고, 얼마나 추잡하고, 얼마나 위선적인지 보아야 합니다. 그래야 이 가짜 믿음의 속임수에서 구원받을 수 있습니다. 십자가를 경험하는 것이 가장 중요한 우선순위입니다.

### 3) 그의 실수를 나에게 적용하라

십자가를 경험하는 것은 하나님이 은혜를 주셔야 가능합니다. 그러나 여기 내가 스스로 깨닫고 나에게 적용할 수 있는 방법이 한 가지 있습니다.

> 이러한 일은 우리의 본보기가 되어 우리로 하여금 그들이 악을 즐겨 한 것 같이 즐겨 하는 자가 되지 않게 하려 함이니(고전 10:6).

본보기입니다. 바울이 이스라엘 역사에 있었던 하나님의 진노를 서술하면서 이런 것들이 너희의 본보기라고 했습니다.

> 그들 가운데 어떤 사람들과 같이 너희는 우상 숭배하는 자가 되지 말라 기록된 바 백성이 앉아서 먹고 마시며 일어나서 뛰논다 함과 같으니라 그들 중의 어떤 사람들이 음행하다가 하루에 이만 삼천 명이 죽었나니 우리는 그들과 같이 음행하지 말자 그들 가운데 어떤 사람들이 주를 시험하다가 뱀에게 멸망하였나니 우리는 그들과 같이 시험하지 말자 그들 가운데 어떤 사람들이 원망하다가 멸망시키는 자에게 멸망하였나니 너희는 그들과 같이 원망하지 말라 그들에게 일어난 이런 일은 본보기가 되고 또한 말세를 만난 우리를 깨우치기 위하여 기록되었느니라(고전 10:7-11).

광야에서 실패한 그 일을 설명하시며 그것을 너희가 본보기로 삼으라는 것입니다.
11절을 다시 보십시오.

> 그들에게 일어난 이런 일은 본보기가 되고 또한 말세를 만난 우리를 깨우치기 위하여 기록되었느니라(고전 10:11).

여러분, 이것을 꼭 기억하셔야 합니다. 본보기입니다. 성경은 우리를 깨우치는 본보기입니다. 바울이 이스라엘 역사에 있었던 하나님의 진노를 서술하면서 이런 것들이 너희의 본보기라고 했습니다. 광야에서 실패한 일을 설명하며 그것을 본보기로 삼으라는 것입니다. 우리에게 본보기를 주기 위해서 기록한 것입니다.

그러므로 어떤 사건을 볼 때 그것을 가지고 '아, 저 길을 따라가면 나도 저렇게 되겠구나!' 하고 본보기로 삼고 스스로를 깨우치는 도구로 사용하라는 것입니다. 여러분이 밖으로 향했던 그 비판을 자기에게 적용하라는 것입니다. 자기 비판을 하라는 것입니다.

이것은 우리 인간에게 있는 성품이 아닙니다. 인간은 타락한 그때부터 모든 책임을 밖으로 전가하는 죄의 본성을 가졌습니다.

아담이 처음 하와를 만났을 때 이렇게 말했습니다.

"나의 뼈 중에 뼈요, 나의 살 중에 살이로다."

그러나 타락 후에 뭐라고 했습니까?

"저 여자가 먹으라고 해서 먹었나이다."

이것이 타락한 인간의 실상입니다. 타락한 죄의 본성은 잘못에 대해 다른 사람의 핑계를 대는 것입니다. 비판을 남에게 돌리는 것은 타락한 인간의 자연스러운 성품입니다.

우리가 예수 믿고 회복되었다는 것은 무엇입니까?

타인을 향하던 비판을 자기에게 하는 것입니다. 비판의 대상에 자기를 넣는다는 것입니다. 이것은 엄청난 변화입니다. 그렇게 하라는 것입니다.

모든 사건을 본보기로 삼아서 자기를 살펴 깨우치라는 것입니다.

'나는 과연 그렇지 않은가?'

'나는 그런 면이 없는가?'

그렇게 할 때 비판과 판단이라는 가짜 믿음으로부터 우리를 보호할 수가 있게 됩니다. 조심하지 않으면 순식간에 속아 넘어갑니다.

"어떻게 저런 일이 있을까?"

"어떻게 사람이 저럴 수 있을까?"

"나는 아니야. 나는 저 사람과는 달라."

이렇게 어느새 내가 또다시 비판자가 되어 있는 것을 발견합니다. 언제나 본보기로 삼으십시오.

여러분, 교회가 분열하는 것을 보게 됩니다. 어떤 일로 갈라집니다.

"우리는 참된 교회를 세우자!"

그리고 교회가 분리되어서 교회를 세웁니다. 그러나 시간이 지나면 그 사람들도 그들이 비판하고 뛰쳐나온 교회와 똑같아집니다. 더 마음이 강퍅해지고 더 이기적인 집단으로 변하게 됩니다.

왜 그렇게 될까요?

옛날 교회를 향해 계속해서 손가락질을 하며 비판과 판단을 하기 때문입니다. 그것을 자기에게 적용하지 않기 때문입니다. 자기에게 문제가 있다고는 한 번도 생각하지 않기 때문입니다. 계속해서 자신을 살펴야 되는데 상대방을 비난하다보니 더 강퍅해지는 것입니다. 그러므로 자기를 살피라는 것입니다. 본보기로 삼으라는 것입니다.

'나도 저렇게 하고 있지 않은가!'

계속 자기에게 질문을 하라는 것입니다. 그 사람이 넘어진 자리에 나 자신을 두라는 것입니다. 이렇게 함으로 우리는 비판과 판단이라는 가짜 믿음으로부터 보호를 받습니다.

여러분, 교만하지 마십시오. 나는 다르다는 생각을 버리세요. '나는 예외야. 나는 달라'라는 생각 자체가 이미 사탄에게 속은 것입니다.

그런즉 선줄로 생각하는 자는 넘어질까 조심하라(고전 10:12).

## 4. 가짜 믿음의 속임수(3)

가짜 믿음의 세 번째 속임수는 체험되지 않는 믿음입니다. 이 문제는 앞에서 다루었던 두 가지와 일맥상통합니다. 지식 체계에만 갇혀 있는 믿음과 자기에게는 적용되지 않는 믿음은 인격화되지 못한 믿음이기 때문입니다. 즉, 하나님을 체험을 하지 못한 믿음이며 체험 없는 믿음은 가짜 믿음입니다.

이 문제를 다루기 위해 바울서신을 주목해야 할 필요가 있습니다. 바울은 신약 27권 중에 13권을 쓴 경건한 사도입니다. 바울서신 13곳에서 매번 똑같이 나오는 인사가 나오는데 '은혜와 평강'이라는 인사입니다. 아래와 같이 모든 서신에 다 나옵니다.

- 로마서 1:7
- 고린도전서 1:3
- 고린도후서 1:2
- 갈라디아서 1:3
- 에베소서 1:2
- 빌립보서 1:2
- 골로새서 1:2
- 데살로니가전서 1:1
- 데살로니가후서 1:2
- 디모데전서 1:2
- 디모데후서 1:2
- 디도서 1:4
- 빌레몬서 1:3

바울서신 13곳 모든 서신에서 똑같은 인사가 나옵니다.

> 하나님 우리 아버지와 주 예수 그리스도로부터 은혜와 평강이 너희에게 있을지어다(몬 1:3).

가장 신학적이고 무거운 로마서부터 가장 간단한 서신에 빌레몬서에 이르기까지 한 번도 빠뜨리지 않는 동일한 형식의 인사가 '은혜와 평강'입니다.

왜 바울은 교회들에게 편지를 쓰면서 은혜와 평강을 꼭 기도했을까요?

은혜와 평강은 그리스도인의 핵심적인 표지기 때문입니다. 그리스도인이라면 은혜와 평강이라는 말을 들었을 때 그것이 무엇인지 단박에 경험적으로 압니다.

여러분은 은혜와 평강에 대해서 알고 계십니까?

경험적으로 알고 있습니까?

교회는 수년 다녔지만 은혜와 평강에 대해서 전혀 경험한 적도 없다면 믿음을 진단해 봐야 합니다. 바울은 교회들에게 편지를 쓰면서 모든 교회가 은혜와 평강을 알고 누리기를 바랐습니다.

## 5. 은혜란 무엇인가?

그러면 은혜란 무엇일까요?

은혜란 자격 없는 자에게 베풀어 주시는 하나님의 호의입니다. 은혜 뜻을 정확하게 알아야 합니다. 은혜는 받을 만한 자격이 없는 자에게 베풀어 주시는 하나님의 호의입니다. 그것은 삯이 아닙니다. 일을 하지 아니하고 공짜로 받은 것입니다. 공짜로 받은 선물입니다. 이것이 은혜입니다. 하나님은 우리가 받은 구원이 은혜라고 말을 합니다.

> 너희는 그 은혜에 의하여 믿음으로 말미암아 구원을 받았으니 이것은 너희에게서 난 것이 아니요 하나님의 선물이라 행위에서 난 것이 아니니 이는 누구든지 자랑하지 못하게 함이라(엡 2:8-9).

우리는 하나님의 진노 아래 놓여 있었고, 징벌을 받아야 마땅하고, 노력과 행위로는 의를 이루기가 불가능한 존재였습니다. 그런데 그 모든 진노를 아들에게 쏟으시고, 누구든지 그 아들을 믿는 자는 용서해 주시기로 약속하셨습니다. 우리가 의로운 행위를 한 것이 아닙니다. 우리가 선하거나 도덕적인 사람이 되어서도 아닙니다.

하나님의 은혜는 우리가 죄인 되었을 때 이미 나타났습니다. 우리가 행한 결과를 보고 구원을 베푸시는 것이 아니라 우리가 죄인으로 있을 때 먼저 하나님의 사랑이 나타나신 것입니다. 죄인의 자리에서 여전히 죄를 행하고 있을 때 구원해 주신 것입니다. 그래서 구원을 하나님의 은혜라고 부르는 것입니다.

> 우리가 아직 죄인 되었을 때에 그리스도께서 우리를 위하여 죽으심으로 하나님께서 우리에 대한 자기의 사랑을 확증하셨느니라(엡 5:8).

하나님은 우리가 여전히 죄를 짓고, 불의하며 하나님에게 관심 없이 욕심과 세상 정욕을 추구하며 살고 있을 때 자기 아들을 십자가에 달려 죽게 하심으로 우리를 하나님의 자녀가 되게 하신 것입니다. 우리도 과거에는 복음을 조롱했고, 십자가를 혐오했습니다. 구원의 진리를 짓밟았던 사람이었습니다. 그런데 이렇게 죄 많고 형편없는 나를 하나님이 먼저 사랑하셔서 은혜로 구원해 주신 것입니다. 이것이 구원입니다.

그래서 이 형언할 수 없는 놀라운 은혜를 깨달은 자마다 감격하며 감사의 눈물을 흘리는 것입니다. 그 은혜가 감사해서 인생을 하나님께 헌신하는 것입니다. 이것은 단순한 지식이 아닙니다. 아는 것으로 끝나지 않습니다. 은혜는 지식을 초월한 능력입니다. 은혜는 나의 인격을 파쇄하고 들어옵니다. 인격적인 체험으로 경험되는 것입니다.

"나는 예수에 대해서 다 알아요. 더 이상 나에게 이런 초보적인 지식을 가르치지 마십시오."

이렇게 말하는 사람이 있습니까?

당신은 아직 은혜를 모르는 사람입니다.

은혜는 다음과 같은 특징이 있습니다.

- 은혜는 은혜 자체를 사모하게 하는 힘이 있습니다.
- 은혜는 결코 지루하지 않습니다.
- 은혜는 결코 다함이 없습니다.
- 은혜는 우리를 목마르게 합니다.
- 은혜는 우리를 사모하게 합니다.
- 은혜는 더 깊은 은혜 속으로 우리를 끌어당깁니다.
- 은혜는 생생하게 살아서 인격 속에 체험되고 역사하는 힘입니다.
- 은혜는 하나님을 아는 지식을 포함하지만, 지식에만 머물지 않습니다.
- 은혜는 지성에만 갇혀 있을 수 없습니다.
- 하나님의 은혜는 인격이고 생명입니다. 체험되지 못하는 은혜는 죽은 개념입니다. 개념은 구원하지 못합니다. 개념을 논하는 것은 말장난입니다. 은혜의 체험이 없는 믿음은 가짜 믿음입니다.

## 6. 그리스도인만 가지는 평강

바울은 은혜와 더불어 교회들에게 평강이 있기를 원한다고 했습니다. 은혜와 평강은 하나입니다. 은혜는 평강으로 인도합니다. 은혜는 처음이요, 평강은 마지막입니다. 은혜는 강의 상류와 같다면 평강은 바다와 같습니다. 은혜는 뿌리요, 평강은 열매입니다.

기독교의 두드러진 특징이 있다면 평강입니다. 기독교가 세상과 다른 차이점을 말하라고 한다면 서슴없이 평강을 말할 것입니다. 성경은 악인에게는 평강이 없다고 말합니다(사 48:22; 57:21).

여러분, 세상을 살아가는 수많은 사람을 보세요. 그들의 내면을 살펴보세요. 그들이 사람들과 하는 대화를 들어보세요. 그들이 혼자 있을 때 하는 생각을 보세요. 수많은 드라마를 보세요. 영화를 보세요. 세상 책들을 보세요. 그들의 이야기를 들어보세요. 그들에게는 평강이 없습니다. 날마다 걱정입니다. 수많은 걱정입니다. 걱정과 염려가 그들의 삶을 지배하고 있습니다.

> 여호와께서 이와 같이 말씀하시되 너희는 길에 서서 보며 옛적 길 곧 선한 길이 어디인지 알아보고 그리로 가라 너희 심령이 평강을 얻으리라 (렘 6:16).

지금 바벨론의 느부갓네살이 공격을 하고 있습니다. 백성들이 포로로 잡혀 갑니다. 어둡고 두려운 시대를 살고 있습니다. 두려워하고 어둠 가운데 있는 이스라엘 백성들에게 예레미야가 말합니다. 소리 높여 외칩니다.

"옛적 길을 살피라!
너희 조상의 길을 살피라!
여호와의 길을 살펴 그리로 가라!
그리하면 너희 심령이 평강을 얻을 것이다!"
세상 사람과 그리스도인의 구별이 있다면 평강입니다. 평강은 그리스도인의 표지입니다. 세상 사람의 특징은 많은 염려와 근심입니다.
정말일까요?

> 그러므로 염려하여 이르기를 무엇을 먹을까 무엇을 마실까 무엇을 입을까 하지 말라 이는 다 이방인들이 구하는 것이라 너희 하늘 아버지께서 이 모든 것이 너희에게 있어야 할 줄을 아시느니라(마 6:31-32).

이방인의 특징은 염려입니다.
'무얼 먹을까, 무엇을 마실까, 무엇을 입을까' 그들의 모든 생각은 이것에 집중되어 있습니다. 그들은 일생을 살아가면서 이 염려에서 벗어나지 못합니다.
그런데 그리스도인의 특징이 뭐라고 합니까?
"너희 하늘 아버지께서 이 모든 것이 너희에게 있어야 할 줄을 아느니라."
그리고 30절을 보십시오.

## 1) '하물며'의 은혜

> 오늘 있다가 내일 아궁이에 던져지는 들풀도 하나님이 이렇게 입히시거든 하물며 너희일까 보냐 믿음이 작은 자들아(마 6:30).

기막힌 말씀이 있습니다.

"오늘 있다가 내일 아궁이에 던져지는 들풀도 하나님이 이렇게 입히시거든 하물며 너희일까 보냐"

그리고 뒤에 이렇게 책망하십니다.

"믿음이 작은 자들아"

우리는 여기서 믿음의 성숙이 무엇인지 배웁니다.

작은 믿음, 어린 믿음이 무엇입니까?

평안을 모르는 것입니다.

성숙한 믿음이 무엇입니까?

평안을 누리는 것입니다. 예수님이 두려워하는 제자들을 향해 "믿음이 작은 자들아" 하고 부르셨습니다. 작은 믿음은 어린 믿음입니다. 두려워하고 염려하는 믿음은 어린 믿음입니다. 여러분이 매시간 교회에 나오면서도 걱정한다면 어린 믿음입니다. 선한 일을 하면서도 염려와 걱정 속에서 살아가고 있다면 어린 믿음입니다. 많은 헌금을 교회에 하면서도 걱정 속에서 살고 있다면 어린 믿음입니다.

큰 믿음은 무엇입니까?

평안을 누리는 믿음입니다.

성숙한 믿음은 무엇입니까?

평안의 비밀을 아는 믿음입니다. 예수님의 말씀을 다시 주목해 보겠습니다.

"하물며 너희 일까보냐"

저는 이것을 '하물며'의 은혜라고 부르고 싶습니다.

하늘의 새를 먹이시고 들의 백합화를 입히시는 하나님이 "하물며" 너희를 버리시겠느냐?

하물며 너희를 외면할까 보냐?

이 믿음 속에서 평안을 누리는 것이 성숙한 믿음입니다. 여러분이 그리스도인이라면 그리스도 안에 있는 이 평안에 대해서 조금이라도 알고 있어야 합니다. 무엇인가 알고 있어야 합니다. 조금의 체험이라도 있어야 합니다.

여러분은 은혜로 말미암은 이 평강에 대해서 체험적으로 알고 있습니까?

조금의 빛이라도 경험한 적이 있습니까?

조금의 경험이라도 하셨습니까?

잠시라도 은혜와 평안을 누려본 적이 있습니까?

여러분이 이것에 대해서 모른다면 믿음을 진단해 보십시오. 평강의 체험이 무엇인지 도무지 모른다면 신앙을 점검해야 합니다. 평강은 그리스도인의 표지입니다. 평강은 개념이 아닙니다. 평강을 개념으로 알고 설명하는 것은 소용없습니다. 평강을 실제로 체험하고 누려야 합니다. 그게 진짜 믿음입니다.

이것을 너희에게 이르는 것은 너희로 내 안에서 평안을 누리게 하려 함이라 세상에서는 너희가 환난을 당하나 담대하라 내가 세상을 이기었노라 (요 16:33).

하나님은 우리에게 말씀을 통하여 평안을 주십니다. "이것을 너희에게 이르는 것은 너희가 내 안에서 평안을 누리게 하려 함이라"라고 했습니다. 하나님의 모든 말씀은 우리에게 평안을 위해서 주시는 말씀입니다. 우리로 그리스도 안에서 평안을 누리게 하는 것이 하나님 말씀의 목적입니다.

세상에는 하나님 말씀이 없습니다. 세상은 자기 생각으로 떠들어댑니다. 자기 생각으로 고민하고, 갈등하고, 괴로워하고, 염려하고, 두려워합니다. 그러나 그리스도인은 하나님의 말씀을 가지고 있습니다. 평안의 비결이 말씀에 있습니다. 두려울 때 말씀을 읽어보세요. 염려와 근심이 있을 때 하나님의 말씀을 펴세요. 말씀으로부터 평강이 임합니다. 여러분이 은혜의 말씀을 받으면 마음에 평안이 임합니다.

저는 마태복음 6장 30절에서 우리가 평안을 누릴 수 있는 이유를 '하물며'의 은혜 때문이라고 했습니다. "하물며 너희일까 보냐" 그런데 또 하나 더 있습니다.

## 2) '어찌'의 은혜

자기 아들을 아끼지 아니하시고 우리 모든 사람을 위하여 내주신 이가 어찌 그 아들과 함께 모든 것을 우리에게 주시지 아니하겠느냐 (롬 8:32).

저는 이것을 '어찌'의 은혜라고 부르고 싶습니다.

"자기 아들을 내어주신 하나님이 어찌 모든 것을 주시지 않겠느냐?
어찌 내가 너희를 버리겠느냐?
어찌 내가 너희를 외면하겠느냐?
어찌 내가 너희를 돌보지 않겠느냐?
아들까지 줬는데 어찌 내가 너의 삶을 방치하겠느냐?"

주님께서 염려하고 걱정하는 우리에게 이렇게 반문하시는 것입니다. 이것은 '어찌'의 은혜입니다. 하나님은 '하물며'의 은혜와 '어찌'의 은혜를 통해 우리를 돌보십니다. 하나님은 '하물며'의 은혜와 '어찌'의 은혜 속에서 당신의 자녀들이 평강을 누리기를 원하십니다.

은혜는 평강과 하나입니다. 평강은 홀로 존재하지 않습니다. 평강을 얻으려고 수단과 방법을 쓰는 것은 소용없습니다. 평강은 은혜의 뿌리에서 열리는 열매입니다. 여러분이 은혜를 깊이 경험하면 은혜의 깊이만큼 평강을 누리게 되는 것입니다. 그리스도인은 은혜와 평안을 아는 자입니다. 인격적으로, 경험으로 압니다. 은혜와 평안을 체험적으로 압니다.

## 3) 기도의 비밀을 알기 때문

그리고 여기 평강을 위한 실천적인 방법이 하나 있습니다. 이것은 여러분이 당장 실천할 수 있는 아주 유용하고 실제적인 방법입니다.

> 아무것도 염려하지 말고 다만 모든 일에 기도와 간구로, 너희 구할 것을 감사함으로 하나님께 아뢰라 그리하면 모든 지각에 뛰어난 하나님의 평강이 그리스도 예수 안에서 너희 마음과 생각을 지키시리라(빌 4:6-7).

이것은 하나님이 우리에게 주신 평강을 위한 실제적인 방법입니다. 하나님은 우리가 이렇게 함으로 실제로 평강을 얻을 수 있다고 말씀하십니다. 불신자는 이 길을 모릅니다. 거듭난 그리스도인만이 가능한 길입니다. 기도와 간구는 하나님과 인격적인 관계가 맺어진 자만이 가능합니다.

"아무것도 염려하지 말라"는 이유가 무엇입니까?

염려는 어떠한 결론도 바꿀 수 없기 때문입니다.

"아무것도 염려하지 말라. 다만 기도와 간구로 너희 구할 것을 하나님께 감사함으로 아뢰라."

이것이 그리스도인에게 주신 평강의 실제적인 방법입니다. 이것은 그리스도인만이 가질 수 있는 특별한 체험입니다. 하늘이 무너지는 것 같고, 사방에 길이 막히고, 내 인생이 여기서 끝이 나는 것 같은 그 위기 속에서 우리가 눈을 들어 하나님을 바라보고 기도와 간구를 드릴 때 하나님은 생각지도 못했던 평강으로 마음을 다스려 주시는 것입니다. 여러분이 그리스도인이라면 이 경험에 대해서 알고 있어야 합니다. 조금이라도 알고 있어야 합니다. 희미한 느낌이라도 알고 있어야 합니다.

## 7. 죽은 정통을 경계하라

여러분은 이 경험에 대해서 알고 있습니까?
여러분은 평안을 경험하신 적 있습니까?
여러분의 신앙이 단지 머릿속에만 움직이는 것은 아닙니까?
지성 속에 개념만 존재하는 것은 아닙니까?

개념만으로 구성된 신앙을 죽은 정통주의라고 부릅니다.
죽은 정통이 무엇입니까?
체험이 없는 지식입니다. 변론과 논쟁거리 밖에 없는 지식입니다. 비판과 판단만 있는 지식입니다. 옳은 것을 알기는 아는데 그것에 갇혀버린 신앙입니다. 기도도 없고 체험도 없습니다. 이것이 죽은 정통입니다.

죽은 정통은 마귀의 믿음입니다. 마귀 믿음은 지성에만 있습니다. 마귀는 성경을 다 압니다. 정확하게 압니다. 그러나 하나님을 인격으로 경험한 적이 없습니다. 은혜와 평안을 체험적으로 알지 못합니다. 기도와 간구를 드리지 않습니다. 하늘로부터 임하는 평안의 능력도 모릅니다.

여러분은 지금 제가 말하는 이 경험에 대해서 알고 있습니까?
염려가 가득하고, 마음이 번뇌스럽고, 두려운 마음에 어쩔 줄 몰라 하나님께 기도와 간구를 드리고 있을 때 하늘로부터 임하는 평안의 능력을 경험한 적이 있습니까?

바울은 지금 각 교회에 편지를 쓰면서 이것에 대해서 이야기 하고 있습니다.

초대 교회 상황이 지금보다 훨씬 열악했다는 것은 누구나 알고 있는 사실입니다. 그들은 믿음 때문에 재산을 몰수당했습니다. 박해를 당하고 매를 맞았습니다. 고향 산천 집에서 쫓겨나서 유리방황하는 생활을 해야 했습니다. 어떤 때는 고문도 받고 사형도 받았습니다. 이런 위기 가운데 하루하루를 살아가는 초대 교회 성도들을 향해서 바울은 '은혜와 평강'을 기도하고 있습니다.

우리의 삶에 진실로 필요한 것이 이것이 아닙니까?

비록 우리의 삶이 그들보다는 평안한 가운데 있다할지라도 삶의 현실이라는 것이 힘들고 어려운 것은 피할 수 없습니다. 사탄이 역사하는 이 세상에서 위기와 시험은 피할 수 없는 현실입니다. 우리에게도 은혜와 평강이 절실히 필요한 것은 부인할 수가 없습니다. 은혜와 평강은 그리스도인 됨의 중요한 표지입니다. 이것은 내적인 표지입니다.

여러분은 이 은혜와 평강에 대해서 알고 있습니까?
은혜로 인하여 마음이 뜨거워지는 경험을 하신 적이 있습니까?
은혜로 인한 평강을 경험하신 적이 있습니까?
'하물며'의 은혜를 알고 있습니까?
'어찌'의 은혜를 알고 있습니까?
이 은혜가 여러분을 평안으로 인도한 경험을 하셨습니까?
기도와 간구를 드림으로 태산 같은 문제 앞에서 잔잔한 안식을 누려 본 경험이 있습니까?
여러분은 기도와 간구의 실제적인 능력을 경험한 적이 있습니까?
기도 중에 평안을 경험하셨습니까?

그리스도 안에 있는 여러분은 이런 것들에 대해서 알고 있어야 합니다. 제가 말하는 것이 무엇을 의미하는지 경험적으로 알고 있어야 합니다. 이 체험에 대해서 경험적으로 조금이라도 알고 있어야 합니다.

## 8. 실제적인 기독교

가짜 믿음은 지식으로 끝나는 신앙입니다. 변론과 논쟁은 가짜 믿음의 속임수입니다. 비판과 판단도 가짜 믿음의 속임수입니다. 가짜 믿음은 은혜와 평강의 체험을 도무지 알지 못합니다.

기독교는 지성도 아니고 철학도 아닙니다. 기독교는 생명입니다. 능력입니다. 하나님을 철학화 하지 마십시오. 하나님을 개념으로 타락시키지 마십시오. 하나님은 변론에 주제가 되는 개념이 아닙니다. 비판과 판단에 써먹는 도덕적 개념 따위가 아닙니다.

하나님은 지성에 갇히는 분이 아닙니다. 하나님은 살아계시며, 우리의 삶 가운데 실제적으로 역사하는 능력이십니다. 여러분의 인격을 건드리고, 삶을 새롭게 세우고, 죄로부터 떠나게 하고, 자신의 실상을 보게 하고, 회개하게 하고, 거룩하게 나를 변화시켜 나가는 실제적인 능력입니다.

태산 같은 위기 앞에서도 '하물며'와 '어찌'라는 주님의 약속을 붙들고 평안할 수 있는 능력입니다. 우리가 기도와 간구로 하나님께 나갈 때 위로부터 임하는 평안을 체험하게 하시는 실제적인 능력입니다.

그러므로 지식이라는 감옥에 갇히지 마십시오. 변론과 논쟁에 빠지지 마십시오. 비판과 판단을 피하십시오. 당신이 아무리 옳은 견해를 가지고 비판과 판단을 한다고 해도 여전히 귀신의 믿음일 수 있습니다. 여러분의 믿음이 실제가 되게 하십시오. 믿음은 살아계신 하나님과 우리의 올바른 관계입니다. 생생한 체험적인 관계입니다.

거짓된 믿음의 속임수를 탈피하기 위해 다음의 방법들을 기억하십시오.

**첫째**, 깨어 기도하십시오.
**둘째**, 믿음의 말씀과 좋은 교훈을 가까이 하십시오.
**셋째**, 죄악에 빠지거나 실족한 사람들을 볼 때 그것을 자기에게 적용하십시오.
**넷째**, 남의 허물이 보일 때 내 속에는 훨씬 더 큰 들보가 있다는 것을 깨달으십시오.
**다섯째**, 은혜의 체험을 하십시오.
**여섯째**, 십자가를 인격적으로 경험하십시오.
**일곱째**, 무엇보다 기도와 간구로 하나님께 나아가 하나님의 실제적인 평강을 경험하십시오.

가짜 믿음은 지식과 말장난에 갇혀 있지만, 진짜 믿음은 언제나 실제적입니다. 체험적이며 경험적입니다. 진짜 믿음은 능력이 함께합니다. 진짜 믿음 속에는 능력이 역사합니다. 진짜 믿음은 하나님과 생생하며 살아 있는 체험적인 관계입니다. 고린도 교회를 향해 일갈한 바울의 말을 기억하십시오.

하나님의 나라는 말에 있지 아니하고 오직 능력에 있음이라 (고전 4:20).

# 제11장

## 주 예수 그리스도

그의 아들에 관하여 말하면
육신으로는 다윗의 혈통에서 나셨고
성결의 영으로는 죽은 자들 가운데서 부활하사
능력으로 하나님의 아들로 선포되셨으니
곧 우리 주 예수 그리스도시니라

(롬 1:3-4)

## 1. 성경이 가르치는 그리스도인의 정의

구원은 행위가 아니라 믿음으로 얻는다는 것을 계속 강조해 왔습니다. 성경은 그 믿음조차도 하나님의 은혜라고 했습니다.

그렇다면 구원에 있어서 행위는 필요없는 것일까요?

그렇습니다. 행위는 구원에 전혀 쓸모가 없습니다. 하지만, 단어를 정확하게 사용해야 합니다. 그리스도인의 삶에 행위가 필요 없다는 말이 아닙니다. 구원의 조건으로 쓸모가 없다는 것입니다. 구원은 하나님의 은혜에 의하여 믿음으로 받습니다. 믿으면 죄 사함을 받고 사망에서 생명으로 옮겨집니다. 믿으면 영생을 얻습니다. 구원에는 믿음이 전부입니다.

믿음이 무엇일까요?

성경은 믿음을 정확하게 정의하고 있습니다.

> 네가 만일 네 입으로 예수님을 주로 시인하며 또 하나님께서 그를 죽은 자 가운데서 살리신 것을 네 마음에 믿으면 구원을 받으리라 (롬 10:9).

**첫째**, 예수님의 주 되심을 입으로 시인해야 합니다.
**둘째**, 마음으로 십자가와 부활을 믿어야 합니다.

이 두 가지를 합치면 이제까지 내가 왕 노릇 하던 나의 인격의 중심에 예수 그리스도를 구주로 모셔 들이는 것이 됩니다. 예수님이 내 인생에 들어와서 나의 주인이 되심과 동시에 나의 구원자가 되는 것입니다. 예수님은 나를 구원하시는 주님인 구주가 되시는 것입니다.

예수님을 믿는다는 것은 창조의 회복입니다. 창조의 회복은 잃어버린 하나님 주권의 회복입니다. 내가 그리스도인이 될 때 하나님이 내 인생의 주인이 되심으로 창조의 회복이 일어나는 것입니다. 하나님이 내 인생의 주인이 되면 하나님이 내 인생이 목적이 됩니다.

하나님이 인생의 목적이 되면 먹든지, 마시든지, 무엇을 하든지 하나님을 위해서 하게 됩니다. 하나님을 영화롭게 하며 그를 영원히 즐거워하는 것이 기쁨이 되는 것입니다. 그리스도인은 하나님의 영광을 위해 사는 것이 즐겁습니다. 그것이 나의 기쁨입니다. 그리스도인은 아무도 자기를 위해 살지 않습니다. 그리스도인은 나를 위해 죽었다가 살아나신 그리스도를 위해 사는 자입니다.

> 그가 모든 사람을 대신하여 죽으심은 살아 있는 자들로 하여금 다시는 그들 자신을 위하여 살지 않고 오직 그들을 대신하여 죽었다가 다시 살아나신 이를 위하여 살게 하려 함이라(고후 5:15).

1720년경 발흥한 일명 신앙주의라고 부르는 산데만주의라는 것이 있습니다. 스코틀랜드 존 글래스라는 사람에 의해서 시작되어 널리 펴졌던 사상으로 예수님을 믿는다고 고백하기만 하면 구원을 얻는다는 사상입니다. 더 묻지 말라는 것입니다. 입으로 고백만 하면 구원을 얻은 것이라고 주장합니다.

이것은 현대 복음전도자들이 자주 사용하는 방식으로 예수 그리스도를 믿는다고 입으로 고백하기만 하면 구원을 얻었다고 취급하는 것입니다. 전도 집회에 참석한 많은 사람이 단순히 "나는 예수님을 믿습니다"라고 고백함으로 구원을 얻는다는 것입니다. 그러나 이것은 순전히 착각입니다. 구원은 그렇게 간단하게 얻을 수 있는 것이 아닙니다.

성경은 구원을 받기 위해서는 예수 그리스도의 십자가와 부활의 복음을 명확하게 알아야 한다고 말합니다. 너희가 "예수님의 죽으심과 부활을 마음으로 믿으면"이라고 했습니다.

이에 대해 자세히 살펴보도록 하겠습니다.

**첫째**, 하나님 앞에서 내가 어떠한 존재인지 알아야 합니다.
**둘째**, 나의 죄와 허물을 정확하게 인식해야 합니다.
**셋째**, 내게 예수 그리스도가 왜 필요한지 알아야 합니다.
**넷째**, 예수님의 죽으심과 부활의 의미가 무엇인지 알아야 합니다.
**다섯째**, 예수님의 대속의 죽음을 알아야 합니다.
**여섯째**, 예수 그리스도의 피가 왜 속죄의 피가 되는지 알아야 합니다.
**일곱째**, 예수 그리스도의 죽으심과 부활이 왜 우리의 구원이 되는지 알아야 합니다.
**여덟째**, 그와 동시에 예수님을 주로 믿어야 합니다. "나는 예수님을 구원자로 믿는다"라고 말하는 것은 불완전한 신앙고백입니다. "예수 그리스도는 내 인생의 주인이십니다"라고 고백해야 합니다.

그리스도인은 예수님을 부를 때 "구주"라고 부릅니다. 구주라는 뜻을 제대로 이해해야 합니다. 구주는 구원자와 주님을 함께 일컫는 말입니다. 온전한 믿음은 예수님을 구주로 믿는 믿음입니다. 예수님을 구원자뿐만 아니라 주님으로 믿어야 합니다.

예수님은 우리를 지옥에서 건지려고만 오신 것이 아닙니다. 예수님은 우리의 주인이 되기 위해서 오셨습니다. 예수님은 우리의 왕이 되려고 오셨습니다. 우리를 구원하셔서 우리가 더 이상 우리 자신을 위해 살지 않고 우리를 위해 죽었다가 다시 살아나신 예수 그리스도를 위해 살도록 하기 위해서 오신 것입니다.

> 이를 위하여 그리스도께서 죽었다가 다시 살아나셨으니 곧 죽은 자와 산자의 주가 되려 하심이라(롬 14:9).

여러분이 만약 예수님을 주님으로 고백하지 않는다면, 예수님을 구원자로 믿는다고 고백한다고 할지라도 그 믿음은 여러분에게 아무 쓸모가 없습니다.

## 2. '나'라는 우상을 섬기는 자들

제가 왜 이제까지 도덕과 선행으로 구원을 추구하는 것을 지속적으로 비난했는지 아시겠습니까?

도덕과 선행 자체는 전혀 나쁘지 않지만, 그것을 구원과 연관시킬 때 그것은 우상의 종교가 됩니다. 도덕과 행위는 자신의 도덕과 선행에 주목합니다. 누구든지 바리새인의 잘못에 빠질 수 있습니다.

바리새인이 특별히 악한 사람이라는 오해는 전적으로 잘못된 오해입니다. 그들은 대단히 종교적인 사람이요, 대단히 선한 사람들이었습니다. 그들은 대단히 도덕적인 사람들로 모든 이웃에게 칭찬을 들었습니다. 그들은 말씀을 지키는데 인생을 건 사람들이었습니다. 그들은 그렇게 말씀을 철저하게 지켰습니다.

그런데 왜 예수님으로부터 비난을 받았습니까?

그들은 자기 자신을 우상화 하기 때문입니다.

"나는 최선을 다해 말씀을 순종하고 있다."

"나는 세속적인 죄인들과는 다른 사람이다."

"나는 철저하게 말씀을 지키고 있음으로 너보다 나은 사람이다."

그들은 항상 자기 자신을 주목하고 자기 자신을 자랑했습니다. 그들은 자만심으로 가득했습니다. 그들은 자만심 때문에 자신이 얼마나 부패하고 불가능한 존재인지 보지 못했습니다. 하나님 앞에서 전적으로 타락한 존재요, 부패한 존재이므로 자기 힘으로는 하나님의 요구를 만족시킬 수 없다는 것을 인정하지 못했습니다.

예수님이 책망하실 때 용납이 안 되었습니다. 자신의 진짜 모습과 더러운 죄를 도덕과 행위로 수백 겹씩 덮어놓았기 때문에 자기 죄를 보지 못한 것입니다.

하나님 앞에서 자기 속에 있는 죄를 보고 놀라며 나는 죄인 중에 괴수보다 못하다고 인정을 해야 구원의 길이 열리는데 도무지 그런 고백을 해 본 적이 없습니다. 그들은 자만심이 매우 가득했습니다. 이들을 향해 예수님은 위선자라고 책망을 했습니다.

오늘날도 자기 행위에 집착하는 사람은 잘 들으십시오. 십자가보다 행위를 더 많이 말하는 사람은 잘 들으십시오. 도덕과 선행을 강조하며 말씀대로 살아야 구원을 얻는다고 말하는 사람은 잘 들으십시오. 예수님은 이런 자들을 위선자라고 책망하시는 것입니다. 독사의 새끼라고 심판하셨습니다.

왜 이렇게 무섭게 심판하셨을까요?

이들은 자기라는 우상을 섬기고 있기 때문입니다. 이들은 십자가에서 대속의 은총을 베풀어 주신 예수 그리스도보다 자기의 도덕과 행위를 더 의지하고 믿었습니다. 자기가 자기 인생에 주인입니다. 자기가 자기 인생의 주인 노릇 하는 것이 우상 숭배입니다.

그리스도인은 주인이 완전히 바뀐 사람입니다. 그리스도인은 자기를 주목하지 않습니다. 자기를 자랑하지 않습니다. 자기의 어떤 행위나 도덕도 자랑할 것이 없다는 것을 아는 자들입니다. 자기 자랑에 빠지는 순간 우상 숭배자가 된다는 것을 배우고 앎으로 그것을 경계하는 자입니다. 바울의 자기 고백을 들어보세요.

## 3. 주 예수 그리스도

> 예수 그리스도의 종 바울은 하나님의 부르심을 받아 하나님의 복음을 위하여 택정함을 입었으니(롬 1:1).

바울은 기꺼이 자신을 예수 그리스도의 종이라고 부르고 있습니다. '종'이라는 단어의 헬라어는 '둘로스'로 그 뜻은 '노예'입니다. 바울은 지금 자기 자신을 예수 그리스도의 노예라고 부르고 있습니다.

이것이 예수님을 주님으로 모신 사람의 자기 고백입니다. 바울은 바리새인 중의 바리새인이요, 율법으로는 흠이 없는 자였지만, 예수님을 믿은 후에는 이런 자만심을 배설물로 여기고 버렸습니다.

이유가 무엇일까요?

예수님이 주인이기 때문입니다. 예수 그리스도 앞에서 자기 자랑은 우상 숭배이기 때문입니다. 예수 그리스도를 주인으로 모시고 사는 사람은 자기 영광을 욕망하지 않습니다. 예수님 이름을 이용해서 자기 자랑을 하지 않습니다. 그것이 얼마나 큰 죄인지 알기 때문입니다.

그들의 관심은 예수 그리스도에게만 있습니다. 이것이 예수님을 주님으로 고백하는 사람의 마음입니다. 바울은 자기를 예수 그리스도의 종이라고 고백하면서 동시에 예수 그리스도를 주라고 부르고 있습니다.

> 성결의 영으로는 죽은 자들 가운데서 부활하사 능력으로 하나님의 아들로 선포되셨으니 곧 우리 주 예수 그리스도시니라(롬 1:4).

그리스도인은 예수님을 주님으로 모신 사람이라고 했습니다. 창조의 회복이 일어난 자들이라고 했습니다. 그러므로 그리스도인에게 예수님은 그냥 예수일 수 없습니다. 우리 주 예수 그리스도입니다. 예수님은 우리의 주가 되는 것입니다.

바울은 예수님을 주 예수 그리스도라고 고백하고 있습니다. 예수님은 언제나 우리의 주님이십니다. 우리 모든 인생의 주인이십니다. 우리의 생각과 우리의 삶과 우리의 인생을 통치하시고 주관하시는 주인이 되시는 것입니다. 바울은 기꺼이 예수님을 주 예수 그리스도라고 부르며 자신을 예수 그리스도의 종이라고 부르고 있는 것입니다.

## 4. 예수님을 믿고 나면 생기는 마음의 갈등

그래서 예수님을 믿으면 마음에 갈등이 생깁니다. 내 마음에는 그리스도가 들어와 계십니다. 그리스도의 영인 성령이 나를 주관하십니다. 나의 마음은 그리스도를 순종하기를 원합니다. 그러나 나의 육체는 여전히 옛사람의 일을 좋아합니다. 하나님에게 순종해야 한다는 영의 요구와 육신을 쫓아 살아가도록 잡아끄는 육체와 심한 싸움이 벌어지는 것입니다.

그래서 예수님을 믿고 나면 구원받은 은혜로 인하여 감격과 감사가 넘쳐 나지만, 남아 있는 옛 본성의 반작용으로 인해 고민과 갈등도 함께 생기는 것입니다. 그리스도인은 반드시 이런 갈등을 경험하게 됩니다. 신앙이 깊어지고 성숙하려고 할 때는 더 자주 깊이 이런 경험을 하게 됩니다.

이 갈등 속에서 고민하고, 넘어지기도 하고, 하나님의 징계의 채찍을 맞기도 합니다. 그러면서 성령의 감동으로 회개하며 자기를 말씀에 복종시키고 순종의 걸음을 조금씩 조금씩 옮기면서 예수님이 실제적으로 내 인생의 주인이 되어 가는 것입니다. 그래서 그리스도인들은 날마다 회개할 수밖에 없는 자리에 있게 됩니다. 주님을 사랑하면 할수록 은혜의 감격과 더불어 회개가 더 깊어지는 것입니다.

그러나 바리새인에게는 이런 갈등이 없습니다. 도덕과 행위에 집착하는 사람들에게는 이런 갈등이 없습니다. 그들은 자기가 자기 주인이기 때문입니다. 그들은 항상 자기에 대해서 할 말이 많습니다. 그들의 특성은 자만심입니다. 그들에게 예수님은 주 예수 그리스도가 아닙니다. 그냥 예수일 뿐입니다. 주인은 자기 자신입니다.

그러나 거듭난 그리스도인은 그렇지 못합니다. 마음에 갈등이 일어납니다. 예수님께 순종하려고 하면 할수록 마음에 더 큰 갈등이 생겨납니다. 이런 마음의 상태는 모든 거듭난 그리스도인의 공통점입니다.

> 내 속사람으로는 하나님의 법을 즐거워하되 내 지체 속에서 한 다른 법이 내 마음의 법과 싸워 내 지체 속에 있는 죄의 법으로 나를 사로잡는 것을 보는 도다 오호라 나는 곤고한 사람이로다 이 사망의 몸에서 누가 나를 건져내랴 (롬 7:22-24).

바울은 이 고통이 얼마나 심했는지 "언제쯤 이 사망의 몸에서 건짐을 받을 것인가"라고 탄식을 했습니다. 이것이 예수님을 주님으로 섬기며 사는 그리스도인의 마음입니다. 예수님을 믿지 않는 사람은 이런 갈등 자체가 없습니다. 이것은 여러분의 신앙을 점검할 수 있는 아주 좋은 시금석입니다.

여러분은 예수님을 믿은 후에 이런 갈등을 경험한 적이 있습니까? 바울같이 처절하고 깊은 탄식은 아니더라도 이런 종류의 탄식에 대해 조금이라도 알고 있습니까?
이런 경험 가운데서 자기 자신을 보고 조금이라도 절망해 본 적이 있습니까?

여러분이 만약 이런 경험에 대해 조금도 모른다면 여러분들은 산데만주의 이단에 빠져 버린 것입니다. 입으로 예수님을 믿는다고 고백하기만 하면 구원받는다고 가르치는 거짓된 가르침에 속고 있는 것입니다. 이것은 성경적 믿음이 아닙니다.

믿음은 일차적으로 마음에 작용합니다. 이것은 언제나 인격 중심에서 일어나는 일입니다. 마음의 지향점이 완전히 바뀌는 것입니다. 마음의 목적이 새로워지는 것입니다. 마음의 기쁨과 추구와 즐거움이 새로 탄생하는 것입니다. 마음에 영적인 작용이 일어나는 것입니다.

그러므로 급히 행동으로 나가지 마십시오. 몇 가지 말씀을 지키고 난 후에 그것을 그리스도인의 증거로 내세우지 마십시오. 그리스도인이 된다는 것은 율법 몇 가지를 지키는 것이 아닙니다. 여러분이 행해 오던 몇 가지 죄를 금하는 것이 아닙니다.

여러분이 그리스도인이라는 것을 증명하기 위해 행동을 추구하는 것은 아무런 도움이 되지 않습니다. 이런 방식은 전혀 성경적인 방법이 아닙니다. 여러분, 바울의 방법을 배우십시오. 바울이 어떻게 했는지 바울이 찾아간 그 자리로 우리도 찾아가야 합니다.

## 5. 원점을 점검하라

> 그러므로 이제 그리스도 예수 안에 있는 자에게는 결코 정죄함이 없나니 이는 그리스도 예수 안에 있는 생명의 성령의 법이 죄와 사망의 법에서 너를 해방하였음이라(롬 8:1-2).

원점은 예수님 안에 있는 생명의 성령의 법입니다. 생명의 성령의 법은 십자가에서 예수께서 다 이루었다고 하신 그 자리입니다. 올바른 해결 방법은 십자가로 돌아가는 것입니다. 십자가의 복음을 점검하는 것입니다. 십자가의 복음에서 다시 시작하는 것입니다.

　그리스도인이 된 후에 우리는 심각한 절망을 때때로 경험합니다. 내가 과연 그리스도인이 맞는지 의심이 들 때도 있습니다. 마치 죄와 사망의 사슬에 매여 소망을 잃어버린 때도 있습니다. 깊은 어둠 가운데 빠지기도 합니다. 차라리 자유롭게 날아다니는 참새가 부러울 때가 있습니다. 내면으로 눈을 돌려 나를 보면 완전히 비참해져 버립니다. 완전히 소망을 잃어버립니다.

　그럴 때 우리는 어떻게 해야 합니까?

　성경이 가르쳐 주는 바른 방법을 찾아야 합니다.


- 바울이 행했던 그 길을 따라가야 합니다.
- 십자가로 다시 돌아가야 합니다.
- 예수 그리스도를 향해 눈을 들어야 합니다.
- 그리스도께서 완성하신 대속의 복음을 다시 들으며 기억해야 합니다.
- 주 예수 그리스도께서 완성하시고 다 이루었다고 하신 그 구속의 복음에 마음을 고정해야 합니다.

　이것이 성경이 가르쳐 주신 회복의 바른 길입니다. 그러나 이것과 달리 당신이 만약 바울의 탄식에 대해 조금의 이해조차 하지 못하는 처지에 있다면 당신이 비록 교회 안에 있다고 할지라도 단언컨대 당신은 불신자입니다. 윤리와 도덕을 말하지 마십시오. 자만심에 차서 당신의 행위를 자랑하지 마십시오.

그것은 당신이 구원받은 증거가 되지 못합니다. 성경에 대한 지식도 구원의 증거가 되지 못합니다. 심각한 문제는 당신의 인격 중심에 그리스도가 없다는 것입니다.

처음부터 시작해야 합니다. 하나님 앞에서 당신 자신이 어떠한 존재인지 확인하는 것에서 시작해야 합니다. 당신의 죄와 부패와 타락을 보고 놀라야 합니다. 내가 어떠한 존재이며, 얼마나 불가능한 인간인지 성경을 통해 깨달아야 합니다.

그런 후 하나님께서 나를 위해 무슨 일을 하셨는지 처음부터 복음을 다시 들어야 합니다. 그리스도의 사역을 통해 내가 어떠한 신분의 사람으로 다시 태어났는지 듣고 깨달아야 합니다. 예수 그리스도의 주 되심과 나의 종 됨에 대해서 배워야 합니다. 처음부터 복음을 다시 들으십시오. 적당히 덮어놓고 몇 가지 도덕과 선한 행실을 통해 당신 자신을 구원하려고 하는 거짓된 속임수에서 벗어나십시오.

사람이 상처가 곪아서 병원에 왔다면 진짜 의사는 그것을 찢고, 고름을 다 짜내고, 제거한 후에 다시 봉합할 것입니다. 거짓 의사는 그 위에 연고를 바르고 밴드를 붙여 줄 것입니다. 밴드를 붙이면 상처가 보이지 않습니다.

지금 교회 안에는 산데만주의에 빠진 자가 너무 많습니다. 예수님을 믿는다고 고백하며 구원받았다는 거짓 확신에 잡힌 자가 넘쳐나고 있습니다. 율법을 지키거나 자기를 도덕적으로 개선시킴으로 자기가 자기를 구원하려고 하는 이단적인 시도가 넘쳐나고 있습니다.

무엇보다도 더 심각한 것은 교회에서 복음 설교가 사라지고 있다는 것입니다. 십자가 복음을 설교하지 않습니다. 예수 그리스도의 대속의 피를 설교하지 않습니다. 예수님의 주 되심과 그리스도인의 종 됨을 설교하지 않습니다. 대신 열심히 밴드를 붙이고 있습니다. 위로해 줍니다. 격려해 줍니다. 눈물을 쏙 빼줍니다.

여러분은 훌륭하다고 헛된 자만심에 불을 지피고 있습니다. 여러분은 세상살이에 고생이 많았다는 것입니다. 교회에서 편안히 쉬라는 것입니다. 내가 밴드를 붙여 줄 테니 아픔을 잠시 잊으라는 것입니다. 교회가 이렇게 하고 있습니다.

예수님의 피 복음이 사라졌습니다. 주 예수 그리스도가 선포되지 않습니다. 교인들은 교회 안에서조차 복음을 듣지 못하고 있습니다. 교회 안에 불신자들이 그리스도인으로 거듭날 기회를 얻지 못하고 있습니다. 교회 안에 있으면서도 지옥의 길을 그대로 걸어가고 있는 것입니다. 그들을 불러 세우고, 깨워서, 영혼을 구원하고, 천국으로 인도하는 복음을 전해야 할 책임이 목사에게 있습니다.

### 1) 이사야의 신앙체험

속죄의 복음에 대한 가장 탁월한 실례가 이사야서에 나오고 있습니다. 이사야 6장은 예수 그리스도의 속죄와 구원에 대해서 정확하게 보여 주고 있습니다. 이렇게 죄 사함을 받고 거듭난다는 것입니다. 남쪽 유대 나라에 웃시야라는 왕이 있었습니다. 웃시야왕은 무려 52년이나 통치를 하며 나라를 이끌었습니다. 나름 선한 통치를 했고 국가의 위상을 높인 훌륭한 왕이었습니다.

그러나 웃시야왕은 노년에 교만해져서 제사장 외에는 할 수 없는 분향단에 제사를 드리려다가 하나님의 진노를 받아 나병이 들어 갑자기 죽게 되었습니다. 국가적인 위기가 닥친 것입니다. 갑자기 왕이 죽는다는 것은 한 국가에는 엄청난 위기입니다. 국가가 풍전등화에 놓였습니다. 이사야는 그 절박한 시기에 하나님께 기도하러 나간 것입니다. 성경을 보시기 바랍니다.

> 웃시야 왕이 죽던 해에 내가 본즉 주께서 높이 들린 보좌에 앉으셨는데 그의 옷자락은 성전에 가득하였고 스랍들이 모시고 섰는데 각기 여섯 날개가 있어 그 둘로는 자기의 얼굴을 가리었고 그 둘로는 자기의 발을 가리었고 그 둘로는 날며 서로 불러 이르되 거룩하다 거룩하다 거룩하다 만군의 여호와여 그의 영광이 온 땅에 충만하도다 하더라 이같이 화답하는 자의 소리로 말미암아 문지방의 터가 요동하며 성전에 연기가 충만한지라 그 때에 내가 말하되 화로다 나여 망하게 되었도다 나의 입술이 부정한 사람이요 나는 입술이 부정한 백성 중에 거주하면서 만군의 여호와이신 왕을 뵈었음이로다 하였더니(사 6:1-5).

이사야가 국가의 장래를 두고, 민족의 미래를 두고, 거대한 국가적인 문제를 두고, 하나님께 기도를 하러 나갔는데, 거기서 하나님을 만난 것입니다. 성전에서 하나님을 체험한 것입니다. 그리고 이어지는 이야기는 너무너무 중요합니다. 한 사람이 진정한 그리스도인으로 탄생할 때 반드시 이런 과정을 거친다는 실례를 보여 주고 있습니다.

성전에 있는 이사야에게 하나님이 찾아오셨습니다. 이사야가 하나님을 찾은 것이 아닙니다. 하나님이 이사야를 찾아오셨습니다. 이사야의 관심은 국가와 민족의 문제에 있었습니다. 그것을 중대한 문제라고 생각하고 그 문제를 가지고 기도하려고 성전에 들어갔습니다. 그런데 하나님이 이사야를 찾아오셔서 하나님의 영광을 보여 주십니다. 이사야는 예상하지도 못했습니다. 스랍들이 하나님의 거룩함을 찬송합니다.

　이사야가 하나님의 거룩함을 체험하자 이제까지 전혀 몰랐던 자기 죄를 인식하게 된 것입니다. 이것이 언제나 제일 먼저입니다. 하나님이 이사야에게 하나님의 영광을 보여 주자, 이사야는 자기의 더러움과 죄를 보게 된 것입니다. 전에는 이 정도로 자기가 죄인인 줄 몰랐습니다.

　그는 선지자이므로 다른 사람보다는 적어도 낫다고 생각했을 것입니다. 그는 율법을 충실히 지키는 자였습니다. 자신은 다른 사람들보다는 도덕적으로 우위에 있는 사람이라고 생각했습니다. 그는 국가와 민족을 위해서 일하며 기도하는 선지자요, 왕의 인척이라는 자만심이 있었을 것입니다. 오늘날 국가와 정치를 들먹이면서 허세를 부리는 그런 목사들과 비슷한 처지였을 것입니다. 그런데 이사야가 하나님을 만났습니다. 하나님의 영광을 목도한 것입니다.

　하나님의 영광을 보자 이 모든 것이 완전히 무너졌습니다. 문지방의 터가 흔들렸다고 했습니다. 이사야가 이제까지 지키고 추구해 왔던 모든 가치가 무너졌습니다. 자기 안에 있는 자만심과 교만이 흔들리고 무너진 것입니다. 그는 하나님 앞에서 자기가 망하게 되었다고 고백했습니다.

　"화로다. 나여, 망하게 되었도다."

　사람이 화를 당하고 망하게 되는 것은 하나님의 거룩함을 보는 순간 깨닫습니다. 이사야는 자기가 부정한 자라고 고백했습니다. 바로 이것입니다. 정확히 이것이 하나님 앞에선 인간의 고백입니다. 그가 누구든, 어떤 도덕성을 가졌든, 어떤 지성을 가졌든, 말씀에 얼마나 열심을 내었든, 사람들에게 그의 행위가 칭찬을 받았든 상관없이 하나님 앞에 설 때 모든 인간은 예외 없이 이사야처럼 고백하게 되는 것입니다.

이것이 구원의 출발점입니다. 자기의 죄를 보지 못하는 자는 구원을 얻을 수가 없습니다. 하나님이 선택하신 자기 백성을 구원하실 때 반드시 이 실상을 깨닫게 하십니다. 좀 더 도덕적인 사람이 되기 위해서, 인생의 공허를 메우기 위해서, 마음의 평안을 얻기 위해서 하나님을 믿는 것은 성경적인 믿음이 아닙니다.

이렇게 나 중심으로 예수님을 믿는 신앙을 우상 숭배라고 하는 것입니다. 성경적인 믿음은 하나님에게서 출발합니다. 하나님의 거룩하심 앞에서 자기 죄를 인식하는 것에서 믿음은 출발합니다.

> 그 때에 그 스랍 중의 하나가 부젓가락으로 제단에서 집은 바 핀 숯을 손에 가지고 내게로 날아와서 그것을 내 입술에 대며 이르되 보라 이것이 네 입에 닿았으니 네 악이 제하여졌고 네 죄가 사여졌느니라 하더라(사 6:6-7).

죄 가운데 탄식하는 이사야에게 천사가 핀 숯을 가지고 와서 이사야의 입에 댑니다. 그리고는 악이 사하여졌고 네 죄가 사하여졌느니라고 선포합니다. 핀 숯은 그리스도의 피를 상징합니다. 죄인의 죄를 용서하는 유일한 수단은 예수 그리스도의 피입니다. 예수님의 피가 죄를 속하는 것입니다.

하나님 앞에서 자기 죄를 깨닫고 절망하고 있을 때 예수 그리스도의 피가 우리 앞에 복음으로 제시되는 것입니다. 누구든지 예수 그리스도의 피의 속죄를 믿으면 죄 사함을 받고 구원을 얻습니다. 예수님의 피가 영원히 죄를 속한다는 것이 복음의 핵심입니다. 오직 예수 그리스도의 피가 속죄의 능력이 됩니다. 그래서 구원은 은혜입니다. 그리스도의 피가 내 죄를 속한 것이기에 은혜입니다. 내가 한 것은 아무것도 없습니다.

> 내가 또 주의 목소리를 들으니 주께서 이르시되 내가 누구를 보내며 누가 우리를 위하여 갈꼬 하시니 그 때에 내가 이르되 내가 여기 있나이다 나를 보내소서 하였더니(사 6:8).

여러분, 그리스도인이 된다는 것은 하나님의 주 되심을 회복하는 것입니다. 우리가 십자가를 경험할 때 우리 인생의 주인이 하나님이시라는 것을 실제로 경험하게 됩니다. 이사야의 경험이 바로 그런 것입니다.

여러분, 예수님 믿는 것을 오해하지 마십시오.

"이제 예수님을 믿었으니 더 나은 사람이 되어야겠다."

"그리스도인으로 나는 앞으로 선한 사람으로 살아야겠다."

이것은 기독교가 아닙니다. 기독교를 결심의 종교로 바꾸지 마십시오. 기독교는 내가 결심하는 것이 아닙니다. 이것은 여전히 내가 자기중심적인 주도권으로 행동하는 우상 숭배입니다.

기독교는 주도권이 하나님께 있습니다. 그리스도인은 주도권을 하나님께 돌려드린 자입니다. 그리스도인은 하나님 앞에서 침묵하는 자입니다. 하나님의 음성을 순종하는 것입니다. 단순히 몇 가지 말씀을 지키는 것 정도가 아니라 하나님의 요구에 전적으로 복종합니다. 그리스도인은 주도권을 하나님께 맡기고 하나님의 음성에 청종하는 자입니다.

하나님은 신앙체험을 한 이사야를 전혀 새로운 길로 인도하셨습니다. 성전에서 왕의 인척으로 선지자로 국가와 민족을 위해서 일하던 사람을 부르셔서 그리스도를 전하는 자로 세웠습니다.

여러분, 이사야서를 왜 구약의 복음서라고 말하는지 아십니까?

이사야가 구약의 모든 책 중에서 그리스도에 대해 가장 정확하게 예언해 놓았기 때문입니다.

이사야 7장 14절을 보세요.

> 그러므로 주께서 친히 징조를 너희에게 주실 것이라 보라 처녀가 잉태하여 아들을 낳을 것이요 그의 이름을 임마누엘이라 하리라(사 7:14).

어쩌면 이렇게 정확할 수 있습니까?

예수님이 오시기 700년 전에 이미 예수님이 처녀의 몸에서 태어날 것을 예언한 것입니다. 신앙체험을 한 이사야는 이렇게 하나님의 복음을 전하는 자로 인생의 방향이 바뀌었습니다. 인생의 목적이 완전히 바뀌었습니다. 이제 그에게 가장 중요한 것은 국가도 민족도 아니었습니다. 그에게 가장 중요한 것은 복음의 사명이었습니다. 예수 그리스도의 구원을 증거 하는 것이 최고의 사명이 된 것입니다.

이제 여러분에게 묻습니다. 여러분은 이런 체험을 하셨습니까?

기독교를 냉정한 지성으로만 이해하고 있지는 않습니까?

그렇다면 기독교를 오해한 것입니다. 기독교는 인격입니다. 하나님은 인격을 요구합니다. 신앙은 인격적 체험이요, 교제입니다. 여러분이 구원에 관한 모든 지식을 알고 있다고 하더라도 여러분이 이것을 인격으로 알지 못한다면 여러분은 아직 불신자입니다. 성경에서 '안다'라고 말할 때 그 말은 인격적인 체험을 말하기 때문입니다. '안다'는 히브리어로 '야다'라고 하는데 그것은 부부가 침실에서 서로를 알듯이 아는 것을 뜻하고 있습니다. 이것은 체험적으로 경험적으로 아는 것입니다. '야다'라는 단어는 구약에서 무려 940여 회나 나오고 있습니다.

여러분은 거듭나셨습니까?

신앙체험을 하셨습니까?

이사야처럼 강력한 체험을 동반할 수도 있고 그렇지 않을 수도 있습니다. 중요한 것은 이런 경험에 대해 알고 있느냐 하는 것입니다. 조금이라도 이것이 무엇인지 이해하고 있느냐 입니다. 교회를 오래 다녀도 이것이 도무지 무슨 말인지 모르는 사람이라면 아직 불신자입니다. 이런 경험에 대해서 전혀 무지한 채 예수님을 믿는다고 입으로 고백만 하고 있다면 산데만주의의 이단에 빠진 자입니다. 진짜 믿음은 이것을 알고 있어야 합니다. 그리스도를 체험적으로 알고 있어야 합니다.

> 네가 하나님은 한 분이신 줄을 믿느냐 잘하는 도다 귀신들도 믿고 떠느니라 (약 2:19).

귀신들도 지성적으로는 다 알고 있습니다. 우리보다 하나님에 대해 더 잘 알고 있습니다. 그러나 귀신은 회개하지 않습니다. 하나님을 주인으로 섬기기 않습니다. 귀신은 십자가를 체험하지 못합니다. 하나님과 교제도 없습니다. 귀신의 믿음은 결정적으로 체험이 없습니다. 귀신의 믿음은 지성에 갇힌 믿음입니다. 지성으로만 알고 있습니다. 이것이 귀신의 믿음입니다.

## 2) 나의 신앙체험

저는 예수님을 믿는 가정에서 태어나 주일학교부터 교회를 충실하게 다녔습니다. 성경학교를 하면 여러 가지 상을 받으며 교회에서 귀여움을 받았습니다. 그러다가 청소년 때 도시로 공부하러 가서 목사님 사택에서 지내게 되었습니다.

교회의 모든 예배에 다 참석하며 학생회 회장도 하고, 전도도 열심히 했습니다. 친구들과 어울려서 교회 생활 하는 것이 너무 즐거웠습니다. 그러다가 고등학생이 되면서 슬슬 불신앙의 증거가 나타나기 시작했습니다. 교회에 대해서 여러 가지 비판을 하고, 목사님에 대해서 비판도 하고, 사람들을 비판하기 시작했습니다.

교회의 부조리가 자꾸 눈에 들어왔습니다. 그 속에는 나는 잘 믿는다는 자만심이 있었습니다. 그때 제가 제일 열심히 떠들었던 단어가 행위였습니다. 예수님을 믿는 사람이 행실이 그리스도인다워야 구원받은 것이라고 주장하며 타인들의 행실을 끊임없이 비판했습니다. 그때 제가 가장 즐겨 사용했던 성경구절이 야고보서입니다.

> 영혼 없는 몸이 죽은 것 같이 행함이 없는 믿음은 죽은 것이니라(약 2:26).

지금 생각하면 부끄럽기 그지없는 일입니다.

그때 제가 무슨 행함이 있었습니까?

내가 어떤 인간인지 아직 하나님 앞에서 죄를 깨닫지 못했기 때문에 자만심에 빠져 있었던 것입니다. 이때만큼 행함을 강조했던 적은 없습니다. 여전히 저는 하나님을 만난 경험이 없습니다. 저는 한쪽으로는 산데만주의에 빠져 있었고, 다른 한쪽으로는 율법주의에 빠져 있었습니다.

그래서 저는 야고보서의 저런 구절을 열심히 주장하는 사람을 보면 그 시절 저를 생각하면서 '아직 예수님을 못 만났구나' 하고 생각합니다. 저런 구절을 입에 달고 다니는 사람은 대부분 주님과 인격적 경험이 없습니다. 산데만주의와 율법주의에 빠진 사람들입니다.

물론, 저 역시 간헐적으로 수련회에 가면 눈물을 흘리며 기도하기도 했습니다. 그러나 그것은 복음적인 깨달음에서 온 눈물은 아니었습니다. 분위기에서 오는 눈물이었습니다. 저는 끊임없이 산데만주의와 율법주의의 길목에서 행위를 들먹였습니다. 그렇게 종교의 탈을 쓰고 깊은 어둠 속에서 지내고 있었습니다.

그러나 자비로우신 하나님께서 자기 백성을 부르시기 위해서 저에게 은혜의 기회를 주셨는데 몇 가지 제 인생에 사건들을 통하여 제 안에 영적인 갈망을 일으켜 주신 것입니다. 인생에서 일어난 몇 번의 실패와 절망들 그리고 어떤 사건들로 주님은 제 안에 영적인 갈망을 일으켜 주시고 주님을 찾게 하셨습니다. 뭔가 모르게 일어나는 영적인 갈망에 집회를 찾아가게 되었고 그 집회에서 주님을 만나는 경험을 주셨습니다.

아직도 그때 경험이 생생합니다. 은혜를 받으려고 작정하고 기도원이라는 곳을 생전 처음 가보았습니다. 많은 사람이 모였는데 제일 뒷자리 구석에 자리를 잡았습니다. 그런데 사람들이 열광을 하고 박수를 치는데 처음부터 정이 딱 떨어졌습니다. 모두 광신자 같았고 뭔가 모자라는 사람들 같았습니다. 그래서 팔짱을 끼고 두리번거리면서 찬송도 하지 않고, 기도 시간에도 눈을 멀뚱하게 뜨고 그대로 있었습니다. 목사님이 설교를 하는데 설교를 얼마나 못하는지 계속 비판을 했습니다.

지금 생각해 보면 설교가 문제가 아니라 내 마음이 산처럼 높으니 무슨 설교인들 은혜가 되었겠습니까?

설교 시간 내내 속으로 비방을 한 것입니다. 목사님이 설교를 한 시간을 훌쩍 넘겨서 계속하는데 짜증도 나고 화도 나서 속으로 온갖 욕을 하면서 비판을 했습니다. 그렇게 시간을 보내고 있을 때 드디어 목사님께서 설교의 끝을 알리는 말씀을 하셨습니다.

"이것으로 설교를 마무리 하겠습니다."

거기에 저는 맞장구를 쳤습니다.

'와, 저게 바로 복음이구나!'

제가 그렇게 삐뚤어지고 못돼 먹은 인간이었습니다.

'아, 이제 해방이구나!'

이렇게 생각하고 기뻐하는데 갑자기 목사님이 마이크를 들더니 이렇게 말씀하셨습니다.

"한마디만 더하고 마치겠습니다."

밀렸던 화가 폭발할 지경이었습니다. 그때 자리를 박차고 나갈까 하다가 스스로를 달래고 앉아 있었습니다.

'그래, 한 번만 참자.'

그런데 목사님께서 상상도 못한 말씀을 하셨습니다.

"여러분, 비판받지 않으려면 비판하지 마십시오."

'아니, 이럴 수가!

어떻게 이 말씀을 … !!'

한마디 툭 던진 말씀이었는데 그 말씀이 날카로운 비수가 되어 제 가슴을 찌르고 후벼 팠습니다.

제가 설교 시간 내내 비판만 하고 있었기 때문입니다. 그뿐만 아니라 제가 이제까지 비판하면서 살았기 때문입니다. 자만심에 갇혀 모든 것을 비판하면서 살아왔습니다. 저는 그동안 저의 행위를 기준에 놓고 교회와 모든 사람을 비판했습니다. 목사님의 그 말씀은 딱 저에게 주시는 하나님의 말씀이었습니다.

목사님의 그 마지막 한마디는 설교 내용과 아무런 상관 없는 말씀이었습니다. 하나님께서 저 하나 구원하시려고 저를 위해 개인적으로 그 말씀을 주신 것입니다. 못돼 먹고, 비판만 하고, 머리에 지식만 가득 차서 잘난 척 하는 삐뚤어진 저 같은 인간을 구원하시려고 그 말씀을 그 시간에 저에게 주신 것입니다.

그 한마디 말씀이 날카로운 창이 되어 심장을 찌르는데 견딜 수가 없었습니다. 예배가 끝나자마자 기도 굴로 달려가서 기도를 하는데 하나님이 어쩌면 그렇게도 저의 죄를 토설하게 하시는지 몸부림을 치면서 회개를 하게 하셨습니다. 하나님 앞에서 저의 죄를 보는데 얼마나 회개하고 얼마나 통곡했는지 눈물과 콧물과 침이 범벅이 되어서 흘러나왔습니다.

목사님과 교회를 비방하며, 스스로 의로운 척한 것을 비롯해서 위선과 가증함, 교만, 더러움, 알게 모르게 지은 죄 등 주님께서는 생각나게 하시고 깨닫게 하시며 수 없이 많은 죄를 드러내셨습니다.

눈물과 콧물과 침이 범벅이 되어 회개하고 또 회개했습니다. 그리고 드디어 십자가가 깨달아졌습니다. 교회에서 수없이 들었던 그 십자가가 성령의 은혜로 제게 인격적으로 체험이 된 것입니다. 예수 그리스도의 십자가가 나의 죄를 용서하셨다는 것이 실제적으로 믿어졌습니다. 예수님이 나의 죄를 위해 죽으신 그 십자가가 인격적으로 체험이 되었습니다. 십자가를 경험하고 나자 입에서 신기하게 찬송가 하나가 흘러 나왔습니다.

> 웬말인가 날 위하여 주 돌아가셨나
> 이 벌레 같은 날 위해 큰 해 받으셨나

지금은 143장이지만, 옛날 찬송가는 141장이었는데 진짜 이 벌레 같은 날 위해 큰 해를 받으신 예수님의 은혜에 감사하며 울고 또 울었습니다. 이 찬송을 목이 터져라고 반복해서 부르면서 울고 울었습니다. 특히 4절과 5절이 너무너무 귀한 은혜로 다가왔습니다.

> 나 십자가 대할 때에 그 일이 고마워
> 내 얼굴 감히 못 들고 눈물 흘리도다

> 늘 울어도 눈물로써 못 갚을 줄 알아
> 몸 밖에 드릴 것 없어 이 몸 바칩니다.

한량없는 하나님의 은혜에 감격하여 통곡하며 찬송가 부르기를 얼마나 했는지 모릅니다. 그리고 기도굴을 나왔는데 몇 시간이 훌쩍 지나 있었습니다. 그날은 늦을 봄날이었던 것으로 기억되는데 하늘은 더없이 맑고 청명했으며, 햇빛을 받아 반짝거리며 산들바람에 팔랑거리는 나뭇잎은 얼마나 예쁜지 마치 내 마음처럼 즐거운 노래를 하는 것 같았습니다.

　그때 찬송가 436장 〈나 이제 주님의 새 생명 얻은 몸〉이 입술에서 흘러나왔습니다. "산천도 초목도 새것이 되었고 죄인도 원수도 친구로 변한다" 구절을 부르는데 정말 천지가 새것이 된 것만 같았습니다. 정말 나뭇잎이 저와 함께 찬송을 하는 것 같았습니다.

　저는 그렇게 자기 백성을 향하여 은혜를 베푸시는 하나님의 신실하심으로 예수님을 만나고 그리스도인이 되었습니다. 예수님을 만난 이후로 거의 3년 동안 그렇게 눈물이 났습니다. 성경 읽다가 울고, 기도하다가 울고, 책 보다가 울고, 예배 드리다가 울고, 주님을 만난 이후 구속의 은혜가 너무 고마워 많은 눈물이 흘렸습니다.

　그렇게 저는 산데만주의와 율법주의라는 이단의 탈을 벗게 되었습니다. 귀신의 믿음에서 건짐을 받았습니다. 지식에만 갇힌 믿음, 머리로만 아는 믿음, 종교적 형식만 가진 믿음, 비판과 판단으로 얼룩진 믿음에서 구원을 받아 거듭난 하나님의 자녀가 되었습니다.

　그 은혜 속에서 주님의 부름을 받고 주의 종이 되었습니다. 목사 안수를 받을 때도 나 같은 죄인을 목사로 불러 주신 주님의 은혜가 너무 감격스러워 무릎을 꿇고 한량없는 눈물을 흘렸던 기억이 지금도 생생합니다.

## 6. 양심을 다루시는 성령님

　그렇다고 늘 그런 은혜의 최고봉 속에서 살았느냐고 묻는다면 아니라고 대답할 것입니다. 늘 행복한 것도 아니었습니다. 넘어지기도 했고, 죄를 짓기도 했고, 그리스도인으로 실망스러운 자리에 머물기도 했습니다. 그러나 사랑하는 하나님의 은혜로 항상 제자리로 돌아올 수 있었습니다.

여러분, 오해하지 마십시오. 예수님을 믿는다고 천사가 되지는 않습니다. 성품이 하루아침에 바뀌는 것도 아닙니다. 죄로부터 완전히 자유로워지는 것도 아닙니다. 예수 믿어도 죄를 지을 수 있습니다. 예수님을 믿는 자도 죄악 가운데 한동안 지낼 수 있습니다. 그러나 하나님은 결코 당신의 자녀를 죄악 가운데 머물도록 버려두지 않는다는 것입니다. 영원히 그곳에 거하도록 방치하지는 않습니다. 하나님이 그의 양심을 다루시기 때문입니다. 거듭난 자가 결코 하지 못하는 말이 있습니다.

"나는 이제 구원받았으니 죄 가운데 살아도 결국 천국이야."

그리스도인은 이런 말을 절대로 못합니다.

왜 못합니까?

하나님은 그리스도인의 양심을 죄 가운데 버려두지 않기 때문입니다. 하나님께서 그의 양심을 다루시기 때문입니다. 그리스도인은 하나님 앞에서 자기 죄를 발견하고 죄의 역겨움을 경험한 자이기 때문입니다. 그리스도인은 예수님이 나의 인격 중심에 실제로 살고 있습니다.

그런 자가 어떻게 저런 말을 할 수 있습니까?

저런 말로 평계한다는 것은 그 사람 속에 그리스도가 없다는 증거를 드러내는 것밖에는 아무것도 아닙니다. 그리스도를 믿는 자는 그리스도의 종입니다. 그리스도의 종은 그리스도의 명령을 복종하는 자입니다. 그리스도가 점점 나를 지배하게 되어 나는 점점 축소되어 갑니다. 삶의 전 영역이 그리스도에게 통치를 받습니다. 성령께서 그리스도인을 이와 같이 변화시켜 가는 것입니다.

그리스도인은 예수님을 주인으로 섬기는 자입니다. 자만심과 자기 자랑을 배설물처럼 더럽게 여기고 그리스도만 드러나는 인생이 되는 것을 기뻐하는 인생입니다. 그리스도의 노예로 사는 것이 행복한 인생입니다. 그렇다고 해서 "나는 그리스도의 노예로 사는 것이 행복합니다"라고 말하는 것이 아닙니다. 착각하지 마십시오. 이렇게 말하는 것은 자기 자랑입니다. 예수님을 수단 삼아 실상은 자기 자랑을 하는 것입니다.

그리스도인은 잠잠합니다. 자기를 드러내지 않습니다. 내면에 충만함이 있습니다. 내적인 충만함과 만족이 있습니다. 그리스도의 노예로 살아가는 인생에 다른 부러움이 없습니다. 굳이 변명할 필요도 없고 말할 필요도 없습니다. 이것은 내적인 경험입니다. 나의 영혼이 충만합니다.

그리스도인의 행위도 바로 이곳에서 출발합니다. 충만한 내면에서 흘러나와서 자연스럽게 맺히는 열매가 행위입니다. 그래서 성경은 이것을 믿음의 순종이라고 말합니다. 믿음과 별개로 행하는 순종이 아닙니다. 믿음에 포함된 순종입니다.

## 7. 믿음의 순종

> 그로 말미암아 우리가 은혜와 사도의 직분을 받아 그의 이름을 위하여 모든 이방인 중에서 믿어 순종하게 하나니(롬 1:5).

하나님은 구원하신 이유를 믿어 순종하게 하는데 있다고 하십니다. 믿어 순종하게 한다는 것은 믿고 구원받는 것만을 말하는 것이 아닙니다. 그것보다 더 나아갑니다. 믿어서 하나님의 주권이 회복되는 것을 말합니다. 그로부터 순종이 나오는 것입니다. 우리가 예수님을 믿어 하나님의 주권이 회복되고 하나님께 순종하는 창조 목적의 회복을 말하는 것입니다.

우리글 개역개정에는 "믿어 순종하게 하나니"로 되어 있지만, 영어역본 RV(개정역)은 이것을 "믿음의 순종을 위하여"라고 번역했습니다. 순종이 믿음에 종속된 형태입니다. 영어역본 RSV(표준개정역)에서는 "믿음의 순종을 가져오기 위하여"라고 번역했습니다. 영어성경은 믿음과 순종의 관계를 좀 더 분명하게 가르쳐 줍니다. '믿음의 순종'이라는 것입니다.

죄가 무엇입니까?

죄는 하나님에 대한 반역입니다. 하나님이 금하신 선악과 열매를 먹고 스스로 주인이 되고자 했던 아담의 범죄가 죄입니다. 죄는 하나님 음성 듣기를 싫어합니다. 하나님께 등을 돌리고 자기가 하고 싶은 대로 하는 것이 죄의 본질입니다. 죄는 하나님의 주인 되심을 인정하지 않는 것입니다.

어떤 사람이 "나는 내 자신을 죄인으로 생각하지 않는다. 내가 죄인이라는 느낌이 전혀 들지 않는다"라고 말했다고 합시다. 자기는 술에 취한 적도 없고 간음한 적도 없고 살인한 적도 없습니다. 이웃에게 해로운 말을 한 적도 없고 남에게 손해를 끼친 행동을 한 적도 없습니다. 그는 좋은 가정에서 자라면서 예의 바르게 행동하는 법을 배웠습니다. 그는 칭찬을 받는 멋지고 훌륭한 사람입니다. 그래서 그는 교회에서 회개하는 사람을 보고 말합니다.

"나도 저렇게 회개할 것이 있었으면 좋겠다. 나도 술주정뱅이나 그와 같은 사람이었으면 좋겠다. 나도 저 사람처럼 내 죄를 열거하면서 회개할 수 있었으면 좋겠다."

이것이 바로 죄에 대한 잘못된 지식 때문에 발생하는 교만입니다. 죄는 불경건입니다. 죄는 하나님과 단절입니다. 죄는 하나님 자리에 자기가 앉는 것입니다. 죄는 하나님의 음성 듣는 것을 싫어하는 것입니다.

그러므로 어떤 사람이 자기가 아무리 훌륭하고 도덕적으로 뛰어난 삶을 살아가고 있다고 하더라도 하나님과 바른 관계를 하고 있지 않다면 그는 죄인입니다. 하나님의 주권을 인정하지 않는 사람은 죄인입니다. 만약 어떤 사람이 하나님께 영광을 돌리는 것에 관심이 없다면 그은 술주정뱅이나 간음죄를 범한 사람과 똑같은 죄인입니다. 죄의 본질은 하나님을 거부하는 것입니다.

여러분, 죄가 하나님을 거부하는 것이라면 옳은 것은 무엇이겠습니까?

하나님의 음성을 듣는 것입니다. 하나님께로 돌아오는 것입니다. 하나님의 주권을 인정하는 것입니다. 하나님을 인생의 주인으로 섬기는 것입니다. 이것이 믿음의 순종입니다. 믿음의 순종은 하나님이 사랑하는 아들에 관해서 말씀하시고 복음을 믿으라고 하실 때 그것을 순종하여 믿는 것입니다. 하나님의 말씀에 순종하여 믿는 것이므로 믿음의 순종이라고 하는 것입니다.

## 8. 인격 전체가 수반되는 믿음

> 하나님께 감사하리로다 너희가 본래 죄의 종이더니 너희에게 전하여 준 바 교훈의 본을 마음으로 순종하여 죄에게서 해방 되어 의에게 종이 되었느니라(롬 6:17-18).

우리는 하나님의 말씀에 믿음의 순종을 하여 거듭났습니다. 죄에게서 해방되어 의에게 종이 되었습니다. 이 말씀을 잘 보세요. 죄에서 해방되어 자유를 얻었다고 하지 않고 의에게 종이 되었다고 말하고 있습니다. 우리는 의에게 종이 되었습니다. 의가 되신 그리스도의 종이 된 것입니다.

예수님은 우리의 주님이 되신 것입니다. 주 예수 그리스도가 되신 것입니다. 우리는 전에는 마귀의 종이었으나 이제는 주 예수 그리스도의 종이 된 자들입니다.

그뿐만 아니라 바울은 우리가 진리의 교훈을 마음으로 순종하여 죄에게서 해방되어 의에게 종이 되었다고 말하고 있습니다. 여기에서 중요한 단어가 마음이라는 단어입니다. 성경이 마음이라고 말할 때 이것은 인격 중심을 말합니다. 이것은 단순한 감정이나 느낌에만 국한되지 않고 인격 전체를 일컫는 말입니다.

우리는 인격 전체로 믿습니다. 감정의 한 부분이나 지성만으로 믿는 것이 아닙니다. 인격과 삶 전체로 믿는 것입니다. 그러니까 바울이 마음으로 믿는다는 표현을 쓸 때 그 뜻은 인격 전체를 의미하는 것입니다.

사람이 마음으로 믿어 의에 이르고 입으로 시인하여 구원에 이르느니라 (롬 10:10).

마음으로 믿는 것과 입으로 시인하는 것은 하나입니다. 마음이 인격 전체로 믿는 것이라면 그는 당연히 자기가 믿는 것을 입으로 고백할 것입니다. 이 둘은 분리 될 수 없습니다. 지금 교회 안에는 산데만주의가 너무 많이 들어와 있습니다.

현대 복음전도에서 '믿는다고 말만하면 구원을 얻는다'라고 하는 이 잘못된 산데만주의를 즐겨 사용하면서 마음이 빠져 버린 가짜 믿음이 보편화 되었습니다. 그들은 입으로 고백하기만 하면 구원을 얻는다고 합니다. 그러면서 '감정에 신경 쓰지 마라', '당신이 무엇을 느끼든 입으로 고백했다면 당신은 구원을 얻은 것이다'라고 거짓된 믿음을 확신시켰습니다.

여러분, 이런 말을 얼마나 많이 들었습니까?

그리고 단순히 입으로 시인하는 사람을 그리스도인으로 인정하고 더 이상 복음을 가르치지 않았습니다. 그들은 여전히 불신자인데 말입니다. 전혀 거듭난 경험이 없는데도 말입니다. 그냥 그리스도인으로 인정해 버린 후에 그때부터는 당신은 이런 일을 해야 한다. 저런 일을 해야 한다는 식으로 율법의 요구를 설교하는 것입니다.

"선하게 살아야 한다. 세상에 빛과 소금이 되어야 한다. 세상을 변화시키는 삶을 살아야 한다."

이렇게 불신자들에게 도덕과 행위를 설교함으로 그들을 율법주의와 행위구원에 빠뜨렸습니다.

이들의 심각한 잘못은 마음이 빠졌다는 것입니다. 마음으로 믿은 적이 없습니다. 인격 전체로 복음을 동의한 적이 없습니다. 믿음의 순종을 한 적이 없습니다. 그것 없이 바로 행동으로 나가버린 것입니다. 그들은 하나님의 영광을 본적도 없고 자기가 죄를 깨달은 적도 없습니다. 자기가 하나님 앞에서 전적으로 불가능한 존재라는 것을 인식한 적도 없습니다.

예수 그리스도 외에는 어떠한 소망도 없다는 것을 인정하지도 않습니다. 예수님의 피가 이룬 대속의 은혜가 무엇인지도 모릅니다. 이들은 하나님의 복음을 마음으로 믿은 적이 없습니다. 그들에게 예수님은 주님이 된 적이 없습니다. 단지 입술로 고백하면 구원을 얻는다기에 입술로 따라 한 것뿐입니다. 오로지 그것뿐입니다.

그들은 여전히 불신자입니다. 아직 그리스도인이 아닙니다. 아직 그리스도가 없는 자에게 그리스도인의 삶을 살라고 강요하는 꼴이 되는 것입니다. 교회가 이렇게 율법주의자와 행위구원자를 주일마다 양산하고 있습니다.

진짜 믿음은 마음에서 시작합니다. 예수 그리스도 구원의 진리를 인격 중심에서 받아들이고, 인격 전체가 순종하여 믿을 때 진짜 믿음이 되는 것입니다. 진짜 믿음은 예수님을 주로 고백하는 믿음입니다. 그럴 때 나의 삶은 그리스도의 것이 되고 나의 삶 전체가 그리스도의 주권 아래 복종하는 그리스도의 종이 되는 것입니다.

여러분이 예수님을 마음으로 믿고 주로 고백했다면 과거의 자리에 머물러 있을 수 없습니다. 하나님의 아들을 십자가에 못 박아 죽인 그 죄의 자리에서 계속 살지 않을 것입니다. 이 모든 진리를 인격 중심으로 받아들였다면 당연히 죄로부터 돌아설 것입니다. 더 이상 자기 자신을 주인으로 섬기는 우상 숭배의 자리에 머물러 있지 않을 것입니다.

여러분은 여러분을 구원하신 하나님을 기쁘게 해드리는 인생을 살고 싶어질 것입니다. 기꺼이 예수 그리스도를 인생의 주인으로 섬기며 주님을 기쁘게 하는 일에 자신을 드릴 것입니다. 여러분의 주인 되시는 예수님을 기쁘게 하는 일이 인생의 제일 큰 기쁨이 될 것입니다.

다시 강조하지만 예수님을 주님으로 믿지 않는 믿음은 성경적 믿음이 아닙니다. 오늘은 구원자 예수만 믿고 훗날에 인생의 주님으로 모시는 것은 불가능합니다. 예수님을 믿는 것은 예수님을 주님으로 믿는 것입니다. 성경적인 믿음은 예수님을 구원자와 주님으로 동시에 믿는 것입니다. 예수님이 여러분의 구주가 되셔야 합니다. 그럴 때만이 여러분의 믿음은 진짜 믿음이 됩니다.

## 9. 거듭나기 전에는 나도 그랬다

나더러 주여 주여 하는 자마다 다 천국에 들어갈 것이 아니요 다만 하늘에 계신 내 아버지의 뜻대로 행하는 자라야 들어가리라 (마 7:21).

율법주의와 행위구원에 사로잡힌 자들이 항상 하는 반론이 이런 구절 아닙니까?

"성경에는 분명히 하나님의 뜻대로 행하는 자라야 천국에 들어간다고 했는데 왜 당신은 계속 행위가 소용없다고 말합니까?"

이것이 그들의 집요한 반론입니다. 먼저 저도 과거에 똑같은 비난을 하는 자였음을 밝힙니다. 예수님을 인격적으로 만나기 전까지는 저도 똑같이 이렇게 주장했습니다. 교회를 비난할 때 항상 이런 구절을 들어서 비난을 했습니다. 교회 안에 마음에 들지 않는 사람이 있을 때 이런 구절을 상습적으로 정죄의 도구로 사용했습니다.

그렇지만 제가 거룩하신 하나님을 만나고 보니 이 말씀으로 남을 비난했던 제가 바로 이 말씀의 비난을 그대로 받아야 할 그런 인간으로 살고 있더라는 것입니다. 이 말씀이 비난하는 대상이 바로 저 자신이라는 것을 깨달았습니다.

제가 이 말씀으로 누군가를 신랄하게 비난했다고 해서 그럼 나는 이 말씀대로 살고 있느냐?

그것은 전혀 다른 문제입니다. 타락한 인간은 자기가 하나님이라고 했습니다. 자기는 모든 것에서 전부 예외라고 생각하는 것입니다. 자기는 다르다고 생각합니다. 몇 가지 율법을 지키고 자기 자만심을 더해 줄 몇 가지 선을 행한 것을 가지고 자기는 특별하다고 교만을 떨고 있습니다. 남의 눈의 티는 보면서 자기 눈의 들보는 보지 못하는 이런 위선적인 죄인이 인간입니다. 이런 위선에 찬 인간이 가장 잘 사용하는 성경이 이런 구절입니다.

따라서 이런 말씀을 남을 정죄하는 수단으로 함부로 사용하시면 안 됩니다. 이 말씀으로 정죄를 받아야 할 대상은 실상 자기 자신입니다. 하나님 앞에서 정직하게 자기 모습을 본다면 이사야처럼 인생의 터가 흔들리고 자만과 교만이 깨어집니다. 내가 더러운 인간이라는 것을 고백하게 됩니다. 내가 타락의 주범이라고 부르짖게 될 것입니다. 더 이상 이런 말씀을 가지고 남을 정죄하지 않을 것입니다.

여러분, 똑바로 이해하십시오. 자기의 행위가 남들보다 나아서 자랑하는 것이 아닙니다. 자기의 행위가 남들보다 낫다는 자기 착각에 빠져서 자랑하는 것입니다. 이것이 십자가를 경험하기 전의 제 모습이었습니다.

여러분, 하나님의 말씀은 누구를 정죄하라고 주신 말씀이 아닙니다. 나 자신을 똑바로 보라고 이런 말씀으로 남을 비판하는 나 자신을 먼저 비판하라고 주신 말씀입니다. 하나님이 말씀을 주신 이유는 말씀을 앞에 두고 하나님과 내가 단독자로 만나 나의 위선과 죄를 해결하는데 말씀을 적용하라고 주신 것입니다.

> 너희는 믿음 안에 있는가 너희 자신을 시험하고 너희 자신을 확증하라 예수 그리스도께서 너희 안에 계신 줄을 너희가 스스로 알지 못하느냐 그렇지 않으면 너희는 버림을 받은 자니라(고후 13:5).

그러니 자신을 점검하시기 바랍니다. '네가 믿음 안에 있는지 네 자신을 시험하고 네 자신을 확증하라'고 했습니다. 문제는 나 자신이지 다른 누가가 아닙니다. 다른 어떤 사람도 아닙니다. 내가 내 믿음을 확증 할 수 있어야 합니다.

대속의 피가 내 안에 있습니까?
그리스도 속죄의 은혜가 내 안에 있습니까?
그리스도의 피가 내 마음에 흐르고 있습니까?
그리스도의 십자가와 부활이 내 안에 있습니까?
그리스도께서 내 인생의 주인이십니까?

회개함으로 삶의 방향을 주님께로 자주자주 돌이킵니까?
하나님의 뜻대로 살지 못하는 자신에 대해 절망한 적이 있습니까?
그리스도 외에는 어떠한 희망도 없다는 것을 전인격으로 동의하십니까?
여러분은 예수님을 주 예수 그리스도로 고백하십니까?
이 모든 물음에 "예"라고 대답할 수 있습니까?
여러분이 이 모든 질문에 "아멘" 이라고 대답하십니까?

이 모든 질문에 기꺼이 "아멘"이라고 대답할 수 있다면 여러분은 그리스도인입니다.


## 10. 창조의 목적이 회복된 자

그리스도인이 누구입니까?

그리스도인은 창조의 목적을 회복한 사람 입니다. 창조의 목적은 하나님의 주권입니다. 하나님의 주권이 회복되는 것입니다. 우리로 인하여 하나님을 찬송하며 영원히 주님을 즐거워하도록 하는 것입니다. 그리스도인은 더 이상 자신을 위해 살지 않습니다.

구원은 단순히 지옥에서 천국으로 옮겨진 것만을 의미하지 않습니다. 마음의 평화를 경험한다거나 약간 선한 사람이 되는 것으로 구원을 축소하지 마십시오. 구원은 창조의 회복입니다. 그리스도가 우리의 주인이 되시는 것입니다. 그리스도는 단순한 구원자가 아닙니다. 그리스도는 우리 인생의 주인이십니다.

그리스도인은 예수님을 주님으로 모신자입니다. 그리스도인은 하나님께 영광을 돌리고 영원히 그를 즐거워하도록 부름을 받은 자입니다. 그리스도인은 하나님을 섬기는 것이 목적인 사람입니다. 그리스도인은 하나님을 기뻐하는 자입니다. 하나님으로 만족하는 인생입니다.

그리스도인은 하나님이 계신 천국을 소망하는 자입니다. 천국에서 뵙게 될 하나님을 고대하며 살아가는 자가 그리스도인입니다. 그리스도인은 장차 천국에서 얼굴과 얼굴을 대면하여 하나님을 볼 것입니다. 그리스도인은 그날을 소망합니다. 그날을 기다립니다. 그날을 기대합니다. 그날을 사모하며, 이 땅을 나그네처럼 살아가는 자가 바로 그리스도인입니다.

# 제12장

## 두렵고 떨림으로 너희 구원을 이루라

그러므로 나의 사랑하는 자들아
너희가 나 있을 때뿐만 아니라
더욱 지금 나 없을 때에도
항상 복종하여 두렵고 떨림으로
너희 구원을 이루라

(빌 2:12)

## 1. 구원을 또 이루라고?

여러분은 믿음으로 구원을 얻었습니다. 믿을 때 영생을 얻었습니다. 지옥에서 천국으로 옮겨졌습니다. 믿음으로 하나님의 자녀가 되었습니다. 구원을 위해 더 할 것은 하나도 없습니다. 구원은 완전히 끝났습니다. 그러나 바울은 빌립보 교회에 편지를 쓰면서 "너희 구원을 이루라"라고 말하고 있습니다.

> 그러므로 나의 사랑하는 자들아 너희가 나 있을 때뿐 아니라 더욱 지금 나 없을 때에도 항상 복종하여 두렵고 떨림으로 너희 구원을 이루라 (빌 2:12).

이것이 도대체 무슨 말일까요?
구원은 끝난 것이라고 했는데 왜 다시 구원을 이루라고 할까요?
어머니가 아이를 낳습니다. 아이를 낳는 것은 순전히 어머니의 몫입니다. 아이가 노력을 하거나 도움을 주는 것은 하나도 없습니다.
아이의 생명이 태어나는데 아이의 도덕이나 성품이 영향을 미칩니까?
상상만 해도 웃기는 이야기입니다. 아이의 생명은 아버지가 어머니의 몸에 넣어 준 생명이 자라서 생기는 것입니다. 생명은 그렇게 태어납니다.
우리는 그 은혜에 의하여 믿음으로 말미암아 구원을 받았습니다. 도덕이나 행위가 들어갈 곳이 전혀 없습니다. 성령이 우리 영에 영생을 심어 줌으로 우리가 하나님의 자녀가 된 것입니다. 아이는 백퍼센트 완전한 생명으로 태어납니다. 그 생명에 무엇 하나 더 할 것은 없습니다. 아기는 작은 생명이지만 백퍼센트 완전한 생명입니다.

그리스도인의 생명도 백퍼센트 완전한 하나님의 생명입니다. 그 생명에 보탤 것은 하나도 없습니다. 그러나 이 둘은 모두 시작에 불과합니다. 어머니가 낳은 아기의 생명은 완전한 사람의 생명이지만, 사람으로 자라가야 합니다. 그리스도인은 거듭나는 순간 완전한 하나님의 자녀이지만, 하나님의 자녀로 자라가야 합니다.

"여기 보니 구원을 이루라고 했으니 우리 구원이 불완전한 것이 아닌가?"

이렇게 헷갈리면 안 됩니다.

아기가 완전한 생명으로 태어나지만, 사람의 길을 배우고 익혀서 사람답게 자라가듯이 그리스도인은 거듭날 때 완전한 구원을 얻었지만, 그리스도의 교훈을 배우고 익혀서 그리스도인답게 자라가라는 뜻입니다. 사람으로 태어나서 사람이 되어가듯이 구원을 받아서 구원을 이루어 가는 것입니다. 아이는 성숙한 사람으로 자라야 합니다. 그리스도인은 성숙한 그리스도인으로 자라야 합니다.

새로운 생명으로 태어나는 것은 시작에 불과합니다. 예수 믿고 거듭난 것은 시작에 불과합니다. 아이가 시간이 지나서 성숙하지 못한 채 어른이 되고 못된 짓을 합니다. 그때 사람들은 말합니다.

"저건 사람이 아니야. 짐승이야."

부모님께 큰 수치를 돌리고 자기 인생에도 고통입니다. 그렇다고 사람이 짐승이 되는 것은 아닙니다. 그리스도인이 시간이 지남에도 자라지 못하고 못된 짓을 합니다. 그때 사람들은 말합니다.

"저건 그리스도인이 아니야. 불신자보다도 못해."

하나님 영광에 먹칠을 하고 자기 인생에 하나님의 진노가 쏟아집니다. 그렇다고 불신자가 되는 것은 아닙니다.

> 이 닦아 둔 것 외에 능히 다른 터를 닦아 둘 자가 없으니 이 터는 곧 예수 그리스도라 만일 누구든지 금이나 은이나 보석이나 나무나 풀이나 짚으로 이 터 위에 세우면 각 사람의 공적이 나타날 터인데 그날이 공적을 밝히리니 이는 불로 나타내고 그 불이 각 사람의 공적이 어떠한 것을 시험할 것임이라 만일 누구든지 그 위에 세운 공적이 그대로 있으면 상을 받고 누구든지 그 공적이 불타면 해를 받으리니 그러나 자신은 구원을 받되 불 가운데서 받은 것 같으리라 (고전 3:11-15).

바울은 고린도 교회에 편지를 쓰면서 구원의 문제는 끝났다고 말합니다. "이 닦아 둔 것 외에 능히 다른 터를 닦아 둘 자가 없으니"라고 했습니다. "이 터는 곧 예수 그리스도"라고 했습니다. 터는 이미 닦여 있습니다. 다른 터를 닦을 필요가 없습니다. 터는 오직 예수 그리스도뿐입니다.

그리스도인은 예수라는 터 위에서 집을 짓는 자입니다. 그리스도인의 행위는 집을 짓는 것과 같다는 것입니다. 그런데 재료가 각각 다릅니다. 어떤 사람은 금으로 집을 짓고, 어떤 사람은 은으로 집을 짓고, 어떤 사람은 보석으로 집을 짓고, 어떤 사람은 나무나 풀이나 짚으로 집을 짓습니다.

나중에 그리스도의 심판대 앞에 설 때 각 사람이 집을 지은 공적에 따라 심판을 받는다는 것입니다. 하나님이 불로 각 사람의 공적을 심판하시는데 그때 금이나 은이나 보석으로 집을 지은 사람은 공적이 그대로 있어서 구원을 받을 뿐만 아니라 하나님께 상급을 받습니다. 물론, 나무나 풀 그리고 짚으로 집을 지은 사람도 구원을 받기는 하지만, 불 가운데서 구원을 얻는 것처럼 겨우 구원만 받는 것입니다.

예수님을 믿으면 구원받는 것은 변함이 없습니다. 그러나 그의 행위에 따라서 어떤 사람은 상급을 받고 어떤 사람은 불 가운데 구원을 받은 것처럼 벌거벗은 구원을 받게 됩니다. 행위는 구원의 조건이 아닙니다. 그러나 행위가 중요한 것은 마지막 심판 때에 하나님께 상급을 받는 조건으로 작용한다는 것입니다. 이것이 성경의 가르침입니다.

## 2. 믿음과 순종을 분리하는 잘못

여러분이 여기서 조심해야 할 문제가 있습니다. '터는 이미 닦아진 것이다. 예수님은 이미 믿었다. 터 위에 집을 짓는 일이 남았다. 이제는 행위의 문제만 남았다'라고 이분법적으로 생각하면 안 됩니다. 믿는 것은 예수님을 영접했으니 끝났고 이제부터는 행위가 우리의 미래를 결정한다고 잘못 생각하는 것입니다. 이것은 전혀 비성경적인 생각입니다.

그리스도인의 순종은 믿음과 별개가 아닙니다. 믿음과 별개가 되는 순간 그리스도인의 순종은 죽은 것입니다. 믿음과 순종을 이분법적으로 나눌 수 없습니다. 순종이 믿음에 종속되어 있습니다. 믿음의 순종입니다. 여러분은 언제나 그리스도의 터 위에 서 있어야 합니다. 그리스도인의 순종은 믿음의 터에서 나온 순종이어야 합니다. 그리스도인의 행위는 그들이 믿는 것의 결과입니다.

"이제 믿음은 끝난 문제입니다. 구원을 얻었으니 구원의 지식 같은 것을 배우는데 더 이상 시간을 낭비하고 싶지 않아요. 교리를 배우는데 할애할 시간이 없어요. 문제되는 것은 삶이잖아요. 그러니 곧 바로 삶의 문제로 나가야 합니다."

여러분, 이렇게 말하는 사람을 경계하십시오. 이런 사람은 믿음을 떠나 성급하게 행동을 하다가 결국 육체의 일로 빗나가고 맙니다. 이런 사람이 신약성경에 한 사람 나오는데 누가복음에 나오는 마르다입니다. 예수님이 베다니에 들어가서 죽은 지 나흘이나 된 나사로를 살려 주었습니다. 그 나사로에게 여동생이 둘이 있었는데 마르다와 마리아입니다.

> 그들이 길 갈 때에 예수께서 한 마을에 들어가시매 마르다라 이름 하는 한 여자가 자기 집으로 영접하더라(눅 10:38).

예수님이 베다니라는 마을에 이르렀을 때 마르다라는 여인이 나와서 예수님을 영접했습니다. 예수님을 자기 집으로 모셔 들이고 음식을 대접했습니다. 마르다는 부지런할뿐만 아니라 분주하고 가만히 앉아 있지 못하는 사람입니다. 그녀의 장점은 누군가 대접하는 일을 좋아한다는 것입니다. 그녀는 부지런함으로 예수님을 대접했습니다.

손님을 대접하는 것은 좋은 행동입니다. 그러나 문제는 너무 분주해서 조용히 앉아 말씀을 들을 여유가 없었다는 것입니다. 대접하고 섬기고 봉사하는데 모든 시간을 써버립니다. 마르다는 열성적인 사람이었고 행동주의자였습니다. 그는 예배보다는 봉사를 즐거워했습니다.

> 그에게 마리아라 하는 동생이 있어 주의 발치에 앉아 그의 말씀을 듣더니 마르다는 준비하는 일이 많아 마음이 분주한지라 예수께 나아가 이르되 주여 내 동생이 나 혼자 일하게 두는 것을 생각하지 아니하시나이까 그를 명하사 나를 도와주라 하소서(눅 10:39-40).

그러다가 일이 터졌습니다. 마리아가 가만히 앉아 예수님의 말씀을 듣고 있었는데 그것을 참지 못하고 예수님께 따집니다.

"왜 마리아에게 행동하라고 말하지 않습니까?"
"예수님을 섬기는데 왜 동참하라고 말하지 않습니까?"
"언제까지 가만히 앉아 있는 마리아를 보고만 계실 것입니까?"

마르다가 보기에 마리아의 믿음은 틀렸습니다. 행동하지 않는 믿음은 가짜라고 정의하는 것입니다. 행동주의자들은 자기처럼 행동하지 않는 사람을 참지 못합니다. 자기와 같이 동일한 일을 행하지 않는 자를 비난합니다. 그들은 설교는 최소한으로 듣고 행동을 최대한 많이 하라고 합니다. 그들에게 진리를 배우는데 할애할 시간은 최소한이면 됩니다. 움직이고 무언가 행동하는 시간이 중요합니다.

그러나 정작 그들의 문제는 가만히 앉아 위대한 구원의 교리를 들을 만큼 복음에 진지한 관심이 없다는데 있습니다. 이들은 진리의 복음에는 관심이 없습니다. 그들은 행동으로 인정받으려고 시도합니다. 이런 잘못된 시도에 대해 예수님은 정확하게 가르침을 주십니다.

> 주께서 대답하여 이르시되 마르다야 마르다야 네가 많은 일로 염려하고 근심하나 몇 가지만 하든지 혹은 한 가지만이라도 족하니라 마리아는 이 좋은 편을 택하였으니 빼앗기지 아니 하리라 하시니라(막 10:41-42).

마리아가 훨씬 좋은 편을 택하였다는 것입니다. 주의 말씀을 듣고 배우는 것을 칭찬하셨습니다. 이것을 빼앗기지 말라는 것입니다. 행동을 많이 한다고 믿음이 자라는 것이 아닙니다. 그리스도인의 성숙은 행동에서 출발하지 않습니다.

당신의 행위를 그리스도인의 증거로 내세우지 마십시오. 고아원을 찾아다니며, 불쌍한 자들을 찾아다니며, 선한 일을 하는데 시간을 들이며, 자신이 한 행동을 늘어놓음으로 '나는 적어도 이정도의 그리스도인이야' 라는 자랑을 하지 마십시오. 이런 일들은 예수 믿지 않는 사람도 하는 일입니다.

그리스도인이 아니면서도 도덕적이고 고상한 인품을 갖춘 사람이 있습니다. 그리스도인이 아니면서도 선을 열심히 행하는 사람이 있습니다. 그러나 문제는 그들이 그리스도인이 아니라는 것입니다. 그들은 교회를 싫어합니다. 예수 그리스도 속죄의 교리를 지독히 싫어합니다. 그리스도의 십자가를 조롱합니다. 그러면서도 그들은 선한 사람이고, 좋은 성품을 가진 사람일 수 있습니다.

그러므로 그리스도인의 성숙을 논할 때 행동을 들고 나오지 마십시오. 행동 이전에 있는 믿음의 뿌리를 살피십시오. 그리스도의 터 위에 집을 짓고 있는지 관찰하십시오. 그리스도인의 성숙은 믿음에서 출발합니다. 믿음은 들음에서 나옵니다. 구원의 교리를 듣고, 배우고, 깊이 파헤쳐 들어가고, 그것을 깨닫고, 그 속에서 풍성해짐으로 그리스도인의 구원은 자라가는 것입니다.

## 3. 진리는 인격이신 예수 그리스도

> 그가 그 피조물 중에 우리로 한 첫 열매가 되게 하시려고 자기의 뜻을 따라 진리의 말씀으로 우리를 낳으셨느니라(약 1:18).

> 너희가 거듭난 것이 썩어질 씨로 된 것이 아니요 썩지 아니할 씨로 된 것이니 하나님의 살아 있고 항상 있는 말씀으로 되었느니라(벧전 1:23).

하나님은 진리의 말씀으로 우리를 낳으셨습니다. 우리는 하나님의 살아 있고, 항상 있는 말씀으로 거듭났습니다. 하나님이 진리의 말씀으로 우리를 낳으셨다는 말씀의 의미를 정확하게 이해해야 합니다. 진리의 말씀이라고 할 때 진리가 무엇인지 알아야 합니다. 성경은 진리에 대해서 분명하게 밝혀 줍니다.

> 예수께서 이르시되 내가 곧 길이요 진리요 생명이니 나로 말미암지 않고는 아버지께로 올 자가 없느니라(요 14:6).

예수님이 직접 말씀하시기를 '내가' 진리라고 했습니다. 진리는 예수님 자신인 것입니다. 예수님의 인격이 진리입니다. 그러니까 사실 "진리가 무엇이냐"라고 묻는 것은 틀린 질문입니다. "진리가 누구냐"라고 해야 맞습니다. 우리가 "진리가 무엇이냐"라고 질문하는 것은 전부 철학과 종교의 영향을 받아서 그렇습니다. 철학은 진리를 '그것'으로 규정하고 탐구합니다. 종교도 진리를 '그것'에다 두고 추구합니다.

종교라는 뜻이 으뜸 된 가르침입니다. 가르침이라는 것은 문자에 기록된 교훈을 배우고 따르는 것입니다. 이것은 추상적이고 비인격적입니다. 그러나 성경은 진리를 인격이라고 말씀합니다. 인격이신 예수 그리스도가 진리입니다. 그러므로 이것은 추상적인 학문을 배우듯이 배우는 것이 아닙니다.

인격은 만나야 합니다. 인격은 만나서 교제하고 체험하는 것입니다. 성경이 우리가 살아 있는 말씀으로 거듭났다고 할 때 그 말의 뜻은 우리가 예수 그리스도를 통해 거듭났다는 말입니다.

성경에 기록된 문자가 우리를 살려 주는 것이 아닙니다. 성경에 기록된 문자가 가르쳐 주는 예수 그리스도를 바라보고 예수 그리스도가 하신 일을 마음으로 믿고, 예수님을 만나서 우리가 거듭나는 것입니다. 성경의 모든 말씀이 인격이신 예수 그리스도를 증거해 주기 때문입니다.

> 너희가 성경에서 영생을 얻는 줄 생각하고 성경을 연구하거니와 이 성경이 곧 내게 대하여 증언하는 것이니라(요 5:39).

성경의 모든 말씀은 예수 그리스도를 증거 합니다. 따라서 성경을 읽을 때 예수님을 만나야 합니다. 예수님을 배우는 것에서 끝나면 안 됩니다. 예수님은 만나야 합니다. 예수님을 만나게 하려고 성경을 주신 것입니다. 예수 그리스도가 누구며, 예수 그리스도가 하신 일이 무엇이며, 예수 그리스도를 통해서 어떻게 구원을 얻는지, 성경이 이것을 전부 증거해 놓았습니다. 성경을 통해 예수님을 만나야 합니다.

그러므로 평생 성경 연구를 해도 예수님을 만나지 못하면 지옥에 갑니다. 수많은 자유주의 신학자가 하는 짓이 이런 일입니다. 그들은 신학이라는 탈을 쓴 종교철학에 빠져서 예수 구원과 상관없는 엉뚱한 소리를 하다가 지옥에 들어가는 것입니다. 그들은 인격이신 '그'라는 예수님이 아니라 성경이라는 '그것'에 대해서만 연구하기 때문입니다.

## 4. 친밀한 교제와 말씀을 통해 자라감

성경에서 뭐라고 말합니까?

진리의 말씀이 우리를 낳았다고 했습니다. 진리의 말씀으로 우리가 거듭났다고 했습니다. 우리가 하나님의 말씀을 들음으로 그리스도의 속죄와 구원의 비밀을 배웠고 우리에게 속죄와 구원을 주신 예수 그리스도를 믿음으로 구원을 얻었습니다.

우리가 계속해서 구원을 이루어 나가기 위해서 필요한 것도 진리의 말씀입니다. 진리의 말씀이라고 할 때 진리가 예수 그리스도라고 했습니다. 따라서 우리가 자라기 위해서는 진리 되신 예수님과 친밀한 교제를 해야 합니다.

예수 그리스도의 인격과 나의 인격이 서로 교제를 하면서 그리스도의 인격에 영향을 받는 것입니다. 그리스도에게 감화를 받고 통치를 받으므로 성숙을 이루어 가는 것입니다. 그리스도와 교제가 없이는 성숙도 없습니다.

그러나 진리는 또한 기록된 성경이기도 합니다. 성경 하나님께서 그리스도인에게 주신 생명의 양식입니다. 그리스도인으로 어떻게 생각하며 어떻게 살아야 하는지 성경은 자세하게 가르쳐 주고 있습니다. 그러므로 그리스도인이 자라가려면 생명의 말씀인 하나님의 말씀을 날마다 먹어야 합니다. 우리는 신령한 양식을 통해서 성숙한 그리스도인으로 자라게 됩니다.

갓난아이는 엄마의 품에 안겨서 엄마의 음성을 듣고, 엄마의 온기를 느끼고, 엄마의 젖을 만지면서 엄마를 체험합니다. 동시에 온 힘을 다해 엄마의 젖을 뻅니다. 사력을 다 동원해서 엄마의 젖을 빨아 먹고 쑥쑥 자랍니다. 그리스도인이 바로 이러해야 합니다.

> 갓난아기들 같이 순전하고 신령한 젖을 사모하라 이는 그로 말미암아 너희로 구원에 이르도록 자라게 하려 함이라(벧전 2:2).

그리스도와 친밀한 교제를 날마다 해야 함과 동시에 사력을 다해 신령한 젖을 사모해야 합니다. 사모하면서 하나님의 말씀을 먹어야 합니다. 주목하고, 주의하고, 온 인격을 사용해야 합니다. 소설을 읽듯이 하면 안 됩니다. 라디오를 듣듯 들으면 안 됩니다. 사모함이 있어야 합니다.

사모함 없이는 말씀의 능력이 인격 깊은 곳까지 스며들지 못합니다. 사모함으로 말씀을 듣고, 배우고, 묵상해야 합니다. 마음 중심에 사모함과 열정이 있어야 합니다. 말씀을 향한 사모함과 열정이 그리스도인을 자라게 합니다. 믿음은 완성품인 동시에 새로운 시작입니다.

## 5. 신약에 서신서를 주신 이유

만약 믿음이 끝이라면 신약에 있는 그 많은 서신서는 다 폐기처분해야 합니다. 그것은 전부 그리스도인들에게 보낸 편지기 때문입니다. 바울은 로마서를 쓰면서 로마에 있는 성도라고 했습니다. 그들은 그리스도인입니다. 이미 성도라고 불리는 자들입니다.

바울이 그들에게 편지를 쓴 이유는 그들을 견고하게 하고 그리스도 안에서 자라게 할 필요가 있었기 때문입니다. 바울은 그들에게 단순히 행동하라고 말하지 않았습니다. 구원의 진리에 대해서 여러 장을 통해 아주 자세하게 설명을 했습니다. 이미 예수님을 믿고 구원을 얻은 성도들에게 다시 구원의 진리를 세세하게 설명을 한 것입니다. 대충 지나치지 않았습니다. 적당히 가르치지 않았습니다. 구원의 교리를 철저하게 가르쳤습니다.

바울은 왜 그렇게 세밀하게 썼을까요?

적당한 지식으로 성숙한 그리스도인이 되는 것이 불가능하기 때문입니다.

> 내가 너희 보기를 간절히 원하는 것은 어떤 신령한 은사를 너희에게 나누어 주어 너희를 견고하게 하려 함이니(롬 1:11).

바울은 로마에 가기를 간절히 원했습니다. 이유는 그들을 견고하게 할 필요가 있기 때문입니다. 그들이 거듭나기는 했지만, 아직 영적으로 어린아이입니다. 그들은 견고하게 될 필요가 있었습니다. 그는 직접 가서 로마교인들을 가르치고 싶었으나 길이 열리지 않아서 편지로 그들에게 필요한 구원의 지식을 가르치고 있었습니다.

바울은 그들에게 신령한 은사를 나누어 주어 그들을 견고하게 하기를 원한다고 했습니다. 바울이 말한 신령한 은사는 성령의 은사가 아닙니다. 바울이 말한 신령한 은사를 로마 교회로 보내는 편지에 기술한 위대한 구원의 교리입니다.

그가 로마 교인들에게 구원의 교리를 가르치고, 밝혀 주고, 교훈하여 그들로 하여금 뿌리가 든든히 박히기를 원했던 것입니다. 견고하게 만드는 것은 구원의 위대한 교리입니다. 예수님의 대제사장적인 기도에도 동일한 말씀이 나옵니다.

> 그들을 진리로 거룩하게 하옵소서 아버지의 말씀은 진리니이다(요 17:17).

무엇으로 거룩하게 됩니까?

진리로 거룩하게 해 달라고 기도하십니다. 거룩하게 되는 것은 진리의 말씀으로 말미암습니다. 구원의 교리를 아는 지식으로 거룩하게 됩니다. 그리스도 안에서 하나님을 깊이 알아갈 때 그것이 사람을 거룩하게 만듭니다. 행동이 아니라 진리의 말씀이 여러분을 거룩하게 합니다. 바울은 에베소 교회 장로들에게 동일한 설교를 합니다.

> 지금 내가 여러분을 주와 및 그 은혜의 말씀에 부탁하노니 그 말씀이 여러분을 능히 든든히 세우사 거룩하게 하심을 입은 모든 자 가운데 기업이 있게 하시리라(행 20:32).

바울은 에베소 교회를 은혜의 말씀에 부탁한다고 했습니다. 은혜의 말씀이 그들을 든든히 세웁니다. 은혜의 말씀이 그들을 거룩하게 한다는 것입니다. 주목하십시오. 신학이 그들을 든든히 세운다고 말하고 있지 않습니다. 행위가 그들을 거룩하게 한다고 말하지 않습니다. 은혜의 말씀입니다.

은혜의 말씀 외에는 어느 것도 그리스도인을 세워줄 수 없습니다. 거룩하게 하는 것은 은혜의 말씀입니다. 우리가 필요로 하는 것은 구원의 진리입니다. 구원의 위대한 교리입니다. 이것이 은혜의 말씀입니다. 우리가 구원의 진리를 배우고 그 안에 뿌리를 내릴 때 은혜의 말씀 안에서 거룩하게 자라게 됩니다.

## 6. 고난과 시련을 통과하면서 성숙해 짐

말씀은 성도를 성장하게 하고 성숙하게 하는 가장 기본적인 양식이지만, 하나님은 성도의 성장과 성숙을 위해서 한 가지 방법만 사용하시지는 않습니다. 가장 보편적으로 사용하시는 방법이 고난과 시련입니다. 하나님은 자녀들의 성숙을 위해 고난과 시련을 주십니다. 이 일을 위해서 때로는 사탄을 사용하시기도 합니다.

이것은 차원 높은 하나님의 방법입니다. 사탄은 그리스도인을 시험합니다. 사탄은 그리스도인의 삶에 고통을 가져옵니다. 하나님은 그런 일을 통해서 그리스도인을 자라게 하십니다.

여호와께서 사탄에게 이르시되 내가 그를 네 손에 맡기노라 다만 그의 생명은 해하지 말지니라 사탄이 이에 여호와 앞에서 물러가서 욥을 쳐서 그의 발바닥에서 정수리까지 종기가 나게 한지라(욥 2:6-7).

사탄은 그리스도인을 질투합니다. 우리가 하나님을 잘 섬기려 하고 영적인 일에 열심을 낼수록 사탄은 더욱 우리를 공격합니다. 욥은 하나님을 잘 섬기는 순전한 믿음의 소유자였습니다. 사탄은 욥을 질투하여 하나님께 참소를 합니다.

여러분이 그리스도인이 된 후 구원의 진리를 배우는 일에 열심을 내고 믿음의 집을 지어가려고 할 때 사탄은 여러분을 공격할 것입니다. 사탄은 열심 있는 그리스도인을 질투합니다. 그리스도인이 성숙하지 못하도록 방해합니다. 만약 여러분이 진리 안에 깊이 뿌리를 내리지 못한 상태라면 이런 시험이 올 때 타락하고 맙니다. 항변하며 하나님을 떠날 것입니다.

물론, 하나님이 택한 백성은 궁극적으로 돌아오게 되지만, 상당한 시간을 좌절과 불만 속에서 낭비하게 됩니다. 그리스도인은 사탄의 시험을 알아야 합니다. 사탄은 반드시 그리스도인을 공격합니다. 이것을 알고 있어야 시험이 올 때 바른 대처를 할 수가 있습니다. 욥은 이것을 알고 있었습니다. 그는 바른 대처를 했습니다. 그러나 안타깝게도 욥의 아내는 이것을 몰랐습니다.

그의 아내가 그에게 이르되 당신이 그래도 자기의 온전함을 굳게 지키느냐 하나님을 욕하고 죽으라 그가 이르되 그대의 말이 한 어리석은 여자의 말 같도다 우리가 하나님께 복을 받았은즉 화도 받지 아니하겠느냐 하고 이 모든 일에 욥이 입술로 범죄하지 아니하니라(욥 2:9-10).

인생이 고난을 통해서 성숙해지듯이 그리스도인도 시험과 고난을 통해서 성숙합니다. 시련을 당하게 되면 신앙의 수준이 드러납니다. 처음 교회에 나오고 예수님을 영접하면 마음에 감격이 있고 한껏 들뜨게 됩니다. 자기가 한 영적인 체험이 신기하기도 하고 '다른 사람은 이런 체험을 했을까' 하며 혼자 교만한 생각을 하기도 합니다.

열심을 내고 나름의 선한 행동을 합니다. 새로운 세계의 경험이 즐겁고 재미있습니다. 그러다가 덜컥 시험이 옵니다. 어려움을 당합니다. 감당하기 힘든 고난이 있습니다. 그때 그는 이렇게 외치고는 욥의 아내처럼 떠나버리는 것입니다.

"하나님, 내게 왜 이러십니까?

내가 왜 이런 어려움을 당해야 합니까?"

이런 일이 실제로 교회에서 많이 일어납니다. 사탄의 시험이 있습니다. 여러분이 주님과 더 친밀해질수록 사탄은 노골적으로 당신을 공격할 것입니다. 시험이 올 때 여러분은 떠나지 마십시오. 믿음의 자리에서 움직이지 마십시오. 불평할 수도 있습니다. 좌절도 경험합니다. 하나님과 쟁론하며 따지기도 합니다.

그렇지만 욥처럼 하십시오. 욥은 끝까지 믿음의 자리를 지켰습니다. 그리고 승리했습니다. 사탄의 시험은 영원하지 않습니다. 일정 기간 시험하다가 실패하고 떠나갑니다.

욥은 시련과 고난을 통과함으로 처음보다 더 성숙한 신앙으로 자랐습니다. 욥은 사탄의 시험을 믿음으로 이겼습니다. 그의 고백은 시험을 통과한 자의 감격스러운 고백입니다.

> 내가 주께 대하여 귀로 듣기만 하였사오나 이제는 눈으로 주를 뵈옵나이다
> (욥 42:5).

욥은 고난과 시련을 통해 성숙한 사람이 되었습니다. 그리스도인은 어느 하나만으로 성숙해지는 것이 아닙니다. 밤낮 말씀만 배운다고 성숙해지는 것이 아닙니다. 시험을 알아야 합니다. 시험을 경험해야 합니다. 시험을 통과하면서 영적 근육이 강해지고 성숙한 사람으로 자라가는 것입니다. 평안한 가운데서는 성숙하지 못합니다.

육체의 근육은 중력을 거슬러 무거운 물체를 들어 올릴 때 자라납니다. 영적 근육은 인생을 거스르는 시험을 견디고 인내함으로 자라납니다. 하나님은 자기 백성을 자라게 하는 방법으로 시험을 통과하게 하십니다.

평안한 가운데 성경 읽고, 기도한다고 해서 신앙이 자라지 않습니다. 그것은 관념적인 신앙입니다. 그건 철학적인 신앙입니다. 그건 지식으로 머무는 신앙입니다. 신앙은 실재입니다. 믿음은 무엇보다 실제적이어야 합니다.

그러므로 그리스도인은 삶의 현장에서 시련을 당하면서, 고통을 당하면서, 성경을 앞에 두고 주님의 뜻을 찾고, 기도하며 성령님의 도움을 구하고, 자기 뜻과 하나님의 뜻 사이에서 갈등하며 결국 자기 뜻을 포기하고, 하나님의 뜻에 순종하기로 결단하는 그 많은 과정을 거치면서 성숙한 사람으로 자라가는 것입니다.

> 내 형제들아 너희가 여러 가지 시험을 당하거든 온전히 기쁘게 여기라 이는 너희 믿음의 시련이 인내를 만들어 내는 줄 너희가 앎이라 인내를 온

전히 이루라 이는 너희로 온전하고 구비하여 조금도 부족함이 없게 하려 함이라(약 1:2-4).

야고보는 흩어진 교회 성도들에게 편지를 쓰면서 시험을 만나거든 기쁘게 여기라고 권면합니다.

왜 시험을 기쁘게 여겨야 합니까?

시험이 온전한 사람을 만들어 내기 때문입니다. 그리스도인의 성숙은 지식 하나로만 결정되지 않습니다. 행위의 목록을 가지고 와서 다른 사람과 비교하면서 조금 우월한 점수를 매기는 것으로 되는 것이 아닙니다.

그리스도인의 성숙은 훨씬 깊은 곳에 있습니다. 실제적이 고난과 시련을 통과하는 삶입니다. 그것은 사탄을 대면하는 삶입니다. 사탄의 시험과 싸우는 삶입니다. 현실에서 어둠의 세력과 마주치며 인내하며 승리하는 것입니다.

여러분이 악의 세력을 알지 못하고는 결코 성숙한 그리스도인으로 자랄 수 없습니다. 사탄은 실재합니다.

- 사탄은 그리스도인을 집요하게 괴롭힙니다.
- 사탄은 시험을 통해서 그리스도인을 고통에 빠지게 함으로 하나님을 향한 믿음을 흔듭니다.
- 사탄은 그리스도인의 정체성을 의심하게 합니다.
- 사탄은 삶을 좌절하게 하고 불만을 잔뜩 가진 채 하나님을 원망하게 합니다.

• 사탄은 스스로의 행동에 우쭐하며 타인을 비난하게 함으로 교만의 늪에 빠지게 만듭니다.

이 모든 것이 사탄이 하는 짓입니다.
그러나 사탄은 우리가 그리스도인이 되는 것을 방해하지는 못합니다. 그것은 전적인 하나님의 주권입니다. 여러분은 이것을 알고 있어야 합니다. 여러분이 사탄의 궤계를 알지 못한다면 시험에 넘어질 수밖에 없습니다. 사탄의 실재와 궤계에 눈을 뜰 때 현실에서 만나는 시험을 이기는 욥과 같은 성숙한 사람으로 자라가게 되는 것입니다.

## 7. 어린아이의 일을 버려라

교회 안에는 아직 어린 신자가 많이 있습니다. 예수님을 믿고 거듭나기는 했지만, 아직 어린아이의 일을 버리지 못하는 신자들이 많다는 것을 인정하고 교회를 보아야 합니다. 이것은 새신자를 말하는 것이 아닙니다. 목사도 어린 신자일 수 있고, 장로도 어린 신자일 수 있습니다. 금방 거듭난 사람은 문제가 되지 않습니다.
그러나 목사나 장로가 성숙하지 못하고 어린 아이 상태로 머물러 있을 때 교회는 심각한 어려움을 겪게 됩니다. 그들이 행하는 일들로 말미암아 교회 전체가 어려움을 당하기 때문입니다. 바울은 고린도 교회에 편지를 쓰면서 어린 신자의 특징을 밝히면서 꾸짖고 있습니다.

제12장  두렵고 떨림으로 너희 구원을 이루라

> 형제들아 내가 신령한 자들을 대함과 같이 너희에게 말할 수 없어서 육신에 속한 자 곧 그리스도 안에서 어린 아이들을 대함과 같이 하노라 내가 너희를 젖으로 먹이고 밥으로 아니하였노니 이는 너희가 감당하지 못하였음이거니와 지금도 못하리라 너희는 아직도 육신에 속한 자로다 너희 가운데 시기와 분쟁이 있으니 어찌 육신에 속하여 사람을 따라 행함이 아니리요 어떤 이는 말하되 나는 바울에게라 하고 다른 이는 나는 아볼로에게라 하니 너희가 육의 사람이 아니리요(고전 3:1-4).

고린도 교회는 은사가 풍부한 교회였습니다. 방언도 있었고, 예언도 있었고, 병고치는 은사도 있었고, 지식의 말씀 등등 성령의 아홉 가지 은사가 모두 있었습니다. 그런데도 바울은 그들을 향해 너희가 그리스도 안에서 어린아이라고 꾸짖었습니다. 은사가 풍부했음에도 그들은 여전히 어린아이였습니다.

그리스도 안에서 성장하지 못하고 있었습니다. 바울이 그들을 어린아이라고 꾸짖는 이유는 서로 파당을 지어 싸웠기 때문입니다. 스스로 옳다 하면서 타인을 인정하지 못했습니다. 자꾸 편을 가르는 것입니다. 나는 바울파다. 나는 아볼로파다. 이것이 어린아이의 일이라는 것입니다.

그들은 자기와 다른 것을 인정하지 못했습니다. 이것이 어린아이의 신앙입니다. 다른 사람을 인정하지 못하고 자기주장에만 매몰되는 것이 미성숙한 신앙입니다.

고린도 교회는 은사도 많은 교회였고 기도도 열심히 하는 교회였습니다. 그러나 어린아이 신자들이 가득한 교회였습니다. 그래서 바울은 그들을 가르칠 필요를 느꼈고 다음과 같이 편지를 써서 보냈습니다.

> 너희는 그리스도 안에 있는 갓난아이들이다. 너희는 모든 것을 얻었다고 생각하고 있지만, 그것은 시작에 불과하다. 내가 가서 너희의 기초를 튼튼하게 해 주어 견고하게 너희를 바르게 세울 수 있기를 바란다.

더불어 어린아이는 떠벌이고 자랑하는 것을 좋아합니다. 어린아이는 인정받고 싶어 합니다. 어린아이는 사람들로부터 주목받고 싶어 합니다. 어린아이는 주목을 끌기 위해 좀 특별한 행동을 하려고 합니다. 어린아이는 항상 새롭고 신기한 것을 추구합니다.

어린아이의 표시는 자기 과시입니다. 어린아이는 언제나 자기를 알리고 싶어 합니다. 자기를 나타내고 싶어 합니다. 자기가 다른 사람보다 낫다는 것을 알리고 싶어 합니다. 뭔가 조금 신기한 것을 발견하면 자랑하고 싶어 안달합니다. 조그마한 신기한 체험을 하면 떠벌이고 싶어서 못 견딥니다.

저는 20대에 십자가를 경험하고 많은 시간을 기도에 헌신했습니다. 30대 초반 중소도시에서 처음 담임목회를 했는데 하루에 5시간 안팎의 시간을 기도하는데 드렸습니다. 그곳에서 5년간 있으면서 기도에 많은 시간을 드렸는데 매일 많은 시간을 방언으로 기도했습니다. 요즘은 방언기도를 많이 하지 않지만, 그때는 많이 했습니다. 기도를 많이 하다 보니 하나님이 치유의 은사를 주셔서 병자를 위해 기도하면 신기하게 사람들이 치유를 받았습니다.

그러다가 다시 서울에 있는 대형 교회 부목사로 오게 되었습니다. 그 후 담임목사로 가게 되었고 주님이 기도에 응답을 하셔서 수백 명의 영혼을 구원하는 복도 주시고, 많은 치유도 있었습니다.

당시 부목사로 있었던 교회에서 겪었던 일입니다. 그 교회는 성령과 은사를 강조하는 고린도 교회 같은 교회였습니다. 저는 목사니까 말씀을 가르치는 것을 중심에 두고 사역을 하는데 한번은 교구 모임에서 은사 이야기가 나왔습니다. 그때 그 중에 한 교인이 대뜸 말을 자르고는 말했습니다.

"아무리 목회자라도 은사는 체험하지 않으면 모릅니다. 목사님이라도 방언을 못하면 평신도보다 영성이 못합니다."

제가 거기서 말을 멈추었지만, 그때 큰 깨달음을 얻었습니다.

'아, 평신도들은 수준이 이렇구나!'

그때부터 교회를 오래 다녔든, 은사를 받았든, 직분이 무엇이든지 간에 그가 신학에 대해서 지식을 가지고 있든지 상관없이 그리스도 안에서 어린아이가 많다는 것을 인식하고 가르치고 있습니다.

바울은 그리스도 안에서 어린아이가 많다는 것을 언제나 인식했습니다. 그래서 그 많은 서신을 교회에 보낸 것입니다. 바울은 이미 그리스도인이 된 성도들에게 다음과 같이 편지를 보냈습니다.

"너희는 그리스도 안에 있는 갓난아이다. 너희는 모든 것을 얻었다고 생각하고 있지만, 그것은 시작에 불과하다. 내가 가서 너희의 기초를 튼튼하게 해 주어 견고하게 너희를 바르게 세울 수 있기를 바란다."

## 8. 기도와 성령의 능력을 경험하라

그리스도인의 성숙을 말할 때 빼놓을 수 없는 것이 기도입니다. 기도는 그리스도인으로 자라 가는데 필수 요소입니다. 사도 바울은 지식만 가지고 있지 않았습니다. 바울은 고린도 사람들이나 다른 사람들에게 누를 끼치지 않기 위해서 매일 밤낮으로 일을 하면서 자기 필요를 충족했습니다.

    그런데도 바울은 이 사람들을 위해서 기도할 시간을 얻었습니다. 그는 로마에 있는 그리스도인들을 본 적도 없습니다. 그러나 그들을 위해서 기도하고 있다고 했습니다. 바울은 나이가 들고 노인이 되었지만, 빌립보 사람들을 위해서 기도했습니다. 바울은 자기 자신만을 위해 기도하지 않았습니다. 그는 교회를 위해 기도하고 성도를 위해 기도했습니다. 이것은 우리의 성숙을 점검할 수 있는 좋은 시금석입니다. 믿음이 성장하고 있는지 점검하는 시금석은 기도입니다.

    여러분은 얼마나 기도를 하십니까?

    기도 없이 머리에 지식만 잔뜩 집어넣은 그리스도인은 성숙과는 거리가 멉니다.

    기도를 알지 못한다면 그는 지식과 상관없이 어린아이입니다.

여러분은 기도하십니까?
기도하느라고 얼마나 많은 시간을 보냅니까?
다른 사람을 위하여 기도하고 있습니까?
여러분은 기도의 세계를 알고 있습니까?
기도 속에서 하나님과 하나가 되는 경험을 하셨습니까?
당신은 기도의 풍성한 세계를 알고 있습니까?
기도할 때 임하는 성령의 능력을 경험한 적이 있습니까?

바울은 내가 능력을 가지고 있다고 했습니다. 그는 지식에만 머물지 않았습니다. 그에게는 능력이 있었습니다. 바울의 능력은 기도를 통해 얻은 성령의 능력이었습니다. 바울은 성령의 능력에 대해 알고 있었습니다. 기도할 때 임하는 성령의 능력을 알고 있었습니다.

> 내 말과 내 전도함이 설득력 있는 지혜의 말로 하지 아니하고 다만 성령의 나타나심과 능력으로 하여 너희 믿음이 사람의 지혜에 있지 아니하고 다만 하나님의 능력에 있게 하려 하였노라(고전 2:4-5).

> 이는 우리 복음이 너희에게 말로만 이른 것이 아니라 또한 능력과 성령과 큰 확신으로 된 것임이라 우리가 너희 가운데서 너희를 위하여 어떤 사람이 된 것은 너희가 아는 바와 같으니라(살전 1:5).

바울은 능력에 대해 알고 있을 뿐만 아니라 그것을 의식하고 있었습니다. 그는 말쟁이가 아니었습니다. 능력의 임재를 알았습니다. 그는 역사하는 능력으로 일했습니다. 요즘은 말쟁이가 너무 많습니다. 이것이 옳다, 저것이 옳다 자기주장을 하면서 서로를 비난합니다. 그들은 말쟁이입니다. 아무런 능력이 없습니다. 능력에 대해서 전혀 경험이 없는 자들입니다. 그들은 능력이 무엇인지 알지 못합니다.

그들은 바울처럼 기도해 본적도 없습니다. 그들은 바울이 말하는 능력에 대해서 무지합니다. 바울은 서로 파당을 지어서 자기가 옳다고 주장하는 교린도 교회에 편지를 쓰면서 내가 너희에게 방문할 때 너의 말이 아니라 능력을 알아보겠다고 했습니다. 말은 누구나 할 수 있습니다. 문제는 그 사람의 말에 능력이 있느냐 하는 것입니다. 이 능력을 모르는 자는 그리스도 안에서 어린아이입니다. 말쟁이를 삼가십시오.

능력에 대해서는 조금도 알지 못하는 자들의 지식과 논쟁은 미성숙한 어린아이의 짓입니다. 기독교는 지식에만 머물지 않습니다. 기독교는 능력입니다. 능력을 모르는 자는 기독교를 아직 모르는 자입니다. 부활하신 주 예수 그리스도께서 승천하시기 전에 제자들에게 이 문제를 엄숙하게 명령하셨습니다.

> 볼지어다 내가 내 아버지께서 약속하신 것을 너희에게 보내리니 너희는 위로부터 능력으로 입혀질 때까지 이 성에 머물라 하시니라(눅 24:49).

> 오직 성령이 너희에게 임하시면 너희가 권능을 받고 예루살렘과 온 유대와 사마리아와 땅 끝까지 이르러 내 증인이 되리라 하시니라(행 1:8).

> 사도들이 큰 권능으로 주 예수의 부활을 증언하니 무리가 큰 은혜를 받아(행 4:33).

여러분, 보세요. 예수님은 승천하시면서 능력에 대해 말씀하셨습니다. 그들은 예수님과 함께 3년을 지내면서 충분히 배웠습니다. 지식이 문제가 아니었습니다. 능력이 문제였습니다. 그들의 문제는 능력에 대해서 전혀 무지하다는 것이었습니다. 그래서 "기도하라", "능력을 받으라" 하고 명령하신 것입니다.

기독교는 지식을 포함하고 있지만, 지식에 머물지 않습니다. 기독교는 윤리를 포함하고 있지만, 윤리에 머물지 않습니다. 기독교는 바른 신학을 추구하지만, 신학에 머물지 않습니다. 기독교는 능력입니다.

성령의 능력이 핵심입니다. 성령의 능력을 알지 못하면서 그리스도 안에서 자라는 길은 없습니다.

성령의 능력은 죄를 깨닫게 합니다. 성령의 능력은 엎드려서 "우리가 어찌할꼬" 울부짖게 만듭니다. 성령의 능력은 육신의 소욕을 깨뜨리고 하나님께 복종하게 합니다. 성령의 능력은 깊은 영적 세계를 체험하게 합니다. 성령의 능력은 마귀의 궤계를 간파하고 부숩니다. 성령의 능력은 환란 가운데서도 찬송하게 합니다. 성령의 능력은 핍박과 박해 가운데서도 주님만 신뢰하게 합니다.

여러분은 이 능력을 경험하셨습니까?
이 능력 아래 깨어진 경험이 있습니까?
이 능력 아래 죄를 깨닫고 "내가 어찌할꼬" 하며 죄를 회개한 적이 있습니까?
이 능력 아래 자기 자신에게 절망한 적이 있습니까?
이 능력으로 마귀의 실체를 간파하고 물리친 적이 있습니까?
이 능력으로 삶의 위기를 뛰어넘은 적이 있습니까?
이 능력으로 시련 중에도 감사의 찬송을 부른 적이 있습니까?
당신은 이 능력을 알고 있습니까?
이 능력을 경험했습니까?

여러분, 성령의 능력을 알지 못하면서 지식만 늘여 놓는 말쟁이들을 조심하십시오. 그들은 분쟁을 조장하고 파당을 만듭니다. 그들은 그리스도 안에서 자라지 못한 채 멈추어 버린 어린아이들입니다. 바울은 성령의 능력에 대해 알고 있었습니다. 성령의 능력을 경험했습니다.

그는 말했습니다.
"내가 성령의 능력을 소유하고 있다."
이것이 성숙한 그리스도인이었던 바울의 고백입니다.

## 9. 예수님의 자리까지

그러나 이것이 전부가 아닙니다. 그리스도인의 성숙은 여기에서 더 나아갑니다. 우리는 성숙한 그리스도인의 최종 모습은 예수 그리스도에게서 배울 수 있습니다.

> 조금 나아가사 얼굴을 땅에 대시고 엎드려 기도하여 이르시되 내 아버지여 만일 할 만하시거든 이 잔을 내게서 지나가게 하옵소서 그러나 나의 원대로 마시옵고 아버지의 원대로 하옵소서 하시고(마 26:39).

예수님은 지금 십자가를 앞에 두고 있습니다. 고통스러운 십자가를 경험해야 합니다. 그것은 단순히 육체의 고통만을 의미하지는 않습니다. 그것보다 예수님에게 비교할 수 없는 고통은 하나님으로부터 버림받는 것이었습니다.

창세전부터 하나님과 본체이셨던 예수님이 하나님과 분리되는 절망을 겪어야 했습니다. 그 앞에서 예수님은 처절하게 기도하고 있습니다. 땀샘이 터져서 피가 흘러나오는 지경까지 몸부림치며 집중적으로 기도하셨습니다.

겟세마네 동산의 기도는 그리스도인이 본 받아야 할 예수님의 최종 모습입니다. 성숙한 그리스도인의 최종 단계입니다. 예수님의 기도는 자기를 죽이는 기도입니다. 예수님은 기도를 통해 자기를 죽인 후에 십자가에서 자기를 죽이신 것입니다. 기도의 내용이 많은 것으로 채워질 수 있지만, 예수님의 기도는 최상의 영적인 기도입니다.

그리스도인이 본받아야 할 최종 단계에 있는 성숙한 기도입니다. 이렇게 기도하는 자가 이렇게 성숙할 수 있습니다. 겟세마네의 기도는 너무나 중요해서 마가와 누가도 마태와 동일하게 그 기도를 기록하고 있습니다.

> 이르시되 아빠 아버지여 아버지께는 모든 것이 가능하오니 이 잔을 내게서 옮기시옵소서 그러나 나의 원대로 마시옵고 아버지의 원대로 하옵소서 하시고(막 14:36).

> 이르시되 아버지여 만일 아버지의 뜻이거든 이 잔을 내게서 옮기시옵소서 그러나 내 원대로 마시옵고 아버지의 원대로 되기를 원하나이다 하시니 (눅 22:42).

무언가 결정을 내릴 때 가장 먼저 하는 일이 손익을 계산하는 것입니다. 이성과 상식을 사용하여 이렇게 하면 유익이 되겠고, 저렇게 하면 손해가 되겠다고 따져봅니다. 다른 자료들을 참고할 수도 있고, 다른 사람들의 의견을 경청할 수도 있습니다. 그런 다음에 말합니다. "그렇다. 이 길을 선택하는 것이 나에게 유리하다."

이것이 보통 사람들의 선택 과정입니다. 그러나 성숙한 그리스도인은 다릅니다. 손익의 입장이 다릅니다. 나의 손익을 계산하지 않고 하나님 입장에서 생각을 합니다. 나에게 손익이 되는 것은 중요하지 않습니다. 그는 하나님의 뜻을 묻습니다.

하나님께서 나로 하여금 어떠한 선택을 하도록 인도하시는가?

여기에 관심이 집중됩니다. 그는 자기 욕망으로 일을 시작하지 않습니다. 그는 합리성과 논리로 판단하지 않습니다. 하나님의 뜻이 어디 있는지 질문합니다. 그들은 억지로 나가지 않습니다. 하나님이 문을 열어주실 때까지 기다립니다. 내 안에 열정이 타오르지만, 그것을 억제합니다. 하나님을 위한 일이고, 그의 나라를 위한 일이라고 할지라도 나 스스로 결정해서 행하지 않습니다.

## 10. 다윗의 성숙한 신앙

다윗은 성전 건축을 열망했습니다. 성전 건축은 다윗 왕국의 통치를 위해서 너무나 중요했습니다. 그것으로 나라를 하나로 통합할 수 있었습니다. 정치적으로 절대 중요했습니다. 그뿐만 아니라 다윗 개인의 경건을 위해서나 필요한 일이었습니다.

그는 하나님에 대한 열심이 있었습니다. 하나님을 위해 성전을 건축해 드리고 싶었습니다. 성전 건축은 하나님께 영광을 올려 드리는 일입니다. 왕국의 통합과 미래를 위해서도, 개인의 경건을 위해서도, 절대적으로 필요한 일이었습니다. 그는 그만한 여력도 되었습니다. 모든 것을 할 수 있는 준비와 여력이 다 되었습니다.

그러나 하나님이 "너는 안 돼"라고 말하자, 그는 두말없이 순종했습니다. 그동안 준비한 모든 준비를 포기했습니다. 그 선한 일을, 그 위대한 일을, 자신의 이름을 만대에 알릴 수 있는 일을, 그것이 영적이고 옳은 일임에도 불구하고 그는 기꺼이 포기했습니다.

> 그 밤에 하나님의 말씀이 나단에게 임하여 이르시되 가서 내 종 다윗에게 말하기를 여호와의 말씀이 너는 내가 거할 집을 건축하지 말라(대상 17:3-4).

사람들은 얼마나 자주 "이것은 하나님을 위한 일이니 당장 실행하자"라고 말을 합니까?

그것이 하나님을 위한 일이기만 하면 언제든지 자기 마음대로 행할 수 있다고 생각합니다. 이것이 어린아이의 특징입니다. 어린아이는 참지 못합니다. 기다리지 못합니다. 포기하라고 하면 떼를 쓰고 웁니다. "왜 안 되냐고 계속 묻습니다."

어린아이는 항상 그렇습니다. 어린아이 신앙은 주님을 위한 일에서도 이런 특징을 나타냅니다. 하나님을 위한 일이기만 하면 반드시 해야 한다고 고집합니다. 자기의 열정으로 몰아 부칩니다. 참지를 못합니다. 성숙한 신앙은 기다립니다. 성숙한 신앙은 하나님 앞에서 묻고 기다립니다. 자기 마음에 확신이 들더라도 성령의 확증이 있기까지 기다립니다.

그들은 다윗의 교훈을 압니다. 아무리 하나님을 위한 일이라고 확신해도 하나님께서 "안 돼"라고 말씀하실 수 있음을 알고 있습니다. 하나님이 "안 돼"라고 하시면 포기합니다. 모든 준비를 다 마치고, 하나님께 영광이 되는 일이라고 할지라도 포기합니다. 그는 기꺼이 하나님을 신뢰하며 자신을 포기합니다. 이것이 성숙한 신앙입니다.

## 11. 바울의 성숙한 신앙

바울은 아시아에 복음을 전하기로 했습니다. 어디든지 복음을 전하는 것은 하나님의 뜻입니다. 바울에게는 열정이 있었습니다. 희생도 각오되어 있습니다. 복음 전도는 분명한 하나님의 뜻입니다. 그런데도 하나님께서 아시아에 전도의 길을 열어 주지 않았다고 말합니다. 복음 전도는 하나님의 분명한 뜻임에도 길이 열리지 않았다는 것입니다.

여러분, 이런 식으로 생각해 보신 적이 있습니까?

하나님의 뜻이지만, 하나님이 막으시는 역설적인 신비를 이해하십니까?

> 성령이 아시아에서 말씀을 전하지 못하게 하시거늘 그들이 브루기아와 갈라디아 땅으로 다녀가 무시아 앞에 이르러 비두니아로 가고자 애쓰되 예수의 영이 허락하지 아니하시는지라(행 16:6-7).

이런 일을 이해하십니까?

옳은 일이라고 확신하는 일이 장애물에 막히고 지연되는 이런 신비에 대해서 알고 있습니까?

그럴 때 여러분은 어떻게 하십니까?

슬퍼하며 투정을 부립니까?

하나님께서 여러분을 거스르고 계시다는 느낌을 가지면서 "기도해 봐도 소용없어"라고 말하며 포기합니까?

우리는 여기서 성숙한 그리스도인의 모습을 발견합니다. 바울은 길이 열리지 않을 때 억지로 행하지 않았습니다. 자기 열정으로 밀어붙이지 않았습니다. 그는 언제든지 자기 뜻을 하나님께 복종시킬 준비가 되어 있습니다. 그는 언제든지 포기할 각오가 되어 있습니다.

그는 자기 고집에 사로잡히지 않았습니다. 그러나 그는 여전히 기도했습니다. 그 일을 두고 하나님의 뜻을 물으면서 계속 기도했습니다. 기도하면서 하나님의 뜻을 구했습니다.

성숙한 그리스도인은 자기의 길을 고집하지 않습니다. 그는 쉽게 판단하지 않습니다. 쉽게 포기하지도 않습니다. 그는 계속 기도하며 하나님의 뜻을 분별합니다. 성숙한 그리스도인은 하나님의 뜻을 순종할 준비가 되어 있습니다. 하나님이 어떤 말씀을 하시든, 어떤 길로 인도하시든, 기꺼이 순종할 준비가 되어 있는 자가 성숙한 그리스도인입니다.

> 무시아를 지나 드로아로 내려갔는데 밤에 환상이 바울에게 보이니 마게도냐 사람 하나가 서서 그에게 청하여 이르되 마게도냐로 건너와서 우리를 도우라 하거늘 바울이 그 환상을 보았을 때 우리가 곧 마게도냐로 떠나기를 힘쓰니 이는 하나님이 저 사람들에게 복음을 전하라고 우리를 부르신 줄로 인정함이러라(행 16:8-10).

하나님의 뜻은 유럽에 있었습니다. 하나님께서는 이러한 유의 장애를 통해서 사도로 하여금 급기야 유럽에서 복음을 전하도록 하셨습니다. 끝내 바울은 로마에 가게 되었습니다. 자기가 계획하고 목적했던 방식과는 전혀 다른 방식으로 로마에 갔습니다. 죄수로 사슬에 묶여서 로마에 들어갔습니다.

왜 바울은 자유의 몸으로 로마에 들어갈 수 없었습니까?

바울은 알지 못했습니다. 하나님이 그렇게 인도하셨다는 것 밖에 모릅니다. 바울은 질문하거나 불평하지 않았습니다. 하나님의 뜻을 거절하지 않았습니다. 그는 자기 방식을 포기하고 하나님께 온전히 순종했습니다.

그는 "내 원대로 마옵시고 아버지의 원대로 되기를 원합니다"라고 기도했던 예수님의 기도를 온전히 순종한 사람이었습니다. 성숙은 이런 것입니다. 성숙의 최종 단계는 포기입니다. 자기 의를 포기합니다. 자기의 뜻도 포기합니다. 자기 공로도 포기합니다. 자기 영광도 포기하는 것입니다. 내 안에 있는 자아와 욕망을 그리스도께 드리는 것입니다. 나는 사라지고 그리스도만 남기를 소원하고, 그렇게 기도하고, 그러한 삶을 살아가는 것입니다.

## 12. 거듭남은 성숙의 첫 발걸음

여러분, 거듭남과 성숙은 서로 떨어진 별개의 것이 아닙니다. 거듭남은 성숙의 첫 발걸음입니다. 어린아이가 어머니 뱃속에서 나오면서 자연스럽게 자라가듯이 우리는 거듭나는 순간부터 그리스도 안에서 계속 자라가야 합니다.

우리는 모두 예수 그리스도의 터 위에 집을 짓는 자입니다. 우리가 짓는 집의 재료에 따라 우리는 장래 주님 앞에서 상급을 받습니다. 세상에 빠져 살다가 미숙한 상태로 구원 받은 사람은 나무나 짚이나 풀로 집을 지은 자처럼 벌거벗은 구원을 받을 것입니다. 그리스도 안에서 계속 자라가서 그리스도의 성숙한 자리에까지 이른 자들은 금이나 은이나 보석으로 집을 지은 자처럼 영광스러운 구원을 받을 것입니다.

하나님의 뜻은 우리가 완전한 자리로 나가는 것입니다. 거듭남에서 성숙한 자리로 자라가기를 원하십니다. 이것은 나무뿌리에서 열매로 이어지는 것처럼 하나입니다. 둘은 결코 분리될 수 없습니다.

성숙을 위해 하나님이 주신 은혜의 방편들을 지혜롭게 사용하십시오. 예수 그리스도와 친밀한 인격적인 교제를 하십시오. 신령한 젖인 말씀을 마음으로 사모하십시오. 사탄의 시험을 분별하십시오. 시련과 고난을 인내하고 이겨내십시오. 깨어 기도하십시오.

그리스도인의 성숙에 있어서 기도보다 중요한 것을 말하라고 한다면 저는 잘 모르겠습니다. 기도는 너무 중요합니다. 하나님의 능력을 경험하십시오. 하나님의 뜻에 온전하게 복종하십시오.

구원은 끝이 아닙니다. 구원은 출발점입니다. 하나님의 뜻은 우리가 하나님에게 온전히 복종하는 자리까지 자라가는 것입니다.

"내 원대로 마옵시고 아버지의 원대로 되기를 원하나이다."

이 자리까지 자라가는 것입니다.

## 13. 우리의 최후, 최고의 기쁨

이 자리에 이르기까지 멈추지 마십시오. 계속 전진하십시오. 자만하지도 말고 절망하지도 마십시오. 믿음으로 인내하십시오. 어쩌면 아마 온전한 성숙은 죽음을 맞이할 때까지지 이루어지지 않을 것입니다. 그것은 말이 아니라 우리의 삶이 그것을 증명해야 하기 때문입니다.

그렇다고 포기하지는 마십시오. 목표를 그 온전한 자리에 두고 계속 나아가십시오. 바울처럼 성령의 능력 안에서 여러분이 할 수 있는 수고를 다하십시오. 이렇게 함으로 우리가 세상에 조그마한 그리스도의 빛이라도 비추어 줄 수 있다면 우리는 가장 영광스러운 인생을 산 것입니다. 우리가 그리스도 안에서 자라서 하나님의 영광을 아주 조금이라도 세상에 비추어 줄 수 있다면 우리의 삶은 가장 영광스러운 삶이 될 것입니다.

성숙의 목표는 그리스도입니다. 세상에 그리스도를 드러내는 것입니다. 나는 죽고 그리스도만 남게 하는 것입니다. 내 영광은 없어지고 하나님의 영광만 드러나는 것입니다. 이것이 성숙입니다. 이것이 우리의 행복입니다. 이것이 우리의 사명입니다. 이것이 우리의 소원입니다. 이것이 우리의 최후, 최고의 기쁨입니다.